全国新闻出版系统职业院校统编教材

书店卖场运营实务

SHUDIAN MAICHANG YUNYING SHIWU

主　审：王新东
主　编：高　澜
副主编：吴忠华
参　编：赖跃进　杨　奎　王　雯　杨燕
　　　　刘　炜　曾　辉　程　红

PRESS AND PUBLISHING

北京师范大学出版集团
BEIJING NORMAL UNIVERSITY PUBLISHING GROUP
北京师范大学出版社

图书在版编目(CIP)数据

书店卖场运营实务 / 高澜主编. —北京：北京师范大学出版社，2019.3

ISBN 978-7-303-23345-8

Ⅰ. ①书…　Ⅱ. ①高…　Ⅲ. ①书店—经营管理—职业教育—教材　Ⅳ. ①G235

中国版本图书馆 CIP 数据核字(2018)第 009113 号

营 销 中 心 电 话　010-58802181　58805532
北师大出版社职业教育与教师教育分社网　http://zjfs.bnup.com
电 子 信 箱　zhijiao@bnupg.com

出版发行：北京师范大学出版社　www.bnup.com
北京市海淀区新街口外大街 19 号
邮政编码：100875
印　　刷：北京京师印务有限公司
经　　销：全国新华书店
开　　本：787 mm×1092 mm　1/16
印　　张：19.25
字　　数：470 千字
版　　次：2019 年 3 月第 1 版
印　　次：2019 年 3 月第 1 次印刷
定　　价：40.80 元

策划编辑：易　新　　　　责任编辑：易　新
美术编辑：焦　丽　　　　装帧设计：焦　丽
责任校对：段立超　陈　民　　责任印制：陈　涛

序　言

以习近平同志为核心的党中央高度重视职业教育工作。2014 年，全国职业教育工作会议召开，习近平总书记就加快发展职业教育作出重要指示，强调职业教育是国民教育体系和人力资源开发的重要组成部分，是广大青年打开通往成功成才大门的重要途径，肩负着培养多样化人才、传承技术技能、促进就业创业的重要职责，必须高度重视、加快发展。2017 年，中华职业教育社成立 100 周年之际，习近平总书记专门致信祝贺，关心指导职业教育发展。在党的十九大上，习近平总书记指出，要完善职业教育和培训体系，深化产教融合、校企合作。习近平总书记关于职业教育的重要讲话，是习近平新时代中国特色社会主义思想的重要组成部分，是新时代推动我国职业教育发展的思想武器、强大动力和工作指南。

新闻出版作为主要依靠人才、依靠智力资源发展的行业，一直把推进职业教育、培养职业技能人才作为重要工作紧抓不放。党的十八大以来，在习近平新时代中国特色社会主义思想的指引下，相关部门实施高技能人才培养工程，举办职业技能大赛，开展职业技能培训和认证，成立行业职业教育指导委员会，着力推进新闻出版职业教育工作，取得了丰硕成果，为新闻出版业转型升级、繁荣发展提供了人才保障。党的十九大作出了建设文化强国的重大部署，提出要提高保障和改善民生水平，把教育事业放在优先位置。《新闻出版广播影视"十三五"发展规划》也对发展行业职业教育、培养职业人才作出了重要安排。面向新时代，立足新起点，必须要进一步贯彻落实习近平总书记关于职业教育的重要指示精神，着眼新闻出版广播影视强国建设，不断创新推动新闻出版职业教育工作，为行业繁荣发展提供强有力的人才支撑。

教材是职业教育的重要载体，是决定职业教育成效的关键因素。为了推动印刷行业提质增效、实现更高层次的发展，新闻出版职业教育指导委员会组织编写了平面媒体印制技术专业、出版与发行专业首批各十本专业教材，服务印刷、出版发行技能人才培养。从整体上，这批专业教材主要体现出以下几个特点。

一是把握现代职教体系要求。按照建设适应发展需求、产教深度融合、中职高职衔接、职业教育与普通教育相互沟通的现代职业教育体系的要求，做好教材内容设计。教材编写过程中注重中高职衔接，把握内容编排由简到繁、由浅入深，为系统培养适应经济社会发展需求的印刷、出版专业技能型特别是高端技能型人才打造精品教材。

二是教材编写模式多样。把握应用型教材的编写以社会实际需要为核心目标的特点，对教材编写模式不做统一要求，鼓励教师根据自身课程的特点，选取最适合这门课程教学的模式组织编写。编写过程中，采取了任务式、模块式、项目式等多种编写模式，有效解决了应用型人才培养过程中教材难以满足教学现状的问题。

三是强化业务实践能力。坚持理论的适度性、应用的系统性、实践的指导性、内容的先进性，按照岗位工作流程，以工作实践为主线，选用了大量典型的实践案例素材组织教材内容。每门课程内含几个大的模块，模块下再分任务。通过层层递进，突出人才培养过程中实践能力和专业技能的训练，强化学生的动手实践能力，为学生未来的就业打好坚实的基础。

四是遵循新的课程标准。教育部于2015年认定通过了平面媒体印制技术专业、出版与发行专业课程标准，对两个专业4门专业核心课及其他专业课都进行了界定，这为教材的编写提供了根本依据，也为教育教学提供了质量标准。教材编委会在组织首批教材的开发编写期间，严格按照新的课程标准编制教材内容，以学生职业能力和职业技能的形成为重点，充分反映时代特征与专业特色，能够有力满足学生学习的需求。

平面媒体印制技术专业、出版与发行专业首批各十本教材即将付梓出版，希望职业教育各个方面对教材的使用提出反馈意见，促进查缺补漏、吸取教训、及时改进，提升后续教材的开发编写工作质量，更好地为行业培养高素质技能人才服务。

编委会

前言

近年来，随着我国出版体制机制改革的不断深入，行业主管部门多措并举，大力推动了出版物市场的繁荣发展，我国出版物零售业呈现出蓬勃生机。实体书店积极探索转型发展，不断进行经营创新、服务创新，开展多元经营，打造经营特色。书店卖场能否在商业模式、经营方式上找准定位，积极创新，显得尤其重要。

本书是“全国新闻出版系统职业院校统编教材”中的一种，也可供出版发行企业员工培训使用。

一、编写原则

本书在编写过程中坚持了以下原则。

1. 突出职业性。以培养学生职业能力为核心，注重职业资格证书和学历证书并重，力求使学生在能力培养上符合行业企业的职业要求。

2. 突出实践性。从职业岗位能力分析入手，以实际工作过程为主线，合理构建教材的知识和技能结构，以“教、学、做”一体为教学模式，提高教材的针对性。

3. 突出适用性。在表达形式上，力求文字表达通俗易懂，多处采用以图代文、以表代文的表现形式，增强教材的形象化。

二、教材特色

本教材属于职业教育项目引领、任务驱动型的教材，具有以下特色。

1. 内容全面，体系完整。本教材内容丰富，体系完整。涵盖了书店卖场运营的基本内容，主要包括书店卖场规划、书店卖场设计、员工管理、进货管理、陈列管理、销售作业管理、促进出版物销售、客户关系管理、安全管理、业绩评价等方面的内容，囊括了书店卖场从前期选址开店到后期运营管理的全过程。各模块内容之间紧密联系、环环相扣，形成了一套完整的体系。

2. 体例新颖，学做一体。本教材体例新颖，基于实际工作过程，教学内容采取项目引领、任务驱动，项目与任务相结合的形式将理论知识和实践训练有机结合，促进“知行合一”“学做一体”。

在项目设计时，兼顾了职业院校的教学需求，各院校可根据需要进行分级教学。全书共 11 个项目。其中，书店卖场认知、出版物进货、出版物陈列、出版物销售作业、促进出版物销售、客户关系管理、安全管理等项目属于基础模块；书店卖场规划、书店卖场设计、员工管理、绩效评价等项目属于提高模块。

各项目根据工作实际下设若干工作任务，每个工作任务由“任务思考”“任务分析”

“资料导读”“相关知识”“案例精析”“职场指南”“实践训练”七部分组成。工作任务采用“逆向推导”的思维方法，以实际工作导入“任务思考”引发学习兴趣，“任务分析”帮助理清思路，寻求解决路径。再从完成任务所必备的技能需求向理论方向寻求界定“相关知识”的内涵和外延，并通过“案例精析”对业界经典案例进行评析，加深对知识的理解。同时，辅以“职场指南”结合实际工作，进行知识补充和技能拓展。最后，通过理实一体化的“实践训练”，将所学知识运用到仿真实训中，不断提高对知识的理解能力和实践运用能力。

3. 图文并茂，通俗易懂。本教材为校企合作共同开发，参编人员既有长期坚守在出版发行教学一线的骨干教师，又有长期从事书店卖场运营管理的行业专家。在内容选择上以“实用为主，够用为度”的理念，紧密贴近我国出版物发行业书店卖场的工作实际，案例选择有现实指导意义，内容编排深入浅出、简洁明了，且采用图文并茂的形式，内容通俗易懂，便于融会贯通。

4. 扫描书中的二维码，可以了解更多的特色书店、卖场信息。

本教材由江西艺术职业学院高澜担任主编，负责撰写教材编写大纲，并对全书进行统理定稿，江西新华发行集团有限公司吴忠华担任副主编。项目 1、4 和项目 11 任务 3 由高澜编写，项目 2 由江西新华发行集团有限公司南昌市分公司赖跃进编写，项目 3 由江西传媒职业学院杨奎编写，项目 5 由江西新华发行集团有限公司吴忠华编写，项目 6 任务 1、项目 7 由武汉大学王雯编写，项目 6 任务 2、项目 8 由江西传媒职业学院杨燕编写，项目 9 由江西传媒职业学院刘炜编写，项目 10 由江西新华发行集团有限公司赣州市分公司曾辉编写，项目 11 任务 1、任务 2 由江西传媒职业学院程红编写。本书主审为河南省新闻出版学校王新东。本书既是编写人员在本专业研究和实践的集体结晶，也是一次自我提高的学习机会。

本教材在编写过程中，参考了许多专家学者的著作，参阅了许多相关信息，特附参考文献于后，在此向作者深表谢意。同时，行业同仁宋宝华、喻婕提供了相关帮助，杨燕、刘炜协助做了大量文案工作，在此一并致谢！

由于水平所限，书中不妥之处，真诚希望专家、读者批评指正。

编　者

目 录

项目一　书店卖场认知

【知识目标】

1. 了解出版物零售的含义及主要形式。
2. 了解零售书店的主要类型及不同类型书店卖场的特征。
3. 理解书店卖场的相关术语的内涵。
4. 掌握书店卖场运营管理的基本内容。

【能力目标】

能够实地判断书店卖场的类型，并分析不同书店卖场的特色。

任务1

走进卖场

任务思考

结合自己的购书经历，思考实体书店的大型卖场和小型书店在卖场规模、备货品种、顾客服务和购书体验等方面有何不同？

任务分析

实体书店和网络书店是出版物销售的主要渠道，认识书店卖场、了解不同类型卖场的特征是做好书店卖场运营与管理的第一步，也是做好出版物发行工作的基础。

资料导读

实体书店主动转型　彰显多元化特色化

2015年1月7日，国家新闻出版广电总局印刷发行司公布了《2014中国出版物发行业年度发展报告》(以下简称《报告》)。根据《报告》显示，截至2013年年底，全国共有各类出版物发行单位120 483家。从业态结构来看，出版物批发单位9 548家，占7.9%；出版物零售单位110 935家，占92.1%。

2013年，全国出版物零售总额757.6亿元，其中实体书店销售额581.6亿元，占76.8%，仍然发挥着零售市场的主力作用。近年来，由于互联网技术的迅速发展，人们的阅读习惯、消费习惯发生改变，电子书、网上书店对传统实体书店形成了较大冲击，加之经营场所租金、人员成本等不断上涨，造成实体书店经营困难，一度出现下滑萎缩。面对这一现状，政府不断加大扶持力度，同时一批实体书店开始在商业模式、经营方式上积极创新，找准市场需求和自身定位，将图书品种完善、卖场环境优化、多元业态经营、文化创意融合、商业地产合作等作为转型升级的重点。我们可以看到，尽管实体书店数量有所减少，一些书店退出了市场，但一批知名书店连锁经营增加，实力得到进一步壮大。

截至2013年年底，全国1 000平方米以上的书店共有765个，增幅达21.8%。5 000平方米以上的大型书城共有109个，实现出版物销售总额119亿元，比上年增长47%，占全年出版物零售总额的15.71%。国有大型书城积极创新，如深圳书城以书业为核心，复合多种业态模式，实现了集阅读学习、聚会交流、文化休闲、创意生活等功能于一体，将传统的图书卖场变成城市公共文化生活中心，有力地促进了主营业务的发展。我们看到，大型书城的销售增长在2014年呈进一步加快的趋势，根据有关监控数据分析，2014年全国实体书店零售额同比增长3.26%，而一线城市大型书城的零售额增幅则超过了8%。

由于政府加大扶持力度，全行业信心得到有效提振，一批特色民营书店加快发展。北京字里行间书店、上海钟书阁书店、南京先锋书店、苏州猫的天空之城概念书店、杭州晓风书屋等相继开设多家门店，加快发展步伐，并以其先进的经营理念、独特的文化定位和优质的产品服务赢得了读者的口碑。今年年初英国广播公司(BBC)公布全球最美十大书店，南京先锋书店名列其中，向全世界展现了中国书店的崭新形象。同时，以三联书店为代表的一批24小时书店兴起，为城市的夜晚增添了文化亮色。总体来看，以满足读者一站式文化体验的大型书城多元化经营模式和基于精准读者定位的中小书店特色化经营模式已初见成效。

——资料来源：2014中国出版物发行业年度发展报告. 国家新闻出版广电总局，2015年1月12日

相关知识

一、认识出版物零售

出版物发行工作是出版物发行单位通过商品交换，将出版物(包括图书、报纸、期刊、音像制品、电子出版物)传送给消费者的活动，是出版业的有机组成部分。出版物的发行主要包括总发行、批发、零售以及出租、展销等活动。总发行是指由唯一供货商向其他出版物经营者销售出版物；批发是指由供货商向其他出版物经营者销售出版物；零售是指经营者不经过任何转售、直接向消费者销售出版物；出租是指经营者以收取租金的形式向读者提供出版物；展销是指主办者在一定场所、时间内组织出版物经营者集中展览、销售、订购出版物。

出版物零售作为出版物商品流通过程中的最终环节，是联结出版物和消费者的关键纽带，对满足读者需求、促进出版事业的发展具有重要作用。零售书店是以出版物零售为主要经营项目的企业，零售书店能否有效运行、高效运转，直接关系到出版物发行工作能否有效实现社会效益和经济效益。

出版物零售主要包括以下几种形式。

(一)门市销售

门市是销售出版物的主要场所，它有固定的门面、营业厅和营业时间，并配备必要的营业设施和丰富的出版物品种。门市销售是出版物零售的基本形式，门市经营面貌直接反映了书店的管理水平。

(二)流动供应

书店走出店堂，主动送货到机关、部队、学校等单位以及农村，面向公众宣传推销出版物，进行流动售货服务。流动供应可分为送书上门、流动设摊和会议供应。

(三)订阅、征订与预订

订阅是由买方预先付款订购出版物，这是报纸和期刊的基本发行方式；征订是批发书店向零售书店，或零售书店向购书单位、读者征求出版物订购数；预订是书店为读者办理图书的预先订购。三者的共同之处是先订后买。

(四)邮购供应

邮购供应是发行企业根据消费者的函购信要求，用邮寄的方法销售出版物，很多书店的服务台或读者俱乐部会采取这种方式。后来，该方式在网上书店广泛使用，目前，网上书店采取的最常用的销售方式是快递，网上书店的销售方式无须通过店铺销售，因此，该方式也被称为“无店铺销售”。

(五)书市、展会和展销

书市和展会是在一定时间内，选定理想的公共场所，由多家出版发行单位及有关单位联合举办的大型出版物文化集市。一般情况下，以展示成果为主的为展会，以销售为主的为书市。展销与书市的共同之处是把展览和销售结合起来，只是展销的规模可大可小，选择特定时间和场合集中某一类(或某几类)、某一个出版社(或某几个出版社)或某一个主题的出版物进行展览销售活动。小型展销通常在书店门市部(或其他场所)辟出部分场地，陈列、销售有关专题的图书。大型展销，需租借临时场地(如展览馆、公园等公共场所)组织展出和销售。例如，2015 年是中国人民抗日战争暨世界反法西斯战争胜利 70 周年。中宣部和新闻出版广电总局联合举办了纪念中国人民抗日战争暨世界反法西斯战争胜利 70 周年优秀出版物百家书城联合展示展销活动，该活动于 8 月 13 日在北京图书大厦启动。活动期间，全国各大城市新华书店、大型书城设立专柜专架，举办形式多样的活动，展示、宣传、销售抗战主题图书。

近年来，图书网络销售渠道的迅猛发展，对实体书店的经营形成了巨大压力和强烈冲击，一方面分流了实体书店的销售，另一方面促进了实体书店在管理、营销、服务等各领域的创新，带动了书店经营理念的提升和销售业绩的改善。国家对全民阅读的倡导，对实体书店的财政扶持，对文化产业的政策支持，不断推动着我国出版业的大繁荣、大发展，同时也促进了零售渠道分布结构的逐步稳定，实体书店的成长性也随之得以改善。

案例精析

东方风来　书香满城

第十九届深圳读书月携七百余项主题活动登场

深圳特区报讯(记者　韩文嘉)秋日的鹏城，书香四溢，书韵悠扬。昨天，第 19 届深圳读书月在中心书城正式启动，近百家单位在全市开展的 769 项主题活动将陆续在本月举行。

中国出版协会常务副理事长、中国图书评论学会会长邬书林，深圳读书月组委会总顾问厉有为、李海东，国务院参事、深圳读书月组委会总顾问王京生，市委常委、宣传部长李小甘，副市长吴以环等出席了启动仪式。启动仪式上，李小甘为邬书林颁发了深圳读书月特别顾问聘书。

随后，邬书林现场分享了改革开放40年我国全民阅读的发展历程，并分析新时代全民阅读的变化和趋势。他介绍，过去对改革开放以来中国经济社会快速发展的分析主要从经济、政治等方面着眼较多，其实文化对中国经济、社会发展的推动十分重要。近年来，党和政府高度重视全民阅读，各地政府积极以立法保障公民的阅读权利，全国多地都将阅读作为重要节庆活动，全民阅读活动贯穿全年。此外，各地阅读设施建设取得重大进展，青少年阅读受到各方面重视。

作为本届读书月的主宾出版社，生活·读书·新知三联书店向深圳图书馆、市科协赠送“新知文库”系列图书，此后还将举办新书首发、图书票选、名家交流等系列活动。

本届读书月以“东方风来　书香满城”为年度主题，将举办59项重点主题活动和710项一般主题活动。其中重点主题活动中的创新项目有22项，创新比达37.2%。聚焦改革开放的时代主题，本届读书月设40周年“特别策划”板块，主题书展集中展销300余种主题图书，重点推介习近平总书记重要著作及体现改革开放内容的相关图书；“书影深圳”则鼓励市民分享体悟，以阅读视角注目改革开放。

——资料来源：深圳特区报，2018年11月4日

[精析]

2000年11月1日，深圳这座年青的城市“开全国风气之先”，推出了大型阅读文化节。多年来深圳一直在以持之以恒的态度，高贵地坚持、执着地坚守，坚定不移地推动全民阅读，让这座因改革开放而催生的城市，同时成为一个因热爱阅读而不断丰富的文化都市。

深圳将阅读作为城市的精神品格培养，使其在追寻梦想的路上逐渐成为一座因热爱阅读而赢得尊重的城市。2013年10月21日，联合国教科文组织向深圳市颁发了“全球全民阅读典范城市”证书，这是该组织授予全球城市关于全民阅读的最高荣誉，以表彰深圳坚持不懈推动国际化建设和全球文化交流合作，尤其在推广书籍和阅读方面为全球树立的典范。

二、认识书店卖场

(一)零售书店的类型

零售书店根据分类标准不同，可分为不同类型：

1. 根据经营的图书类别分类

可分为综合书店、专业书店。

综合书店，也称综合门市，是指所经营的出版物门类广泛、品种较全的书店，适合各类读者购买，如北京图书大厦、深圳书城等。专业书店是指经营某一类或某几类专业图书、满足部分读者群购买需求的书店，如古籍书店、医学书店等。

北京图书大厦

2. 根据经营的规模分类

可分为超级书店(城)、大型书店(城)、中型书店和小型书店以及书亭、书摊。

综合书店有各种类型，在我国，通常经营面积在10 000平方米以上的称为超级书店(城)，3 000～10 000平方米的为大型书店(图书城、购书中心)，500至3 000平方米的为中型书店，500平方米以下的为小型书店。西方书业界的惯例为：经营图书超过7万种以上的为大型书店，7万种到1万种的为中型书店，1万种以下的为小型书店。

3. 根据经营的项目分类

可分为图书专营店和图书兼营店。

图书专营店以经营图书为主。图书兼营店是经营其他为主，兼营图书。例如，商场、超市、便利店、机场、宾馆所设的图书专柜则属于图书兼营。

4. 根据所有制性质分类

可分为国有书店、民营书店、外资、独资和多种经济成份组成的股份制书店。

5. 根据经营形式分类

可分为连锁书店和独立书店。连锁书店是由众多分散的经营出版物的零售书店，在同一核心企业(总部)领导下实行规范化经营，有机采取统一经营方针、一致营销行为，进行集中采购和分散采购相结合，以达到规模优势、共享规模效益的书店联合体。独立书店是指不依附于某个组织、某个机构或某个部门而独立存在、单体经营的书店。

(二)书店卖场的特征

卖场是指比较大的出售商品的场所，书店卖场通常是指比较大的出售出版物的场所。不同类型的书店卖场具有不同的特征。

1. 超级书店、大型书店(城)

超级书店和大型书店具有以下主要特征。

(1)规模大，门类全，品种丰，销量大。

该类书店属综合性书店，经营面积大，出版物门类齐全、品种丰富，基本涵盖了全国所有出版机构的各类出版物，包括图书、音像制品、电子出版物以及文化用品等，读者接待量和图书销售量大。例如，北京图书大厦是北京市国有书店中经营规模最大、图书品种最全的书城，也是全国第一家按照现代企业制度建设的公司制图书发行企业。大厦于1998年5月18日对外营业，经营面积1.6万平方米，屹立于北京长安街上，北邻西单繁华商圈，是北京的地标性文化建筑，全品种经营图书和音像制品30余万种。开业以来创下多个行业第一，如：首家实现全品种经营、首家实行计算机智能进发盘存、首家开通实现网上支付的网上书店等，为引领行业发展做出了重要贡献。其市场销售额连年位居全国书城单店销售排行榜榜首，在图书零售领域独享“零售之王”的美誉。2004年9月4日，大厦单日销售高达413.23万元，成为业界奇迹，它所创下的全国图书零售业单店单日销售的记录，至今未被打破。

广州购物中心经营面积有1.8万平方米，经营图书、音像制品、电子出版物及配套文化用品30余万种，2014年营业额逾4亿元，位列全国大型书城第二位。2006年11月7日开业的深圳中心书城，经营面积4.2万平方米，经营出版物约23万种，是时至今日全世界单店经营面积最大的书城。

(2)经营规范，管理先进，以人为本。大型书城的卖场出版物分类清晰、陈列有序，服务项目和推广方式多种多样。书城在经营管理上积极构建现代企业制度，并引入 ISO9001 等质量管理认证体系，加强企业品牌建设，同时注重运用现代信息技术，进、销、存、退各环节均采用计算机控制技术，并开设网上书店方便读者选购。在读者服务方面，以清新明快的购书环境、高雅舒适的艺术品位、人性化的高标准服务吸引读者。

(3)当地文化地标。大型综合书店往往是一个国家或一个地区出版事业的标志性建设，在一定程度上体现其政治、经济和文化水平。很多大型书城在原来单一经营出版物的业态基础上，增加了许多其他的文化元素，原先的出版物卖场升级为体验式文化广场，成为以图书经营为主业，融入教育培训、广播影视、娱乐休闲、演艺、餐饮、游乐、画廊、科技馆等元素的全媒体文化娱乐之城、青少年综合教育之城。

案例精析

城市书房为读者“走心”

2015 年 2 月，广州购书中心(以下简称“广购”)新装复业后，图书销售总额同比增长 12%，基本达到了预期目标。据了解，此次书城进行的升级改造，是希望以书为媒，引入多种文化产品、多元文化业态、多类型文化活动、多元素体验空间、多介质传播渠道、多媒介跨界合作等。面对读者和出版社担心新广购如何处理好图书和非书产品关系的问题，复业迎宾的广购给出了自己的答案，即做好本分，尊重读者，力求打造让人喜欢亲近的“城市书房”。据了解，“城市书房”是广购此次改造在图书经营区域设计上的核心理念。愿意来实体书店看书的读者，更注重图书的种类、品质和选书的氛围、环境，所以，此次广购从“走心”的角度出发，不仅对图书经营的分区进行细化，还根据不同图书的类别，以及不同的陈列方式等进行有特色的设计和布局，努力营造出一种温馨、可亲、专注的书房氛围，让市民大众更乐于亲近阅读、亲近文化，为不同需求的读者提供不同的阅读和购书体验。具体表现在以下几个方面。

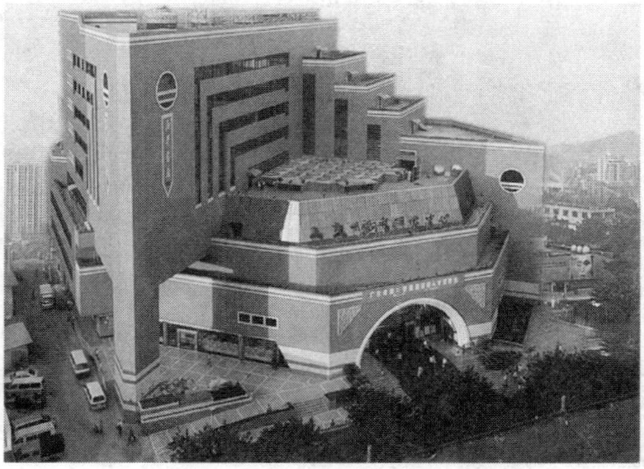

图 1-1　广州购书中心全貌(图片来源：广州购书中心网)

开门见书，营造城市书房第一印象

踏上广购的正门台阶，抬头可见圆拱结构的正门内部整体以木色材质装饰，一条条均衡分布的木条，搭建成屋顶的形状，就像一本本竖立的图书。进入书城中庭，可见3.8米高、15.5米长的气派书墙和6组3.8米高、可360度旋转的书柜。在这里，重点陈列不同阶段出版上市的最新图书、排行榜图书、重点图书、专题图书等，让读者一进广购大门，便能第一时间领略到广购作为一个大书城，在阅读推荐方面的态度和主张，也为读者提供一个第一时间感受国内外最新、最优、最多人关注的出版物资讯的窗口。这里将成为好书、新书的发布中心，成为城市书房的精品中心。

图 1-2　15.5 米长的大书墙(图片来源：赢商网)

立体展示，多视角导读新书、好书、重点书

广购的各层图书区域均增加立体展示面，既起到分隔和陈列作用，又能彰显各区域各类的新书、好书、重点书。在平面和立体空间巧妙结合，在保持原有20多万个图书品种的同时，既增加了重点和开面陈列的比例，方便更多好书与读者见面，同时也在高架上保持了小众的，甚至需求量少的品种，尽可能满足不同群体读者的需求。

图 1-3　引进精品集合店“欧洲胡同”(图片来源：赢商网)

作为一个大型书城，如何在满足读者的品种需求与满足读者对特色、个性化需求之间取得平衡？

大书城与特色书店在经营方式、氛围营造等方面有很大的不同，而读者往往既希望享受到大书城的品种齐全、空间宽敞，又希望能享受到个性化书店的图书精选，氛围雅致、安静，这两者在统一上是有难度的，也是过往很多读者对购书中心提出的意见。在这次改造中，广购也力争去结合和平衡大书城的优势和小型书店的特点。

突出打造，公共空间静动有互联

本次改造升级，如何体现公共空间的人性化以及各区域的比例，设计者可谓用心至极。宽敞明朗、视野开阔的动线设计，体现了大书城的大气魄。进入图书区域，错落有致的书架别致地划分出功能不一的空间，或用于阅读，或用于交流，或用于展示，或用于体验，体现了大书城的小温馨。这种大与小的对比，动与静的结合，充分地体现了书城的开放与包容。

此外，内部装饰中一棵"参天大树"贯穿整座大楼。其创意是广购就像繁华都市中的一棵巨大的绿树，爱阅读的人们聚集在"树"下，远离喧嚣，惬意安然地读书、聊天、玩耍，让烦躁的心平静下来。

——资料来源：晓明．城市书房为读者"走心"．中国出版传媒商报，2015 年 3 月 13 日

［精析］

广州购书中心成立于 1994 年 11 月 13 日，购书中心营业面积 1.8 万平方米，是全国第一家以大型书城模式经营的企业，也是全国新华书店系统中第一家以股份制公司模式运作的企业。历经 20 年的发展，年销售额近 4 亿元，位居全国大型书城第二位，成为广州市具有影响力的文化名片。

广州购书中心自 2012 年开始，便尝试转型，曾经一度"转型"为百货，引入经营服装、电器、陶瓷等商家。由于这些品牌大多数与文化产业相距甚远，购书者表示体验感大打折扣，引起争议和吐槽，有的读者甚至评论"多了铜臭味，少了文化味"。

此次升级改造，购书中心将营造文化氛围放在首位，力求打造"城市书房"。为了给读者提供更加愉悦的阅读环境，购书中心对原先与文化关系不大的业务大幅削减，牺牲场内的"黄金地带"，给文化活动留下了宽敞的空间。与大楼内数十家经营品种及风格迥异的民营书店同场经营，快餐厅、咖啡屋、眼镜廊、钢琴城、画廊、艺坊、文化体育用品等文化创意产业配套经营，相互补充，各显其能；书市、人才招聘市场、招生超市、职业培训等形成内涵统一的业态，多元并存，充分满足了现代人购物休闲相融合的多元化文化消费需求。

2. 专业书店

专业书店经营图书的门类单一，只经营某一类、某几类专业或某一主题图书的书店。专业书店通常具有以下主要特征。

(1)专业图书门类齐全、品种丰富，数量充足。专业书店虽然规模不大，但经营的品种一般较综合书店的同类图书更丰富，具有围绕相应主题配备的品种多、复本少的特点，使很多与该专业产品相关联的边缘产品进入读者的购买范围，读者选择的内容

空间大，深度的专业需求能够得到较好的满足。例如，北京市王府井大街外文书店成立于1958年，书店本着“让外国人了解中国，让中国人了解世界”的经营理念，始终承担着弘扬中华文化、引进国外先进技术、架设国人与世界沟通桥梁的重任，逐步发展成为我国最大的经销国内外正版外文书刊、音像制品、外语教材和工具书的国有文化企业，成为向世界介绍中国，传播中国文化的窗口。现营业面积为1 000平方米，经营品种达几万种，有英、日、德、法、俄、西班牙、葡萄牙等语种。主要经营外文图书、音像制品、国产画册等。该外文书店在北京的各涉外宾馆、饭店设有代销点，覆盖整个北京市区，在弘扬民族文化、传播科技知识方面产生了一定的社会效益及经济效益①。

(2)对象专一，服务精细。专业书店所销售的图书有主题性选择，多以特定领域图书品种多、品质精、服务优见长，专业读者相对稳定且自然分类、聚合，在自己熟悉的专业领域有较高的鉴赏能力和品质要求，促使专业书店在图书品种、品质建设和服务质量上精益求精，围绕相应主题把有限的品种做精做细，并营造出适合该主题的人文购书环境和氛围，建立品牌特色，吸引和稳定读者群。例如，南京古籍书店历史悠久，两层格局，一楼以售卖典籍、书画、篆刻、鉴赏类新书为主，二楼主要经营旧书和特价书。线装书是古籍书店的一大特色，有十几万册，有的善本、孤本图书成为镇店之宝。书店古色古香，学术气氛浓厚，成为很多专家、学者和爱书人士的向往之所。

3. 连锁书店

连锁经营的形式一般可分为直营连锁、特许连锁和自由连锁三类。直营连锁是由公司总部直接投资和经营管理，无加盟店的存在；特许连锁又称特许加盟，是由拥有技术和管理经验的总部，指导传授加盟店各项经营的技术和经验，并收取一定比例的权利金和指导费；自由连锁又称自愿加盟，是指原来已经存在的商店自愿加入连锁体系，加盟店开店创立伊始并未受总部指导，通常在自愿加盟体系中，商品所有权属于加盟主所有，而运作技术及商店品牌归总部持有。

连锁书店兴起于第二次世界大战之后，我国的连锁书店始于20世纪90年代，各地新华书店改制后都实行了全省连锁经营，很多民营书店也实行了连锁经营。连锁经营的特点通常可以归纳为“六个统一”，即：统一标识、统一采购、统一配送、统一营销策略、统一价格、统一核算。连锁书店是销售出版物的商业企业，其经营特点也具备“六个统一”的特点。

职场指南

图书卖场一般相关术语

1. 条形码。条状平行线和中间空白之组合，印刷于书封底，包含一连串数字信息，是为了方便光电扫描装置读取数据而采用的特殊代码。便于计算机管理，用于登录、分类、查询、收银等作业。

---

① 北京外文书店．百度百科(2015年8月31日)

2. 版权页。指图书中载有版权说明内容的书页，国家标准中，在书名页的背面，包括书名、作者(编者，译者)姓名、出版者、发行者和印刷者名称、地点，开本、印数、字数，出版年月、版次，书刊出版营业许可证号码、统一书号和定价等。

3. 订货。向出版商征订图书商品，出版商将出版的图书出版物用征订目录或参加书市书展的形式供批发商和销售商选定。

4. EOS 电子订货系统。指将批发、零售店所发生的订货数据输入计算机，采用电子手段完成零售商到供应商的图书商品交易过程。

5. 添货。图书商品销售完了，继续向出版商进货。

6. 退货。零售店和批发店将卖不出的经销包退的图书出版物退回给出版商。

7. 畅销书。指销售效果好或容易销售的图书。

8. 常销书。指销售效果一般，长时间还能销售的图书。

9. 滞销书。指销售效果差，很难销售的图书。

10. 降价书。为吸引顾客，利用假日、活动或对会员顾客打折进行优惠销售，也有将滞销书打折降价处理。

11. 上架。把图书商品按类别陈列在书架上。

12. 端架。书架两端的位置，也是读者在卖场经过频率最高的地方。

13. 堆头。图书商品促销的陈列方式，把图书堆积陈列在醒目位置。

14. 销售。指卖出的商品。

15. 库存。指未卖出的商品。

16. 盘点。定期对商品进行清点，掌握一定时间的销售、库存情况，以分析经营绩效。

17. 码洋。图书定价的术语。图书定价是固定的，在图书出版时直接标明在图书封底和版权页上。在结算中有码洋和实洋之分。实洋是码洋扣除了销售折扣的部分。

18. 折扣。出版商给销售商销售图书出版物的返点效益。以码洋的百分比计算。

19. 盘亏。在盘点过程中，出现销售和库存之和小于进货量，管理中以盘亏率来控制。

20. 报损。图书商品在陈列过程中出现污损残缺等原因，结算时需要清理。

——资料来源：杨格平. 书店卖场营运与管理实务. 重庆：重庆大学出版社

任务 2

初识书店卖场运营

任务思考

书店卖场与其他卖场的区别在于销售的商品不同，其他卖场出售的主要是满足人们日常生活物质需求的商品，而书店卖场出售的是满足人们精神需求的出版物。思考书店卖场运营的主要内容和特点是什么？其管理与其他卖场有何不同？

任务分析

在卖场运营方面，书店卖场与其他卖场的管理之间既有相通之处，又有不同之处。因此，其他卖场运营的一般规律也适用于书店卖场，但书店卖场作为出售精神产品的企业，在注重经济效益的同时，更应该注重社会效益。书店卖场运营的目标就是实现社会效益和经济效益的双赢。

资料导读

2018 年北京市实体书店扶持资金项目有较大调整

2018 年为贯彻中央推动实体书店行业发展的意见，北京市制定了《关于支持实体书店发展的实施意见》，提出要加大财政支持力度，完善财政扶持政策，支持实体书店建设和发展。为落实这一精神，北京市进一步加大财政扶持力度，2018 年实体书店扶持资金增长到 5 000 万元，每年扶持书店数量也增长到 150 家。

为确保政策落实，资金扶持到位，北京市新闻出版广电局与北京市财政局一起，修改完善了《北京市实体书店扶持资金管理办法》，并制定了项目征集评审的具体工作方案。

北京市新闻出版广电局副局长张苏向记者介绍，本次项目征集工作已于 7 月初启动，申报截止日期为 8 月 20 日。根据北京市《关于支持实体书店发展的实施意见》的相关要求和市领导指示精神，2018 年北京市实体书店扶持资金项目相比前两年有较大调整：一是扶持方式，由以往单纯奖励改为对符合功能定位和区域布局的特色书店及社区书店房屋租金给予补贴，以及对实体书店开展公益性文化活动和提供公共文化服务，以购买服务项目的方式予以支持；二是申报条件，以往申报单位要求要经营满 3 年以上，2018 年此项要求取消，凡是 2018 年 6 月 30 日前取得《工商营业执照》和《出版物经营许可证》的实体书店均可申请；三是扶持方向，重点对定位清晰、内容独特、服务新颖、风格与众不同的优秀特色书店和服务所在社区及周边企事业单位的优秀社区书店给予补贴。

张苏谈到，作为落实《实施意见》的重要举措，2018 年北京市实体书店资金扶持和项目征集工作方向及目标，一是着力解决北京市实体书店经营发展存在的实际困难，降低书店成本压力；二是通过扶持引导，激发企业内生动力，培育多元市场主体，鼓励推动实体书店转型升级；三是塑造有利于书店经营的政策环境，推动实体书店提升品质，增强实力，形成特色和品牌，打造文化地标；四是推动实体书店从单一出版物销售功能向兼具公共文化服务功能转变，为广大市民提供更多样、更高层次的文化服务，满足首都市民高质量的精神文化需求。

北京市财政局科技文化处处长余兢表示，实体书店建设作为全国文化中心建设重点任务之一，市财政局将加大投入、精准施策、多措并举，充分发挥财政资金引导作用，调动社会资本参与，加快实体书店转型升级发展，助推实体书店行业走出困境，为打造文化地标，建设书香京城，实现首都“四个中心”战略定位和国际一流和谐宜居之都建设作出应有的贡献。

——资料来源：人民网文化频道，2018 年 7 月 21 日

相关知识

运营是指机构有组织地进行工作，是机构在经营运行过程中通过计划、组织、领导、控制等环节协调人力、物力和财力资源，以期更好地达成企业目标的管理过程，是与产品生产和服务创造密切相关的各项管理工作的总和。“管理出效益”，在激烈的市场竞争中，企业运营的质量对企业的生存和发展至关重要。有的企业管理科学、运行高效，企业绩效显著、生机勃勃。有的企业由于运营管理水平较弱、运行不畅，企业效益低下、面临生存危机。

一、书店卖场运营管理特点

通常企业的运营管理涉及管理目标、管理职能、管理方法、管理手段、管理资源等诸多内容。管理目标是企业运营管理最终要实现的目标，包括阶段目标和长远目标，社会效益目标和经济效益目标等；管理职能是在管理过程中各项行为的内容概括，是人们对管理工作应有的一般过程和基本内容所做的理论概括，主要包括计划、组织、领导和控制等职能；管理方法是指用来实现管理目的而运用的手段、方式、途径和程序等的总称，主要包括人本管理、目标管理、系统管理等类别，基本方法有行政方法、经济方法、法律方法和教育方法；管理手段是保证管理方法发挥作用的工具，主要包括强制、交换、惩罚、激励、沟通与说服等；管理资源除了涵盖人力、财力、物力等有形的、静态的、直接的资源外，还包括管理本身这种无形的、动态的、间接的资源，所以，管理资源主要包括人才资源、组织资源、技术资源和信息资源等。

书店卖场运营属企业管理学中涉及出版物发行企业的微观管理层面，书店卖场运营管理的主要特点表现为：

(一)严谨性

运营管理是一门科学。从理念到执行、从规划到成果环环相扣、严谨慎密。运营管理的严谨性既体现于严谨的规划设计，又体现于严谨的执行操作。前者包括实现目标的可行性、运作过程的可操作性，后者包括工作程序循序渐进、激励措施科学有效和应急预案周全合理等方面。

(二)关联性

管理无处不在，运营管理中所涉及的因素是全方位的，它既体现在各管理环节之间的相互依存、相互联系上，又体现在各作业管理环节内部相互制约、相互促进上。例如，在书店卖场运营过程中，从卖场的规划设计到出版物的购进、陈列、销售管理，从店内人员的管理到客户关系的管理，从安全管理到卖场绩效管理，各环节之间无不相互依存、相互联系，各环节内部的诸因素之间也相互制约、相互促进。

(三)动态性

运营管理是动态的过程。运营管理的计划、组织、领导、控制等管理手段在实施过程中由于各种因素的作用和影响会产生变化，需要在实施过程中适时调整、不断完善。

二、书店卖场运营管理的基本职能

商业企业运营管理的基本职能主要包括计划、组织、领导、控制四项职能，书店卖场作为销售出版物的商业企业，其管理与其他商业企业一样具有以下职能。

(一)计划工作

计划是确立目标并明确达到目标的必要步骤，主要解决两个基本问题："干什么"和"怎么干"，内容包括估量机会、建立目标、制定实现目标的战略方案、形成协调各种资源和活动的具体行动方案等。

(二)组织工作

组织工作是计划工作的自然延伸，是为了有效地实现计划所确定的目标而在组织中进行部门划分、权利分配和工作协调的过程，包括组织结构的设计、组织关系的确立、人员的配置以及组织的变革等。

(三)领导工作

领导工作是管理者利用职权和威信施展影响，指导和激励各类人员努力去实现目标的过程。其要点一是努力搞好组织的工作，二是努力满足组织成员的个人需要。

(四)控制工作

控制工作是管理活动中一个不可忽视的职能，包括确立控制目标、衡量实际业绩、进行差异分析、采取纠偏措施等。

四大职能相互联系、相互制约，计划是管理的首要职能，是组织、领导和控制职能的依据，组织、领导和控制职能是有效管理的重要环节和必要手段，是计划目标得以实现的保障。

三、书店卖场运营的“两个效益”

（一）认识“两个效益”

书店卖场所经营的商品是出版物这一具有特殊使用价值的商品，其运营管理除了发挥以上四大职能外，还需要科学处理好社会效益和经济效益的关系。

社会效益是指对某种社会活动（包括物质经营活动的社会、政治、文化活动），从社会的总体利益来衡量其效果。出版物发行的社会效益，是指出版物销售出去以后，对阅读、欣赏和使用者所产生的社会影响和作用。通常社会效益包括社会效果和服务效果两个方面，社会效果是指卖场严把进货质量关，多进快销健康有益的出版物，以影响人们的精神世界和指导人们社会实践的作用与效果。服务效果是指书店卖场发挥主观能动性，为消费者提供优质服务，使他们省时、方便地购买所需出版物，及时有效满足需求的作用和效果。

经济效益是指从事经济活动过程中投入与产出的比例，即经营支出与所得收入的比较。出版物发行的经济效益，是指在出版物发行活动中劳动占用、劳动耗费同有效劳动成果的比较。讲求经济效益，首先要守法经营，其次要注重经营管理和经济核算，再次要加强市场调研，根据市场需求不断提高自身的发行能力和经营活动，积极扩大优秀出版物的发行，力求以较少的投入获得更高的收益。

（二）正确处理“两个效益”的关系

在书店卖场运营中两个效益的关系，通常表现为三种形式：一是社会效益好、经济效益也好；二是社会效益好，经济效益不好；三是经济效益好，社会效益不好。书店卖场在运营过程中，要注重把社会效益放在首位的前提下，力求两个效益的结合。在经济效益和社会效益发生矛盾时，经济效益必须服从社会效益，优先实现社会效益。

四、书店卖场运营的内容

书店卖场运营的主要内容包括卖场规划、卖场设计、员工管理、出版物进货、出版物陈列、出版物销售作业、促进出版物销售、客户关系管理、安全管理、绩效评价十个方面。

（一）书店卖场规划

书店卖场规划主要包括书店的选址和定位，书店可根据卖场定位进行选址，或根据卖场选址进行定位。卖场选址是指确定书店卖场设定的地点，定位是指根据所选地段的特点，确定卖场今后的经营方向和运营主线。卖场定位是办书店需要解决的理念问题，定位准确，卖场能实现预期；定位不准，卖场经营绩效不佳，甚至无法运行。书店作为经营性场所，卖场的选址应该首先对商圈进行分析和评估，但书店作为销售精神产品的商店，其对商圈既有一般商业的共性要求，又有针对读者群的个性要求。书店卖场要选定合适场所，必须要在对商圈认真调研的基础上，对影响经营绩效诸多因素进行分析评估，切忌盲目轻率选址。

（二）书店卖场设计

书店卖场设计包括书店外部的店面设计和书店内部的店堂设计。

店面设计主要包括招牌和橱窗的设计。是否能够设计具有高度概括力和强烈吸引力的书店招牌，会直接影响消费者的视觉刺激和心理感受。而商店橱窗在商品和消费者之间、促销与决定购买之间、现实的街道与梦幻般的橱窗陈列之间充当着极为重要的物质媒介，因此，形式活泼、格调高雅的橱窗设计显得尤为重要。

店堂设计是对店堂进行环境设计和布局设计。环境设计又包括灯光设计、音乐设计和色彩设计及POP广告设计。良好的灯光设计对于正确传达图书信息，营造良好的阅读和商业气氛，激发消费者的阅读和购买欲望，促进出版物的销售具有积极作用。书店的色彩设计应坚持多样性与适应性。而形式多样、幽默诙谐、色彩鲜艳、内容丰富的POP广告，能给人们带来强大的视觉冲击力，因此，POP广告在书店卖场的各类营销宣传活动中发挥了不可或缺的作用。布局设计是指把卖场的经营区域进行相对固定的划分布置。卖场布局要依据图书商品的类型和卖场的作用功能而定，要对图书商品有针对性和相互关联性，使读者置身卖场内能寻觅有序、办结快捷、劳逸相间。

（三）员工管理

人才是企业最宝贵的资源，是企业经营的制胜法宝，也是书店卖场稳步发展、持续进步、实现社会效益和经济效益“双丰收”的关键。书店卖场的员工管理，是指卖场为了提高劳动生产率、提高经济效益，改善员工工作质量，采用计划、组织、控制和激励等有效措施和手段，充分开发和利用人力资源而进行的一系列活动。员工管理的过程也就是对员工有效选拔、任用、教育、开发的过程，包括招聘与配置员工、培训员工和对员工进行绩效考核等工作。

（四）出版物进货

书店卖场的出版物进货是指卖场向出版商或图书批发商、连锁总部批销中心采购、配置出版物，进货作为出版物从生产领域进入流通领域的第一道环节，是书店开展经营活动的开端，是销售的前提。进货质量的高低，也直接影响销售业绩和经营效益，在书店的业务工作中具有非常重要的作用。在进货过程中，须坚持的原则是：质量第一，择优订进；按需订进，进销结合；品种丰富，适销对路；统筹兼顾，突出重点；讲求核算，注重效益。

（五）出版物陈列

出版物陈列包括对出版物进行分类和陈列。出版物分类是指书店结合其卖场规模、经营品种、商品形态、销售形式、读者对象及其所在地区的经济、文化特点设置类目，并进行类目细分，是出版物陈列上架前的基础工作。出版物陈列是指在图书分类的基础上，运用多种方式，利用有限的空间在卖场内对出版物进行陈列展示，对出版物结构、品种、卖场空间实现有效配置和调整，以适应读者消费心理，满足读者消费需求，刺激读者消费欲望，最大限度地提高卖场销售额，打造卖场经营特色。有效的出版物陈列具有强化书店导购标识的功效，是对读者进行的无声推荐，是书店提高销售效率最快捷、有效的举措之一。同时，出版物陈列将静态图书创造艺术动感，是一种具有创造性的视觉和空间艺术，展现出版品牌文化内涵和主题寓意，为出版物商品能够创造更多的附加价值。

（六）出版物销售作业

书店卖场销售作业是指卖场发行人员接待读者完成销售工作的过程，包括导购、接待、查询、收银、打包、预订等内容。因为书店卖场所售商品是满足消费者精神文化需求的出版物，因此出版物发行人员进行销售作业过程中，更应比一般商业企业注重对读者购买心理和购买行为的研究，深入分析读者需求，为读者找好书，为好书找读者。

（七）促进出版物销售

书店卖场促销是指书店卖场为扩大社会影响和提升经济效益，运用广告促销、人员推销、公共关系、人员推广等方式的促销组合将出版物相关信息传递给读者，促进销售的服务方式。在日益激烈的市场竞争中，设计科学合理的促销方案并有效组织实施显得尤其重要。

（八）客户关系管理

客户是企业生存的基础，拥有客户就意味着拥有市场。客户关系管理，是指通过管理客户信息资源，提供客户满意的产品和服务，与客户建立起长期、稳定、相互信任、互惠互利的密切关联的动态过程和经营策略。

运用现代信息技术的会员管理模式，是商家为了维系与客户的长期交易关系、稳定客户群体，而发展出的一种较为成功的关系营销模式。通过该模式，能为会员提供更好的服务，形成书店稳定的客户群体，培养读者的忠诚度，并借助会员的影响力，使各种促销活动达到最好成效，进而提升企业形象。

在客户关系管理中，除了采取会员管理模式外，还应该重视对顾客投诉的处理。在卖场销售活动中，顾客可能对商品、对人员服务、对卖场安全和环境等多方面进行投诉。在处理投诉事件时，应耐心倾听、迅速处理，换位思考、以诚相待，努力做到使读者满意。

（九）安全管理

书店卖场的安全管理首先应做好卖场防损工作。防损工作是指在卖场经营过程中防止和减少出版物商品的非正常损失。在此基础上，采取相关措施，做好消防安全管理和紧急事件的处理工作。书店卖场应建立相关的工作规范和制度，从源头上预防损失，保证安全运行。

（十）绩效评价

绩效评价也称业绩评价，是指为确保达成企业使命，运用数理统计和运筹学的方法，按照企业战略目标设计相应的业绩指标体系，对照相应的评价标准，采取定量分析与定性分析相结合，对企业一定经营期间的活动和结果做出客观、公正、准确的综合评判，并做出正确的运营决策。

基于平衡的业绩评价方法被称为75年来最伟大的管理工具，它打破了传统的单一使用财务指标衡量业绩的标准，以企业战略为依据，把企业的战略与愿景转变成具体的目标和评价指标，实现战略与绩效的有机结合。该评价体系包括财务层面、客户层面、内部流程层面、学习和成长层面的业绩评价。书店采用该绩效评价体系对于书店客观评价绩效，查找经营漏洞，挖掘内在潜力，促进效率提高具有积极意义。

案例精析

外媒眼中的“中国最美书店”

位于江苏省南京市的先锋书店近日进入了美国有线电视新闻网络(CNN)的视野，被冠以“中国最美书店”之名。这座书店没有华丽的外观，夸张的招牌，而是在一个外表不起眼的地下车库中。

一进书店大门，读者看到的不是畅销书架，而是罗丹著名的雕塑“思想者”。就连书店的收银台，也是由成百上千本书堆成的。

图 1-4　先锋书店外观(图片来源：CNN)

先锋书店的店主钱小华介绍说：“一层与二层之间有个斜坡，沿着黄色斑马线往上走，两边是两排书架。如果你回回头，就能看见一个发光的十字架在背后。”他最喜欢的画，都挂在了书店的天花板上。

图 1-5　店内雕塑(图片来源：CNN)

人文精神是先锋书店的主要特色。钱小华认为，一个好的书店必须富有人文精神，提供阅读空间、阅读视野和有营养的读物给读者。钱小华希望“先锋精神”使阅读成为一种信仰，而书店就是阅读者的天堂。钱小华把先锋书店当成了公共图书馆。先锋书店临近南京大学，也就成了南京大学的第二图书馆。在书店第二层，沿着走廊有两排长长的书架，300 多个座位供读者坐下来读书。先锋书店并不排斥只读不买的读者。书店还常常举办一些讲座活动，还有一个小型咖啡馆供客人休息和聊天。有个展区专门展出设计精美的图书，还有一个出售南京本地人创作的创意产品的区域。

图 1-6　读者阅读区(图片来源：CNN)

钱小华认为："独立书店代表着城市的精神，一个城市如果失去了独立书店，那么它的精神也必然相应地有所损失。"人们在书店里找寻城市精神，交流文化体验。慢慢地，先锋书店也意外地成为了南京的地标。

——资料来源：光明网国际观察频道，2013 年 10 月 10 日

[精析]

近年来，实体书店关闭的消息不时传来，实体书店的生存之路显得颇为艰辛。一座座曾经的文化地标为何在一片片叹息声中黯然退场？究其原因，主要有三点：一是国民人均阅读量偏低；二是时间碎片化和数字出版的发展导致人们的阅读习惯渐趋青睐手机阅读和电子书报；三是当当、亚马逊、京东等网上图书商城异军突起，凭借价格优势迅速蚕食图书销售市场。

极具美感的南京先锋书店成立于 1996 年，最初是一个名不见经传的 17 平方米小店，曾屡次搬迁、无人光顾、被迫关门。一次次挫折之后，店主钱小华开始重新思考书店的定位。在不断探索下，先锋书店逐渐树立起"好书总在先锋"和"人比利润重要"的理念。先锋推崇人文，将书籍定位在人文、社科、艺术三大领域；先锋以读者为先，为读者提供无微不至的服务。先锋探索出一条以"学术、文化沙龙、咖啡、艺术画廊、电影、音乐、创意、生活、时尚"为主题的文化创意品牌书店经营模式，让书店在读者的眼中更多成为一种亲情文化、一种品牌体验、一种文化符号。

正缘于此南京先锋书店被南京市民评为十二张文化名片之一，被美国 CNN 赞为"中国最美的书店"，荣获"中国 2009 年度最美的书店奖"。2014 年，被英国 BBC 评为全球十大最美书店。先锋书店给我们的启示在于：书店存在的意义不仅是卖书，更在于为读者搭建一座可供开放、探讨和分享的公共性平台。

南京先锋书店

实践训练

一、实训项目

卖场类型及特征调查

二、实训内容

选择本地书店卖场，包括大(中)型书城、小型门市、综合性书店、专业书店进行现场调查，收集能体现卖场特点的相关资料，包括：卖场地址、卖场规模、营业时间、经营品种、读者对象、顾客服务项目、卖场设计、读者反馈、卖场管理等主要内容。

三、实训形式

1. 以小组为单位，6～8人一组，分小组现场深入调查，组内交流、整理调查信息，推荐小组交流代表。

2. 小组代表将小组调研结果在全班展示并进行交流，互相提问。

3. 评选优秀调查员。

四、注意事项

1. 调查过程中的安全管理、文明调查。

2. 可进行拍摄或采集卖场图片，以PPT文稿形式进行演示。

五、评价标准

表 1-1 “卖场类型及特征调查”实训项目评价表

项目	分值	表现描述	得分	备注
调研内容完整	40			内容包含卖场地址、卖场规模、营业时间、经营品种、读者对象、顾客服务项目、卖场设计、读者反馈、卖场管理等主要项目
获取信息准确	20			
特点分析深入	20			
语言表达流畅	10			
PPT演示文稿简洁美观	10			
合　计	100			

项目二　书店卖场规划

【知识目标】

1. 理解商圈的含义与分类。
2. 熟悉影响商圈设定的因素和设定商圈的方法。
3. 掌握商圈分析的内容、商圈调查的方法。
4. 了解卖场定位的原则、策略和步骤。
5. 掌握卖场选址的原则和步骤。

【能力目标】

1. 能够实地进行商圈调查并进行商圈分析。
2. 能够为书店卖场定位、选址提出合理化建议。
3. 能够对书店卖场选址进行评价。

任务 1

商圈分析

任务思考

通过调查，了解自己周边的商圈及商圈中各类实体卖场的经营状况，思考商圈对实体卖场的经营状况有何影响。

任务分析

熟悉各类商圈的特点，是实体书店选址与定位的第一步，对商圈的调查结果进行商圈分析能为实体书店的选址与定位提供重要依据。

资料导读

新式书店落户商圈　“书＋X”备受购物中心青睐

近日，记者在走访商圈动态时发现，诚品、西西弗、言几又、钟书阁等新式书店即将在北京多家购物中心开业。以书为核心，配套“影音、咖啡、餐饮、文创”等形式的“书＋X”备受商圈青睐。其经营模式与当前中国零售业态超市＋雷同，但又从细节上特立独行。转型升级的门店商户在商圈中逆势扩张，打造着以书为核心的复合式文化生活空间。

“书＋X”成为商业转型配套之一

随着网络购物的兴起和电子书籍的普及，人们的阅读介质和读书习惯发生了巨大变化，传统实体书店在互联网“低价和便利”面前生存空间日益缩小。与此同时，日本的茑屋、中国台湾的诚品等书店却逆势成长，在中国台湾诚品书店目前已成为文化标尺和现象级阅读休闲购物场所，引发大陆书店业的模仿与创新。近两年来，大陆兴起诸如西西弗、言几又、方所、钟书阁等新式书店，致力于以书为媒，通过“书＋X”模式，打造体验式消费场景，集客能力强，备受购物中心招商青睐，成为线下商业转型的集中体现之一，也取得了不错的成绩。2017 年 7 月 18 日，诚品书店创始人吴清友先生不幸因心脏旧疾去世，引人唏嘘，也再次引发市场对书店运营逻辑及发展趋势的思考。

纵观国内外，较早在书店中融入生活场景的是日本茑屋书店，它从根本上颠覆了传统实体书店的经营理念，引领创新型书店走入了新纪元。其代官山书店更是被美国知名娱乐网站 Flavorwire 评为全球 20 家最美书店之一。茑屋书店的经营模式与当前中国书店乃至整个零售业态的转型升级趋势异曲同工，成功经验可资借鉴。从细节上观察，新型商业书店为读者提供了高品质、专业化、差异化的服务，颠覆着传统书店单一卖书的经营理念，引领着行业走入创新型、复合型和生活化的新时代。创新商业经营，融入慢调生活，其定位在丰富线下体验和优质服务中取得了阶段性胜利。

"书+X"多维度观察应变商机之道

选书　基于当下海量数据，对目标客群偏好进行数据挖掘，随后让专业的选书团队在各领域搜集精品书。复刊、部分绝版、经典书籍，夯实书籍等供应需求，并采取收购出版社行为。

陈列　按生活场景分成人文文学、艺术、料理和旅行等板块，进行关联陈列。并随生活场景放置关联产品，增加阅读趣味性和客户消费冲动，转化为实际购买力。

布局　随处放置桌椅供读者使用，所有书籍均可阅读，价格、收银台等明显卖场因素均被省去弱化卖场形象。

导购　储备一批知识经验丰富的专业人才作为导购长期驻店，根据与客户的沟通和自身经验，扩充消费者感兴趣的领域知识，提供精准化的购书服务指导。配套场景强化品质生活。

空间　书店提供细致的影音服务，数量众多、品种齐全的电影和唱片可免费试听，多款专业化的试听播放设备，实现在家中般舒适的视听效果。在咖啡吧和餐厅内，读者可阅读书店任一本书。文具专区、相机专卖店等文创空间满足消费者的不同需求。

交流　定期举办研讨会、讲座、演奏会等活动，进一步丰富书店的文化内涵，吸引大批且黏性高的"品质生活者"。结合地域差异实现千店千面。书店不是同一运营模式的简单复制，而是结合地域差异而进行改造升级的动态调整过程。

大陆新式书店概况

书店　首店开业　门店　覆盖城市　经营特色

诚品书店　1989　45　台湾，香港，苏州　集人文书店、画廊、展演空间、文创和咖啡的24小时营业书店

西西弗　1993　70+　北上广深以及江浙等地　书店+矢量咖啡+不二生活，选址大型商业中心，英伦复古风

言几又　2015　30+　北京、天津、上海、成都、西安　围绕书店，展开咖啡餐饮区、文创集市、手工体验空间

服饰方所　2011　4　广州、成都、重庆、青岛　以书为主，涵盖咖啡、美学用品、植物、服饰、空间与讲座等

钟书阁　2013　8　上海、杭州、扬州、成都、苏州　2013年首店在上海泰晤士小镇开业，2016年新开5家，打造最美购书空间

Page One(叶壹堂)　1983　7　新加坡、北京、杭州、深圳等 以设计、英文原版、繁体中文书为特色，设咖啡馆和文创专区

猫的天空之城　2009　37　江苏、上海、湖北、北京、天津 旅行、艺术、绘本和文学为主，贩卖自有设计产品

大众书局　2003　30+　江苏、上海 老式书店改革创新，以"最美书店"为核心打

造新式书店

Harbook& 湾里书香　2004　1　上海　设计书店＋咖啡馆＋北欧家具于一体的新生活方式集合馆

物心　4　上海、成都　书店＋精致文具，文艺范十足的“杂货铺”

单向空间　2006　3　北京　以书和咖啡为主，单谈、单读、单厨、单选等品牌组成

——资料来源：北京晨报，2017 年 8 月 10 日

相关知识

一、认识商圈

(一)商圈的定义

商圈，是指以商店落座点为中心，沿一定的方向和距离扩展，吸引顾客的辐射范围。简单来讲，就是来店顾客所居住的区域范围，其实质是零售店经营活动的影响范围。商圈的构成要素包括消费人群、有效经营者、有效的商业管理、合理的发展前景和政府支持，此外，商圈的形象、功能、建筑形态、建筑成本等对其也会有一定影响。

商圈不是固定不变的，在不同时期受不同因素的影响，其范围时大时小。商圈由核心商圈、次级商圈和边缘商圈构成，如图 2-1 所示。

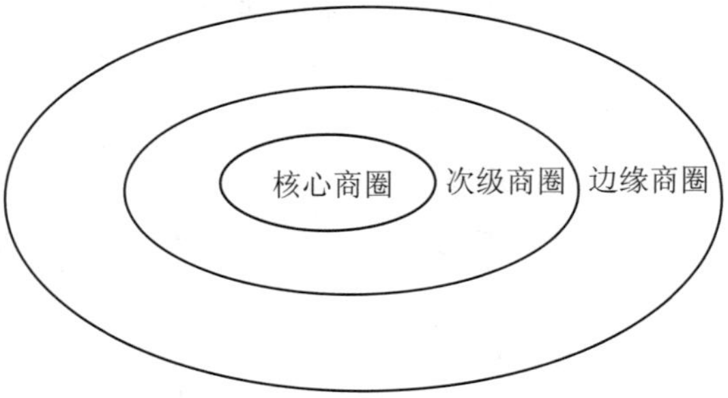

图 2-1　商圈

1. 核心商圈

核心商圈也可以称为主要商圈。是指离商店最近的区域。本区域顾客密集，50%～70%的顾客群来自该区域。当然也存在例外，例如个别旅游点商店，顾客来源主要是游客，核心商圈幅射范围大，而顾客密度偏小，附近的居民却很少在该店铺消费。这种现象我们将其称之为商圈空心现象。

2. 次级商圈

次级商圈又被称为是次要商业圈。是指紧靠核心商圈外围的次要区域。在这一区域内，顾客较为分散，这里聚集着商店 10%～35%的顾客。

3. 边缘商圈

边缘商圈是指位于次级商圈以外的区域。该区域散居着 5%～15%左右的商店

顾客。

零售商店由于其所在地区、经营商品、经营规模、经营条件、经营方式的不同，其商圈的规模和形态也会存在一些差别。例如社区便利店的商圈就偏小，顾客绝大部分来自于核心商圈。但大型的购物中心，商圈的范围就有可能覆盖到全市。次级商圈和边缘商圈的顾客也占有相当的比例。

(二)商圈的分类

从大的方向来讲，商圈分类主要有单一类型商圈和复合型商圈。

单一类型商圈就是商圈内存在的产业类型相对简单，主要分为：

1. 市级商圈(A)，是指市区内所有人都经常光顾的商业区，主要是各类零售型商店，包括有大型的百货购物公司和高档专营店，相比市区其他地方，这些聚客点规模大，品质高，并且公交线路和地铁线路都非常便利。

2. 区级商圈(B)，一般是有中型的百货购物公司和一定数量的零售店面。

3. 商业居民区(C)，在这一商圈内居住着大量的人群，而且在这里会有银行、邮政局及中小型零售商店一类的明显的零售行为，以此吸引旁边的居民。

4. 居民区(D)，同样有大量的居民，但却缺少商业行为，只要是小型的食杂店。

5. 旅游区(T)，有大型的旅游景点和一些零售商店，满足游客的需求。

6. 封闭商圈(X)，指机场一类的相对独立、封闭的空间。

7. 办公商圈(O/CBD)，以办公楼为主，存在大量的办公人员，有一些便利店、咖啡馆及专卖店一类的配套。

8. 特殊商圈(S)，至少有一个动物园、游乐园一类的聚客点来吸引专门前来的目的性强的人流。

基础商圈与特殊商圈结合便形成了复合型商圈。在命名时，占主导因素的商圈类型放在前面。复合型商圈通常有：

C(D)+X，或 X+C(D)；

C(D)+O，或 O+C(D)；

C(D)+T，或 T+C(D)；

C(D)+S，或 S+C(D)。

二、设定商圈

(一)影响商圈设定的因素

影响商圈设定的因素既有商店的经营条件、经营方式、经营品种等内部因素，又有商店的地理位置、顾客流动性、交通状况等外部因素。

1. 影响商圈设定的内部因素

(1)商品的经营品种。通常，经营日常、常规用品的商店吸引顾客的范围偏小，商圈的范围也就偏小；相反，经营大件、专业性强的商品，商店吸引顾客的能力更强，商圈的范围也就大。

(2)商店的经营规模。在一定的范围内，商圈的大小与商店的经营规模成正比。经营规模越大，商圈的辐射范围也越大，反之越小。

(3)商店的经营特征。即使两家经营同一类型商品的相邻商店，对顾客的吸引力和影响力也是不尽相同的，商圈规模也会不同。环境整洁优美、品种丰富、服务优质的商店，其商圈规模会相对较大。

(4)商店的主体设计结构。主要是指商店所在的楼层及周边的配置，以及能吸引顾客的服务设施，例如停车场、车位等。

2. 影响商圈设定的外部因素

(1)营销手段。商店可以通过打折、促销、广告等营销方式，提升品牌的形象、知名度和竞争力，以吸引顾客的眼球，扩大其商圈的范围。

(2)产业结构。商圈内产业多元化，则零售市场一般不会因对某产品市场需求的波动而发生相应波动。

(3)交通状况。商业企业所处的交通地理位置与商圈的形成密切相关。店铺所处的位置是商业繁华地段，交通便利、流动人口多，其商圈范围就大。相反，如果店铺设在交通不便、地段偏僻的地方，顾客主要来自旁边的居民，其商圈范围就会相对较小。商圈范围内应注意要尽量避开宽阔的地下通道、公路、立交桥以及铁路等。

(4)家庭与人口因素。商店所处外部环境的人口的密度、收入水平、职业、性别、年龄的结构、家庭构成和文化水平、消费水平以及流动人口的状况，都会对商圈形成影响。流动人口是顾客流的基础，是店铺主要的消费者来源，一个地区的流动人口越多，商家可发展的潜在买家就越多。

(5)店铺竞争状况。通常来讲，两家店铺的距离位置越大，各自的商圈范围也就越大。但有时也会出现相互之间存在竞争的同种业态、同种规模的商店紧紧相邻的现象，二者既相互竞争，又产生一定的聚集效应。一方面吸引顾客在同类型商店中进行商品比较与服务比较；另一方面，由于商店的聚集产生集聚放大效应，以此吸引顾客，使顾客获得更多的比较机会，就此出现商圈扩大的现象。

(二)商圈设定的方法

不同类型、不同规划、不同层次的商圈，适合于各种不同的店铺业态和经营方式，因此，商圈的设定显得尤其重要。在国外，有的时候为了能更准确地把握商圈，商家通常会通过消费者所用的信用卡来了解消费者的所在地、购物数量和购物次数等情况。而国内商家也会通过售后登记、买赠等形式来收集消费者的相关资料，进而进行商圈划分。而会员卡也是商家用来了解消费者的购物特性的常用形式，它一方面为商圈的设定提供了依据，另一方面也方便商家对消费者提供精准、个性的服务。不同的商家由于考虑到各商圈的要求会有所不同，也就会考虑采用不同的方法来设定。商圈设定的主要方法是：

1. 参照法

指以某一个基础情况相类似的地区或市场已有商店商圈的规模为参照来设定商圈。采用这种方法主要是要尽可能地在参照物方面选择与本商店的实际情况最接近的，并结合人口分布、商业布局、交通便捷状况等主要指标的差异，进而进行合理的补充，以求获得更为精准的数据。

2. 调查法

调查法是最简单、最常用的方法，也就是指将通过调查了解到的消费者的地址在地图上进行标注，然后将标注最外围的点连成线，这样勾画出来的区域就是商圈的所在地。

通过调查法调查，可以使商家更清晰地把握商圈规模的大小和消费者消费的特点，进而令商家能更有针对性地来制订相关的营销方式，从而扩大商圈的范围。

对买家最直接有效的调查方法就是入户调查，另外还可采取街头访问、电话访问、问卷调查的方式。问卷多采用选择题的形式，这样可以方便被访问者回答。如能赠送一些小礼物，调查者的参与度更高，问卷调查的效果可能会更好。问卷发放的数量要根据实际情况而定，通常来讲，问卷回收的概率越高，调查出来的结果就越有分析性。

3. 经验法

指商家根据以往的经验而设定商圈。比如，徒步 5～7 分钟的距离为便利店的商圈；1 000 米以内的距离是蔬果超市的商圈等，这些都是根据以往的经验而得出的基本范围。商圈的范围会因店铺规模和业态的不同而改变，也会随着消费者购物的出行方式和频率而改变。

三、商圈评估

(一)商圈分析内容

在商圈确定以后，企业需要对商圈进行进一步分析，了解商圈范围内客流、竞争者、消费者的特点，以便正确地进行选址和制订营销策略。商圈的分析内容主要有选址研究、消费者研究、客流量研究、市场评估、竞争对手研究和自身分析六个方面。

1. 选址研究

选址研究也称之为商圈调查，包括以下几方面内容：

(1)人口特征。主要包括人口总量、年龄、性别、教育水平、收入水平等。企业通过统计商圈内的人口特征，并对其进行分析，了解居民的构成、需求特点和变化，掌握商圈范围内的人口状况和未来发展趋势，为店铺选址以及制订营销方案提供参考。

(2)经济情况。主要包括商圈范围内的产业、金融、经济发展情况及预测等。通常来说，商圈范围内的经济情况良好，居民的收入状况稳定，零售市场则呈增长的趋势；倘若商圈范围内是多元化产业，零售市场受到某单一产品需求市场变化的波动就小。

(3)店面所在区域的各方面相关信息。主要包括区域的类型及交通状况、城市规划等。

(4)其他。主要指当地的政策法规，例如最低工资标准、执照、税收等；供货的来源，例如：供货成本、运货成本、批发商等。

2. 消费者研究

(1)消费者的购买习惯和行为。主要包括购物场所的选择、购物频率、消费结构、单次消费的金额等。

(2)消费者满意度研究。主要是消费者对产品质量、工作人员、购买服务等方面的满意程度。

(3)消费者购买力研究。主要包括消费者的职业情况、经济状况及心理承受力等。

3. 客流量研究

指通过一定时段内的定点监测，进而统计出在不同时段经过门店地址人流的总量，不同性别的人数和不同年龄的人数、进店的总人数等，进而分析得出客流量的差异、客流的类型、客流量的时间点分布等。

4. 市场评估

(1)城市的经济指标，主要包括人口、社会消费品零售总额等。

(2)居民的经济指标。主要包括人均消费支出、人均可支配收入等。

(3)其他经济指标。包括国内生产总值、生产者物价指数等。

5. 竞争对手分析

主要包括竞争者的经营情况，例如产品的结构、经营的规模等。

6. 自身分析

包括经营的规模、品种、特征，广告的促销手段、租金、物业管理等。

(二)商圈调查方法

对商圈进行分析需要多方面的信息和素材，商圈调查就是为商圈分析收集信息的行为。常用的商圈调查的方法主要有：单纯划分法、抽样调查法、询问调查法和类推法。

单纯划分法是最简单的方法。指通过各种方法和渠道，把搜集来的顾客的住址标注出来并绘成简图，之后把最外面的点连成一个圈，而这个圈以内的区域就是所在商圈。在制作简图的过程中需要把方位、竞争店、道路、公交站等全部都进行标示。

抽样调查法，在商圈内设置若干个抽样点，主要是用于了解人流走向、交通状况、人口数量等。

询问调查法是由商家通过电话询问、问卷调查等方式向消费者搜集资料、了解情况的方法。

类推法是通过已有的分店所在的商圈状况来类推打算开设分店的商圈区域。

案例精析

新华协信中心开工　观音桥商圈将现璀璨明珠(节选)

2015年6月5日，在有“中国最具竞争力商圈”“西部第一街”之誉的重庆观音桥商圈，由重庆新华书店集团、协信集团联手打造的新华协信中心项目举行了奠基开工仪式。

得天独厚　延续星光商业璀璨

据悉，此次由新华书店集团和协信集团联合打造的新华协信中心，地处重庆“千亿级商圈观音桥”的核心区域，占地面积1.5万平方米，总建筑面积约17万平方米，预计将于2018年整体竣工。项目业态涵盖高端写字楼、高端行政酒店公寓、西部殿堂级

图 2-2　现场图

高端购物中心，以及新华书店集团倾力打造的重庆中心书城，营业面积 1 万平方米，集文化消费、文化交流、文化培训等功能于一体的互动体验式书城。本项目是继江北协信中心和星光 68 广场之后，由本地商业巨擘协信集团全程操刀的又一城市核心地段的高端城市综合体，建成后必将推动观音桥商圈的城市格局及城市商务功能的再次升级。

强强联手　加快助推西部第一街城市扩容

本次携手的新华书店集团和协信集团，均是在改革开放大潮中涌现出来的重庆市优秀企业代表。新华书店集团是经重庆市人民政府 1998 年 4 月批准组建的大型国有文化企业，是重庆市图书发行主渠道、思想文化主阵地、文化产业主力军。2011 以来，连续 4 年进入全国发行集团前 10 名，2009、2012 年两次荣获全国文化体制改革先进企业称号，连续 10 年进入重庆企业 100 强，现已在多元化经营领域走出一条具有相当特色的道路。成立于 1994 年的协信集团，依托成熟的“商住产一体化”发展模式，多年跻身中国房地产 50 强，业务拓展已达北京、上海、成都等全国 11 个城市。

图 2-3　效果图

负责新华协信中心项目开发的重庆新远同实业有限公司的相关负责人表示：有新华书店集团和协信集团两大实力投资企业的鼎力支持，对新华协信中心项目的建设运营充满信心；并将在具体工作中务实做好研发、建造、运营、服务的每一个环节，为重庆奉献一个具有划时代意义的精品项目。

——资料来源：新浪乐居网，2015 年 6 月 5 日

[精析]

重庆新华书店集团选择在有“中国最具竞争力商圈”、“西部第一街”之誉的观音桥商圈与协信集团联手打造的新华协信中心项目，具有一定的前瞻性。

在商圈的选择上，观音桥商圈所处的江北区观音桥位于重庆渝中半岛和北部地区的几何中心，是重庆市人民政府确定的五大商圈之一，是江北区政治、经济、文化中心和交通枢纽。从目前来看，现在的观音桥商圈内，商厦林立，国际名品汇聚。星光 68 广场、龙湖北城天街、大融城、盈嘉中心、阳光世纪等购物中心强势崛起，Gucci、Armani、Cartier 近百个国际知名品牌以及西南最大的苹果直营店都在这里璀璨汇聚，该商圈每天都是人流如织，现在的日均人流量已超过 35 万人次，日均商品销售额超过 1.6 亿元，连续多年位居重庆主城区各大商圈之首。从长远来看，依据新的定位和规划，观音桥商圈核心区将从 1.5 平方千米扩展到 3 平方千米，随着观音桥商圈的扩容，新华协信中心、龙湖新壹街、万汇中心、聚丰纵横国际、天和国际中心等新城市综合体正拔地而起，推动观音桥商圈的城市格局及区域商业商务功能的再次升级。通过实施“北延、南扩、东拓、西进”拓展战略，建设各具特色的功能区域，以太阳谷、超大型新华书城、百脑汇等为龙头的 500 万平方米“一心四片”观音桥商圈核心区正初步形成。

从合作伙伴的选择上，协信集团经过 20 余年的不断探索实践，已经形成了敏锐的商业嗅觉和成熟的商业模式，重庆新华书店集团与之合作可谓强强联手，有利于项目建设的顺利推进和项目建成后的有力实施。

职场指南

独立书店如何妙选商圈

在成都远洋太古里地下一层，方所书店被众多商业品牌包围，人气很旺。书店像一个巨大的漩涡，源源不断地将地上的客人吸到地下一层，进而带动了这一整层的人气。

“黄金位置”在过去更多地用来形容新华书店，它们由于历史因素往往处在城市的中心地带。如今，这个词也能用在独立书店身上，它们的位置甚至更好。这便是独立书店与城市商圈结合所带来的奇妙。

广州文化新地标
——方所

书店与商圈的“相互成全”

独立书店和商圈若结合得好，便是相互成全。此前在广州，方所和太古里的结合已有很好的效果。广州方所眼下不仅实现了盈利，更给广州太古里贡献了 10%的人流增量。

商圈如今已成为很多实体书店择址时的首选地点。书店与商业地产商开展合作，在优质购物中心拓店，一方面保证了稳定的客流量和营业额；另一方面，随着与地产商品牌形成战略合作，书店知名度也有很大的提升。

可以说，方所在广州“现象级”的表现，让方所创始人毛继鸿有充分自信。他甚至略显“任性”地挑选合作方。对方所这样一个试图给一座城市构建起文化体系的独立书店而言，它需要合作方能够最大程度地满足书店设计要求的空间和面积。实质上，毛继鸿的“挑”理所应当，因为从成都方所最终呈现的样子来看，并不是任何一家商业地产商都能满足其要求。

2015 年 5 月正式开业的成都远洋太古里，所在地是成都最为繁华的春熙路商业圈中的核心地段，是一个现代商业与历史文化、人文风情高度融合的商业综合体。方所作为已入驻商户中的代表品牌，是前述特质最佳的体现之一。

成都方所书店所在的春熙路商业圈内，有多家商业综合体，如紧挨着成都远洋太古里的今年年初开业的 IFS(其中有 Page One 书店)，两者人气不相上下。而方所最终选择前者，除了此前已有成功合作之外，更是因为成都远洋太古里更称方所的“心”。

成都远洋太古里保留了古老街巷与历史建筑，空间密度低、开阔，“逼格”和“颜值”双高。同时，成都远洋太古里的租金并不完全从商铺的面积和位置考虑，而是更多参考商家的成本和利润率，这让更多商业品牌趋之若鹜。不难看出，这其实是一个商业综合体和入驻商户相互成全，最终相得益彰的过程。

身兼言几又和今日阅读 CEO 的但捷认可这种说法。他指出，独立书店的选址反映出书店的定位和受众，同时也是重要的经营策略，能否找到合适的地理位置、有稳定的客流量，直接决定了独立书店能否“独立”下去。

言几又书店

选合作方：文化认同很重要

一个浅显的事实是，那些有独特想法，特别是在品牌运营能力和互动能力上见长，且对推广阅读、文化有认知的商业综合体，无疑更适合独立书店。

方所、西西弗、字里行间、言几又等独立书店品牌如今收到越来越多的合作邀请。这背后，是商业综合体愈发成为各家地产商的角力焦点，而随着商业综合体的增多，同质化愈发严重。地产商急切希望通过引进个性独特的商户来给自己贴上不一样的标签，而独立书店正是最被热捧的那一类独特商户。

当这么多份邀请摆在面前，怎么选？西西弗文化传播有限公司董事长金伟竹从自身角度出发，认为西西弗本身有很广阔的客户层，从推广文化生态的角度而言，他更倾向于选择能够使书店更好地影响客户群的地点。如今，西西弗已与龙湖和华润置地两大知名地产商建立战略合作关系，在拓展之路上走得愈发顺畅起来，陆续进驻成都万象城、深圳 mini 万象城、南宁万象城、重庆万象城等，成功将触角从西南三省(云南、贵州、四川)伸到东南沿海，在深圳开出多家门店。

宁愿放慢拓展脚步，也要找到最适合自身的合作方，这是很多独立书店在选址时的核心问题。于是，它们在选址时，将目光更多地放在寻找与合作方的契合点上，租金反而显得不那么重要——理念共通下，租金就好商量。方所看中的便是太古地产在文化、艺术、创新领域的丰富运作经验，在发展理念上双方也存在共同点。用毛继鸿的话来说，就是他们可以让方所的理想成为合作方的梦想。

只要有了这样的根基，具体租金、位置等话题其实都很好谈，关键是独立书店能否与合作方有更深层次的沟通和认知。这是因为独立书店相较百货、服装、饮食等业态并没有那么强的盈利能力，对成本要求也更为严格，在进入商业综合体后，必须通过寻求与整个商业综合体的复合式合作来实现自身价值、打造盈利模式，并非单纯的一种租与被租的关系。

在跟一些独立书店的交流中，他们一致向记者表示贪大求快不可取，要慎重选址，一定要与合作方多沟通，最大程度实现品牌自身价值。

选邻居：让经营模式决定环境

一般情况下，当独立书店准备进驻一个城市时，选址的程序是这样的：首先选择心仪的商圈，而后再从商圈里选择合作伙伴。实际上，还应认真选择自己将来的“邻居”。

现在很多购物广场是一站式的，书店选址必须重视选择“邻居”。“邻居”是谁？团队的运作能力如何？对文化的敏锐度怎样？如何与书店形成购买环境的互补？这些都要求书店进行综合衡量，之后才能决定这些“邻居”是否合适，这个地址是否适合入驻。方所欣然入驻的成都远洋太古里，“邻居”中大牌众多，尤以无印良品最大的海外旗舰店为代表，还有堪称成都市历史文脉的大慈寺。

不过，这并不是说独立书店非要跟繁华地段的商业综合体结合不可。独立书店自身的经营模式才是选址的决定性因素，要千方百计给自身找到一个最舒服的所在。譬如字里行间走的是“中心旗舰店＋卫星主题店”的拓展模式，中心旗舰店依托大型商业或者其他机构，多选在城区重点商圈的黄金位置；卫星旗舰店多选在大学社区、住宅生活型社区、商务或商业型社区的次黄金位置，分设不同主题店。

选择邻居可以很灵活。记者在北京观察所见，字里行间并没有只抓住传统意义的商业中心不放，而是颇为独特地在一些写字楼、居民区及相对不那么繁华的商业中心开店。在此，不得不说的是字里行间独特的会员制经营模式，主要是为白领等年轻阅读群体提供阅读、交流的文化平台。一个闹中取静，可能不那么繁华，但紧挨着写字楼、居民区的选址其实很合适。

选址是后续经营的有利保证。但捷表示，这里面还有更多学问，尤其是随着图书细分市场的发展和独立书店特色的明确，对已有选址能否进行二次客户挖掘正变得越来越重要。

——资料来源：张攀. 中国出版传媒商报，2015 年 8 月 7 日

任务 2

定位与选址

任务思考

结合所在地各类书店卖场的概况，思考不同类型卖场的定位有何不同？并分析其选址是否科学？

任务分析

根据选址进行定位，或者根据定位进行选址，这是非常重要的经营策略，这同样也是实体书店经营的第一要素。

资料导读

从选址看实体书店的商业逻辑

无论是开设24小时书店引领潮流的三联韬奋书店，在商业区吸引年轻人的单向街书店，还是主打电影图书的库布里克书店，抑或是销售原版进口书籍充满国际范儿的PAGE ONE，单从选址上就可以看出这些实体书店的商业逻辑。对于一家实体书店来说，选择正确的地理位置，不仅有助于培养受众人群，找准适合出售的图书品类，同时对自身的盈利也同样起到了举足轻重的作用。其实为实体书店找到合适的位置，就已经找到了走向成功的钥匙。

商圈客流大是书店盈利保障

对于实体书店来说，选址是一种非常重要的经营策略，直接决定了书店能否生存下去，将会在很大程度上影响自身定位，是实体书店经营的第一要素。很多书店为了保证客流量，在选址的时候会青睐商圈。位于北京朝阳区大悦城四楼的单向街书店店长邹栋林说："单向街书店选择在商场里，是因为客流量较多，对书店的盈利能够提供保障，商圈里的年轻人比较多，单向街的大部分读者都是年龄在25～35岁的企业白领，正好符合书店的受众人群。"

除了单向街书店，PAGE ONE书店的选址也定位在商贸圈。PAGE ONE在北京有国贸店、颐堤港店、三里屯店，均位于北京的高端消费区，而PAGE ONE的图书消费人群与其相同。据PAGE ONE市场部负责人张莹介绍，北京的三家店英文原版书的比例都达到了65%以上，书店的读者主要为20～35岁热爱时尚的年轻人，以及受过高等教育的、可以阅读原版书籍的、收入水平中高端人群。找到合适的地理位置，能使

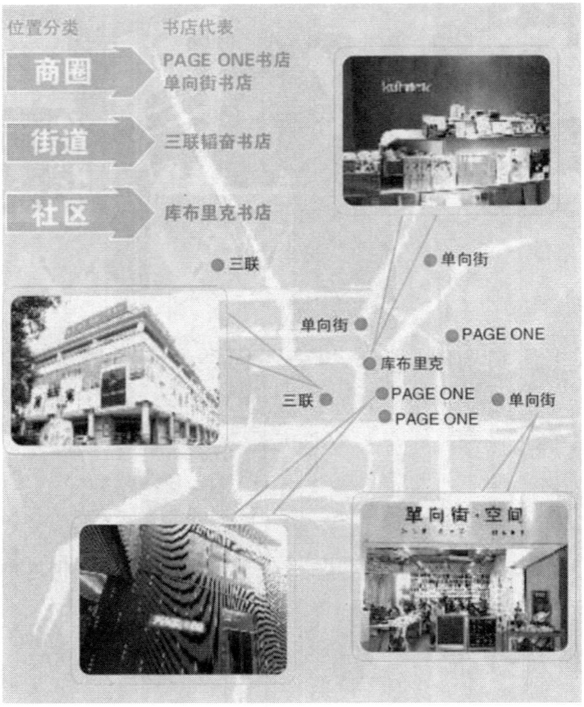

图 2-4　位置示意图

实体书店的运营起到事半功倍的效果。书店在选址时，首先关注的就是客流量，现在商圈已经成为很多实体书店的优先选址地点。

街道高辨识度培养新读者

三联韬奋书店的第一家店面位于北京市东城区美术馆东街22号，第二家书店在清华大学东门附近。相比在商贸圈的书店，三联韬奋书店将目光瞄准在了街道。在街道上建设独立的书店，内部面积会相对较大，而且读者进出比较方便，地理位置比较明显，实体书店的辨识度较强。三联韬奋书店总经理张作珍表示，相比在商圈里的实体书店，在街道上的书店更方便举办相关的读书活动，对书店营业时间的设定也比较自由。

资深出版人张金告诉北京商报记者："实体书店的选址非常重要，人气、租金、在行业内的影响力等都与选址有关。根据选址找到书店的定位、图书的品类、基本的运营模式，而且图书签售、作者讲座、名人沙龙等活动在地段好、交通便利的地理位置，将会在很大程度上提升活动效果，对培养书店的知名度会起到一定的促进作用。"

社区氛围相符成就有利位置

在张金看来，传统的大型书城模式已经没落，现在是书店细分、体现自身优势的时代。从一家书店的选址就可以了解到这家书店的特色以及细分的方向。以库布里克书店为例，坐落在当代MOMA社区内，周围的建筑艺术气息浓厚、艺术商店的种类也较多，与库布里克注重艺术类图书的特性重叠。北京库布里克书店店长王婉君向北京商报记者表示，书店的对面就是百老汇电影中心，是一家知名的艺术电影院线，很多人在观看电影后会到书店里逛一逛，而且书店内电影图书的种类较多。

“书店选址的原则就是繁华的地段、成熟的商业圈、学术氛围浓厚，人们购买能力较强的地方。根据所选地理位置设置适合读者购买的图书，考虑书店的整体装修、空间布置等因素。”张作珍强调。

由于网络书商的冲击，实体书店需要细分化，在选址上还要考虑到周边因素并与其他业务相结合。“摄影图书与摄影器材商店、儿童图书与少儿用品店、教育类图书与培训机构等，利用环境条件挖掘潜在的用户人群。”张金如是说。

——资料来源：卢扬，沈艳宇．北京商报，2015 年 3 月 27 日

一、卖场定位

(一)认识卖场定位

书店的分类
映射现实生活

卖场定位就是商家依据竞争者的情况，针对顾客的喜好，再结合自身的特点，集中力量有针对性地展开经营活动。卖场定位的主要内容包括：目标市场定位、功能定位、经营特色定位、经营方式定位、经营规模定位、卖场形象定位。

目标市场定位包含目标区域定位和目标消费群定位，目标区域定位就是分析周边的商圈。目标消费群定位则是在商圈的范围确定之后，再对商圈内的消费群体进行市场化细分，进而肯定目标消费群。

功能定位，人们的消费水平在逐步提高，单一的服务已不能满足消费者的需求，因此，在卖场的功能定位上要在结合考虑到各方面因素的前提下尽可能做到全面。

经营特色定位往往能够体现在很多方面，但最主要的首先是商品特色，其次是服务特色。

经营方式定位主要包括自营、招租、联营等。

在对经营规模进行定位的时候，要综合考虑消费者购物疲劳程度、商圈的购买力以及产品的品种等方面对卖场规模的制约。

卖场形象定位主要是通过卖场的外观、环境、气氛、服务、质量、价格等方面来表现。

(二)卖场定位的原则

每家企业所经营的商品、目标消费者和所处的竞争环境有所不同，因此在对其进行市场定位的时候所参考的依据也会有所不同。总体说来，企业在市场定位时都要参照以下几点原则。

(1)参照自身的实体产品特性进行定位。产品本身的成分、材料、质量、价格等都可以作为卖场定位时所参照的依据。

(2)参照指定的使用场合及用途进行定位。为已有的产品寻找到一种全新的用途，就可以为这种产品创造出一个全新的市场定位。

(3)参照消费者将取得的利益来进行定位。产品能提供给消费者的利益是消费者最能够切实感受到的，这也能够用来作为定位的参照。

(4)参照不同类型的使用者来进行定位。将某一产品指向给某一特定类型的使用

者，然后根据这些使用者的感受来寻找合适的定位。

实际工作中，企业在进行卖场定位时参照的原则并非某个单一原则，而是综合几个原则共同参照。企业想要突显企业形象，卖场定位就必须是多角度、多侧面的。

（三）卖场定位的策略

(1)避强定位。指商家想要避免与实力强的其他企业直接发生竞争，将自己卖场定位于另一市场范围，使自己的卖场在某些方面和对手之间存在明显差异。采取该策略能使商家较快地在消费者心中树立形象、在市场中站稳脚跟，风险较小。其缺点是："避强"代表着商家需要放弃某个最佳的市场，从而造成商家有可能处在较差的市场地位。

(2)迎头定位。根据商家本身实力，为占据较好的市场位置，与实力强的竞争对手发生正面竞争，使自己能够进入到与对手同等的市场地位。采取该策略有可能会使商家在竞争的过程发生"轰动效应"，较快地被消费者所知晓，树立市场形象。其缺点是：一旦在竞争过程中呈现弱势，将面临较大风险。

(3)创新定位。找到目前尚未被发现、但颇具潜力的市场位置，填补商家市场的空白。这种定位的方式就要求商家要明确在创新定位的时候，要考量在经济和技术方面是否可行，市场的容量是否充足，能否为商家带来相应的利润。

(4)重新定位。在明确了市场的定位以后，如果发现定位不够准确或者市场环境发生改变，就需要考虑重新定位。例如，如果遇竞争对手的定位与自己接近，抢夺了自己的部分市场，或者是由于某种原因，消费者的喜好有所改变，转变到了竞争对手的一方，商家应该重新定位，这也是通过以退为进来实现更好的定位。

（四）卖场定位的步骤

卖场定位关键是商家要设法找到自己与竞争对手相比更具优势的方面。通常竞争优势包括两个类型：一是在价格方面的竞争优势，即在相同的条件下，能够给出比竞争对手更低的价格，这要求商家尽力降低成本。二是消费者喜好方面的竞争优势，也就是能通过特色来达到满足消费者特定偏好的目的，这要求商家尽力在特色方面下功夫。所以，卖场的定位需要经过以下三个步骤。

(1)研究市场，认清潜在的竞争优势。这一个步骤主要回答三个问题：一是竞争对手是如何定位的？二是在市场上，目前消费者欲望的满足程度如何，他们是否还需要什么？三是针对消费者真实的需要和竞争者的定位，商家应该并且能够做到什么？要得到以上三个问题的答案，就需要商家利用调研的手段，系统地进行调查、分析、设计，并将三个问题的资料和研究结果整理成报告。通过回答以上三个问题，商家才能较准确地把握自己的潜在竞争优势。

(2)挑选正确的竞争优势，结合市场实行初步的定位。竞争优势就是指商家具有能战胜竞争对手的能力。这方面的能力可能是已经存在的，也可能是潜在的。竞争优势的挑选实际上也就是商家与竞争者各个方面能力的比较过程。比较的标准是完整的一个体系，这就能正确地选择相对竞争优势。经常用的方式是分析、比较商家与竞争者在管理、营销、市场、经营、财务、商品和采购几方面到底哪些更强，哪些更弱。进而选出最适合商家的优势项目，从而为商家对市场地位进行初步判断提供帮助。

(3)凸显特殊的竞争优势和重新定位。在这个步骤里商家主要利用宣传营销，把自身独有的竞争方面的优势传达给消费者，进而给消费者留下印象。所以，商家需要首先让消费者了解并且认同，甚至是喜欢本店的定位，在消费者心中构建起与该定位相一致的形象。其次，商家要大力强化消费者的形象，借此来稳定与该定位相一致的形象。最后，商家要关注消费者是否对自己定位的了解存在偏差或者是由于宣传的失误而导致误解和混淆，如有，应及时进行纠正。

即使商家的定位准确，但若出现了竞争者和商家定位相近，侵占了商家的部分市场，或消费者的喜好与需求发生改变，使商家的销量减少，市场占有率下降。商家应考虑重新定位。

二、卖场选址

(一)卖场选址的意义

安徽图书城

(1)卖场选址是一项长期投资。相比其他投资来说，它有长期性和固定性。如果周边的环境发生了改变，其他方面经营要素都可以实施一些调整，以求适应周围环境的改变，但是地址一经确定，想改变就不容易了。选址能选好，商家就能长期受益。

(2)卖场选址是影响商家经济效益的关键因素。正所谓“天时、地利、人和”，对于商家来说，具有“地利”方面的优势，就能够吸引消费者。

(3)卖场选址是制订经营目标和战略的重要参考。商家在制订经营目标和战略时，要考虑很多的因素，包括对卖场所处的地理位置进行研究，进而为商家制订经营的目标提供重要参考，在此基础之上，按照消费者的构成和需求特点来策划经营战略。

(二)卖场选址的原则

(1)时效性原则。卖场位置要地处人流集散区，最好是能吸引车程 10～20 分钟之内的人流。

(2)易到达原则。卖场要在交通便捷地，即最容易进入的地方。

(3)靠近购买力的原则。利润是以消费者的购买能力为基础的，购买力水平又是取决于消费者的消费水平。通常来说，商家的存在，就是以服务消费者为前提的，所以卖场选址一定要考虑所处地方的人口的数量和密度。购买力的基本影响因素就是人口，人口和消费水平结合在一起就构成了购买力，消费的水平通常取决于经济收入和消费倾向。

(4)适应消费者需求的原则。满足消费者的需求是商家所有行为必须要遵循的准则，依据消费者消费的态度、职业、收入水平和年龄决定商品的构成、定价和营销活动等。

(5)接近商业中心圈的原则。商业活动通常具备扩延效应，一旦形成商业中心，它附近的商家就将有利可图。商业中心通常都具备繁华度，是资金流、物流和人流的聚集地。把卖场选择在靠近这里的地方能获取较大的利润。

(三)卖场选址的步骤

1. 制定选址标准，确认前提条件

选址过程中，首先应综合考虑各方面的相关因素，制定卖场选址的标准。例如，连锁卖场选址需考虑以下几方面。

(1)配合连锁门店开发的方针。这样可以比较容易形成具备较强支配能力的重要区域，以及能够朝这个方向进展的区域。

(2)人口与家庭。拥有两至三万人口以上的乡镇或区域。

(3)道路。与居民日常生活紧紧相连的道路相靠近。

(4)地形与住宅区。在该地区能够得到充足的市场支持，且具有广阔的发展空间。

2. 找准目标客户，选择店址

首先要对目标客户的日常生活进行分析，进而发掘商机；其次是要依据目标市场和服务对象来选择店址区域；第三是要结合企业的经营特点和规模，预测企业投资的回收率，以此为基础认真选择，明确定位。

3. 根据具体信息，绘制图纸

在找准店址后，制作出这片区域的简要构图，同时标注出诸如居民区、卖场朝向、竞争者、互补型商家、客流量等方面的具体信息。相关的信息越具体，全面考虑能够做到最好的概率就越大，进而保证店址的正确决策。

4. 进行市场调查，实施具体方案

店址基本区域确定后，就要进行详尽的市场调查，把选好的若干个地点相互比较，然后做出选择。在确定了店址的准确位置以后，抓紧时机兴建门店。在拟定了可行的实施方案以后要加以贯彻落实。

案例精析

广州购书中心(天河店)选址分析报告

一、购书中心介绍及其地理位置特征

1. 简介

广州购书中心是广州市新华书店集团有限公司按照现代企业制度要求组建的一个大型的图书零售企业。被誉为“神州第一书城”的广州购书中心，已建成为以图书经营为主，系列文化用品经营并举，在广州地区乃至全国都具有相当影响力的大型图书文化企业。广州购书中心开辟众多专柜经营副业，业态呈现多元化趋势。书店卖书之余，不仅开辟文具、艺术品等与文化沾边的专柜，还开始经营运动服、电饭煲、电风扇等百货。广州购书中心，环境优雅、设备和服务功能现代化，堪称是南中国一座文化大殿堂，总营业面积1.5万平方米，常年图书备货品种10余万种，其他音像制品、文化用品品种3万多种。配备先进的电脑图书管理系统、中央空调、电动扶梯以及写字楼、展览厅、多功能会议厅、快餐厅等服务设施。

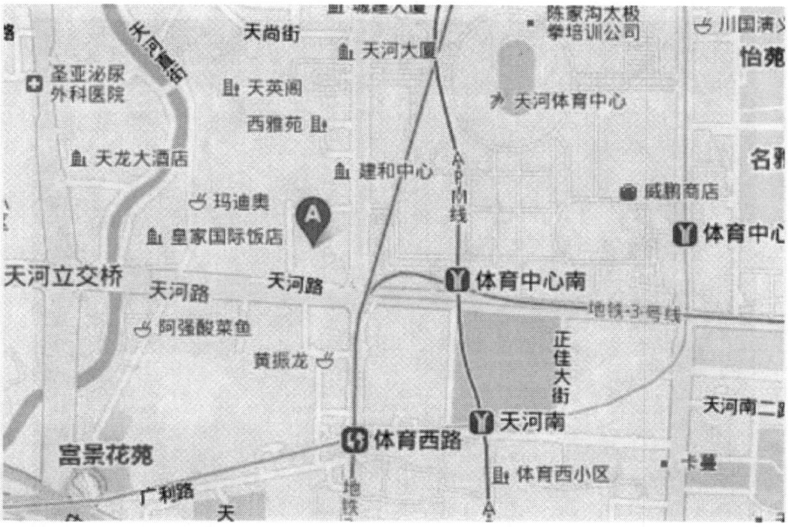

图 2-5 A 红点为广州购书中心(天河店)

2. 地理位置特征

(1)总体地理位置分析——地址。购书中心位于广州最繁华的天河区黄金商圈心脏地带，雄踞天河立交桥，紧邻体育西路，背靠地铁 3 号线，市区各一级主干道如纽带紧紧围绕四周。具体地址：天河区天河路 123 号广州购书中心内(维多利亚旁)，即紧邻广州天河体育中心西侧，天河城广场对面。

(2)交通状况分析。①公交线路汇聚：广州购书中心附近有多条公交线路汇聚，交通十分便利，下面为相关公交线路：

广州购书中心(天河店)公交线路

站名	线路
①体育中心	18 22 234 269 296 545 551 高峰快线 18 高峰快线 21 夜 10 夜 15 夜 25 夜 35 夜 47 夜 9 178 210 224A 224 235 224 快 242 245 248 263 289 快 289 33 540 549 561 78 810 89 高峰快线 30 高峰期专线 4 夜 4 夜 17 夜 19 夜 23 夜 41 夜 51 夜 52
②天河城广场站	130 195 233 280 高峰快线 15 夜 17 夜 51
③BRT 体育中心站	B1 B2A B2 B3A B3B B3 B3C B4 B4A B4 快 B5 快 B5 B6 B9 B10 B12 B13 B14 直达快线 B14 B21 大站快车 B21

②地铁途径：购书中心临近地铁站，交通十分便利。有地铁 1 号、3 号线：体育西站(天河城、体育中心)及 APM 线：体育中心南站。从地铁体育西路站 D 出口，走约 410 米，即可到达广州购书中心。

图 2-6　广州购书中心交通图

二、广州购书中心所在商圈及其辐射范围

广州购书中心位于天河城商圈，地理位置优越。在天河路和体育西路的交界处，位于天河立交桥下，而且由于其可乘搭的交通工具多，所以交通非常便利，加之临近广州地铁1、3号线，且附近有不少的广场与大厦，各方人流在此交汇，因此广州购书中心对外辐射能力较强。

如图：

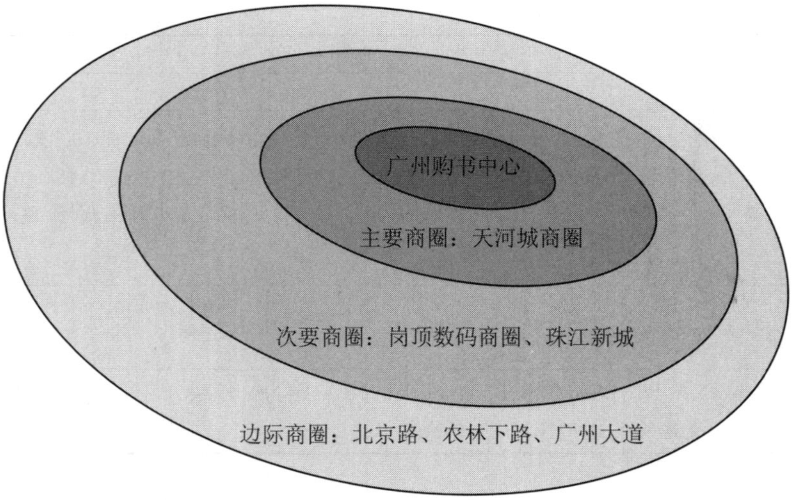

图 2-7　广州购书中心辐射范围

三、广州购书中心周围消费人群和层次

1. 流动人口特征

(1)境外人士多。广州市外国人和我国台湾地区在穗常驻人士(下面称为境外人士)居住在天河区的较多，为广州市各区之最。境外人士中，各种管理人员所占比重最大，

其次为常驻机构代表。天河北一带的写字楼是他们经常工作的地方。

(2)综合素质较高。一是文化水平较高，据有效数据统计，几乎平均两个常住人口中就有一个大学生；二是文明程度进步较大，有关专家提出天河区火葬率、计划生育率、文明小区率等都列入广州先进行列；三是先进模范人物大量涌现，其中有出席中共十八大的代表以及一批全国劳动模范、全国先进青年个体劳动者、全国优秀人民警察、全国优秀教师等获得国家级荣誉称号的模范人物。

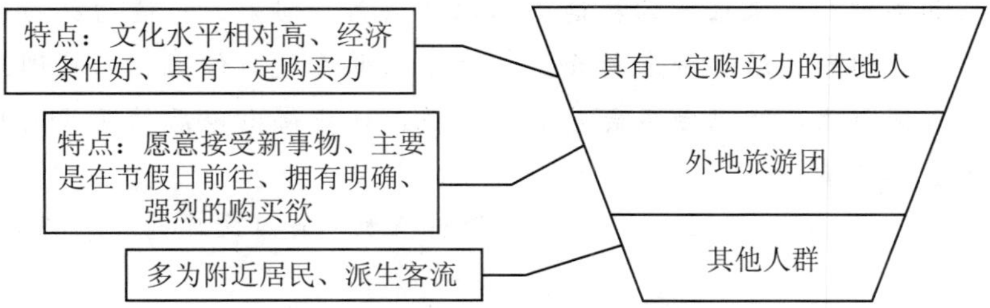

图 2-8　天河城商圈消费人群分析

从图 2-8 可见，在天河城商圈消费的人群主要是具有一定购买力的本地人，而且这一部分人大多文化水平较高，从事着较高水平的职业，工作上对知识有着强烈的追求；同时这一群消费人，有着足够的消费能力，对生活有追求，也渴望在紧张的工作后能享受恬静舒适的环境。广州购书中心(天河店)的经营时间、货架摆设、产品种类、配送服务等都符合了这群消费者的需要。消费者能在下班后到广州购书中心里，找到想要的书，享受片刻的宁静，并且能为消费者贴心地配送。同样来自外地的旅游团也不能忽视，天河购书中心的门面设计、经营特点都充满着其他书店缺乏的清新与敞亮，能让顾客感受书城的美妙。

四、市场定位和经营特色

坐落于天河城商圈的广州购书中心以信息量大、图书品种丰富为经营的首要特色。以迎合并满足了现代人购物休闲相融合的多元化文化消费需求为目标。它是一个文化知识和信息的总汇，以纸为介质的图书是主营商品，同时还有多种信息载体如音像磁带、LD、CD、VCD、DVD、电子图书等。这些人类文化结晶，光芒闪烁，琳琅满目，每日吸引着 3 万人(次)以上的读者浏览、选购。

其次，知识结构全面、图书适应层次多是广州购书中心的又一特色。书城把千万种图书分部类经营，条理分明，适应不同层次读者的需求。如既有国内外著名学者最新论著和国内高等学府的研究成果，又有实用普及型的知识文丛。

根据《实体书店勇敢前行：广州购书中心转型升级重新开业》中的介绍，2013 年 2 月新装开业的广州购书中心，除了在环境体验上下了功夫，还引入了不少新业态，如珠宝、休闲饮品以及集合店等，如贡茶、糖果研究室、男士精品集合店“欧洲胡同”等国内知名品牌，多元化满足市民要求。其中，四楼新建的“放学回家”生活馆，更是号称为广州首个创意亲子体验项目，将为广州的青少年提供一个学校与家之间的活动空间。

据介绍，新广州购书中心，不再仅仅是一个图书超市，而是都市人学习、休闲、娱乐、体验等为一体的综合型文化生活中心。整体经营将图书业态与文化商业结合起来，以扩大和满足不同消费者的需求，提高书城人流量和购买力。

总的来说，广州购书中心致力于打造天河城商圈内提供购物休闲相融合的多元化文化消费中心，正充分利用天河城商圈人流量大，购买力强，交通便利等优势，稳步发展。

五、效益与风险

地理位置优越、交通便利、人流量大、综合素质高又有着足够的消费能力，这些无疑会为广州购书中心带来很多的机遇与不错的效益。当然，机遇与效益的另一面往往是风险和潜在的问题。通常讲来新开张都有不错的人气，但现在的商圈经济业态模式呈现出了高度同质化，所以会不会是昙花一现，这还得看以后的两年内广州购书中心的运营数据和客流量。

——资料来源：百度文库网，2013 年 5 月 25 日

[精析]

这份分析报告从地理位置特征、所在商圈及辐射范围、周围消费人群和层次、市场定位和经营特色等多方面对广州购书中心的选址进行了分析，是一份结构完整、架构清晰、内容详实、分析透彻的分析报告。报告中既有图文又有数据，且结合广州购书中心本身的特性及所处的大环境，对数据表现出的现象进行较深入的分析和判断。

实践训练

一、实训项目

撰写书店卖场选址分析报告

二、实训内容

1. 选择本地一家综合性书店卖场，对它所处的地理位置进行商圈、选址分析，并对卖场的定位提出合理化建议。

2. 制作分析报告的 PPT。

三、实训形式

1. 以小组为单位，6～8 人一组，分小组研讨，撰写分析报告。推荐小组交流代表。

2. 小组交流代表将分析报告在全班展示并进行交流，互相提问。

四、注意事项

各小组同学要分工合作，选择的项目内容要具有代表性，调研前期要做好充足的准备，在设计调查问卷、调研题目时问题需要具有针对性，收集到的数据信息要尽量保证时效性和准确性。

五、评价标准

表 2-1　“卖场选址分析报告”实训项目评价表

项目	分值	表现描述	得分	备注
报告格式规范、条理清晰、层次分明、结构完整	10			
文字简练、表达准确、逻辑严谨	20			
报告选址具有典型性和代表性	10			
报告数据准确，具有时效性	20			
分析问题透彻，具有实际意义	20			
语言表达流畅	10			
PPT 演示文稿简洁美观	10			
合　计	100			

项目三　书店卖场设计

【知识目标】

1. 了解书店招牌设计的主要内容及注意事项。
2. 了解书店橱窗设计的主要内容及注意事项。

【能力目标】

1. 能对书店卖场店面的招牌及橱窗提出设计方案。
2. 能对书店卖场进行布局设计。

任务 1

店面设计

任务思考

对本地多家书店卖场的招牌和橱窗设计进行比较，试分析其招牌设计及橱窗陈设有何不同？评价卖场招牌设计和橱窗设计优劣的标准是什么？

任务分析

通过店面设计，让书店空间环境更加舒适，能无形中起到促销的作用。数字时代，书店设计理念应是融合的、包容的。从艺术和审美的角度讲，融合传统文化、时代精神；从经营和销售的角度讲，融合多种业态、各种理念。这样才能焕发书店应有的活力，强化书店应有的文化价值和社会价值。

资料导读

书展地标｜西西弗书店：藏在欧式风格里的上海味道(节选)

图 3-1　西西弗书店

这里，藏着岁月的隐秘情事；这里，藏着梦想的辽阔天地。经过劳顿奔波和现实交锋之后，来到这里，捧一本书，品着咖啡，享受一段静谧的书时光。

上海大悦城西西弗斯书店位于大悦城北区，走出电梯来到 6 楼，转弯，仿佛来到欧洲某个安静的街角，它无声地立在那里，等候。墨绿的门敞开，两边圆柱形橱窗，红色的窗棂，橱窗内不规则折曲的海报从顶部垂挂，各类书籍错落摆放。再行几步，仿佛瞬间穿越，时空交错，来到上海滩：缝纫机、黑胶唱片、旗袍女子画像、老式打字机、饼干桶、铁艺玻璃门……忽然，身着热裤体恤的年轻女孩跑上来摆 pose 留影，将你的思绪拉回，哦，这是一整面墙的橱窗。

图 3-2　西西弗书店　网络图

西西弗书店的名字来源于希腊神话：西西弗斯曾经一度绑架死神让世间没有了死亡。后来他触犯了诸神，被惩罚不断地把巨石滚上山顶，而石头因为自身重量又会滚下去，如此循环往复。西西弗的故事本身没有赞美，从事的是连续的无效运动。书店创立者喜欢它的中性，取其坚忍不拔的含义，带点牺牲精神，希望可以成为图书行业或者文化行业的西西弗斯。

西西弗书店规模不大，布局紧密有致，给人小而美之感。柔和的平光源，营造着温润平和的暖意；聚焦的点光源，引领视觉跳线，突出阅读的时代感。错落的光线铺洒在层次丰富的图书上，制造出浓厚的阅读氛围。

逛西西弗斯书店，很容易忽略脚下和头顶，错过设计者的匠心。很多人被提醒后，会好奇地重新走一遍书店。比如，一进门，地面画着导引图，生活、心理心灵、文学等图书分类区域和“七十二阅厅课”儿童阅馆等方向都标示清楚；走进书店，地面上还有“少儿多彩的童年”等字样和箭头，方便读者寻书。

走在书海中，不经意抬头，“我来，我读，我思阅读是一场自由的梦”映入眼帘，让人会心一笑。尤其会让上海人有共鸣的是地面上的文字和图案，半米宽、几十米长的白色地毯从“阅读主张”区域蜿蜒至“矢量咖啡”店门前，谢谢侬、良友、十里洋场、四大金刚大饼油条豆浆粢饭、张爱玲等字样印在地毯上……这几十米，浓缩着老上海文化和风物，让人从现实走进过往时光，又被拉回到当下。当你看到收银台上印着“参与构成本地精神生活”，便领会了西西弗书店所秉持的价值理念。进门右侧，是“不二生活”创意空间。“生活的不二法门是什么？是顺其自然，不强求不委曲”，触摸着这些显示着慧心和灵性的文化创意产品，品味着“不二”的禅意，这，是逛西西弗书店的另一收获吧。

——资料来源：郭影．新民晚报，2017 年 8 月 21 日

图 3-3　西西弗书店

相关知识

一、招牌设计

店面设计一般包括招牌设计与橱窗设计两部分，店面上的招牌设计尤为重要，应醒目地显示店名及销售商品。在繁华的商业区里，消费者往往首先浏览的是大大小小、各式各样的商店招牌，寻找实现自己购买目标或值得逛游的商业服务场所。因此，具有高度概括力和强烈吸引力的书店招牌，对消费者的视觉刺激和心理影响至关重要。

招牌底板所使用的材料，在我国长期以来是木质和水泥。木质经不起长久的风吹雨打，易裂纹，油漆易脱落，需经常维修。水泥招牌施工方便，经久耐用，造价低廉，但形式陈旧，质量粗糙，只能作为低档商店招牌。随着时代新潮流变化，今日的店面外装饰材料已不限于木质和水泥，而是采用薄片大理石、花岗岩、金属不锈钢板、薄型涂色铝合金板等。石材门面显得厚实、稳重、高贵、庄严。金属材料门面显得明亮、轻快，富有时代感。有时，随着季节的变化，还可以在门面上安置各种类型的遮阳篷架，使门面显得清新、活泼，并沟通了商店内外的功能联系，无形中扩展了商业面积。

商店招牌在导入功能中起着不可缺少的作用与价值，它应是最引人注目的地方，所以，要采用各种装饰方法使其突出。手法很多，如用霓虹灯、射灯、彩灯、反光灯、灯箱等来加强效果，或用彩带、旗帜、鲜花等来衬托。总之，格调高雅、清新往往是成功的关键，手法奇特、怪诞也可能产生奇妙的效果。

商店招牌文字设计日益为经商者所重视，一些以标语口号、隶属关系和数目字组合而成的艺术化、立体化和广告化的商店招牌不断涌现。商店招牌文字设计应注意以下几点。

1. 店名的字形、大小、凸凹、色彩、位置上的考虑应有助于商店大门的正常使用。

2. 文字内容必须与本店所销售的商品相吻合。

3. 文字尽可能精简，内容立意要深，又要顺口，易记易认，使消费者一目了然。

4. 美术字和书写字要注意大众化，中文和外文美术字的变形不要太花太乱太做作，书写字不要太潦草，否则，不易辨认，又会在制作上造成麻烦。

商店招牌文字使用的材料因店而异，店铺规模较大，而且要求考究的店面，可使用铜质、凸出空心字，闪闪发光，有富丽、豪华之感，效果很好。定烧瓷质字永不生锈，反光强度好，作为招牌效果尤佳。塑料字有华丽的光泽，制作也简便，但时间一长，光泽退掉，塑料老化，受冷受热受晒又要变形，因此不能长久使用。木质字制作也方便，但长久的日晒雨淋易裂开，需要经常维修上漆。商店招牌设计，除了注意在形式、用料、构图、造型、色彩等方面给消费者以良好的心理感受外，还应在命名方面多下功夫，力求言简意赅、清新不俗、易读易记、富有美感，使之具有较强的吸引力，促进消费者的思维活动，达到理想的心理要求。

职场指南

新华书店和生活·读书·新知三联书店的店头设计

图 3-4　毛主席题字的新华书店店头设计(图片来源：百道网)

新华书店，于1937年4月24日创立于陕西延安清凉山，新华书店创建后，毛泽东主席曾多次到书店视察，并三次为新华书店题写店名。第一次是1939年9月1日，新华书店门市部在延安凤凰山麓的平房里正式开业。毛主席得知新华书店在新的地点开业的消息后，乘兴挥毫题写了“新华书店”四个大字，并派秘书送到新华书店。第二次是抗日战争胜利后的1946年初，毛主席在听完许元祯汇报出版发行工作情况后，肯定了新华书店的工作成绩，高兴地挥笔题写了“新华书店总店”六个大字。第三次是1948年12月，在河北省平山县西柏坡，为迎接全国解放，毛主席对出版发行工作岗位上的同志们寄予无限希望，第三次为新华书店题写店牌。新中国成立后，北京及全国各地迅速建立了大批的新华书店，其店牌都是以毛泽东第三次题写的“新华书店”为准，直至今日。现在，毛主席亲笔题写的“新华书店”的店招就高悬于有“新中国第一店”美誉的北京王府井新华书店门楣，成为王府井书店独具魅力的文化标志。

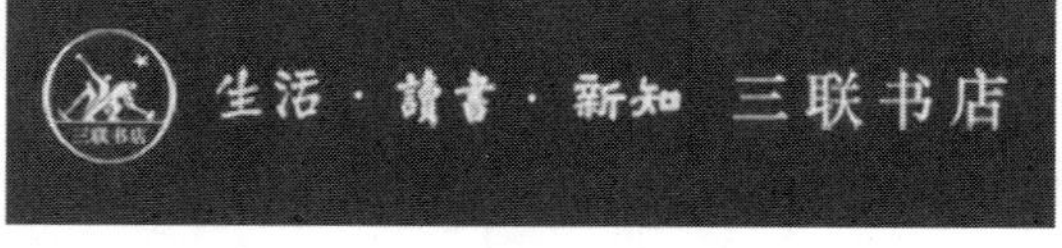

图 3-5　三联书店店头设计(图片来源：百道网)

三联书店的前身是20世纪三四十年代活跃于中国出版界的三家著名出版发行机构——生活书店、读书出版社、新知书店。从1948年“三联”在香港组建起，直到如今“三联”出版的书仍在用着同一个出版标记，象征着三家出版机构的融合。

三联韬奋
24小时书店

二、橱窗的设计

橱窗设计的重点，在于怎样做出有创意的橱窗。书店橱窗既是门面总体装饰的组成部分，又是书店的第一展厅，它是以本店所经营销售的主营图书为主，巧用布景、道具，以背景画面装饰为衬托，配以合适的灯光、色彩和文字说明，是进行商品介绍和商品宣传的综合性广告艺术形式。

橱窗永远是一个不可或缺的永恒元素，它向消费者们传递着流行潮流的信息，引导着专业产品的创造方向，产品的创新也反过来不断影响着橱窗设计。尽管历史上流行的趋势和商业的吸引力不断地变化、发展，但是商店橱窗一直在商品和消费者之间、促销与决定购买之间、现实的街道与梦幻般的橱窗陈列之间充当着极为重要的物质媒介。

一般来讲，书店橱窗设计应注意以下方面。

(1)橱窗横度中心线最好能与顾客的视平线相等，那么，整个橱窗内所陈列的书本都在顾客视野中。

(2)在橱窗设计中，必须考虑防尘、防热、防淋、防晒、防风、防盗等，要采取相关的措施。

(3)不能影响店面外观造型，橱窗建筑设计规模应与书店整体规模相适应。

下图是英国连锁书店Waterstone's的设计实例。

现今

未来

水石书店橱窗手稿

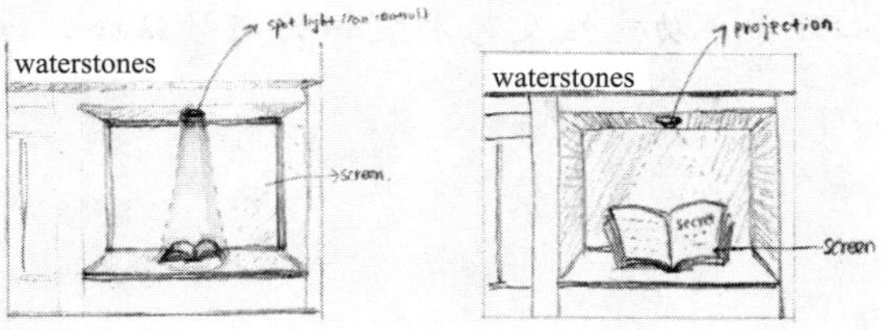

图 3-6　Waterstones 书店设计(图片来源：室内设计联盟网)

Waterstone's 是英国的连锁书店。上例为典型 Waterstone's 书店改造方案，以典型的传统书本陈设型橱窗设计改造为突出品牌形象的橱窗设计，突出的不再是单一的成品书，而是 Waterstone's 想展现给读者的文化体验。

案例精析

北京 Kubrick 书店

这个面积约 3 443 平方米的咖啡厅及电影书店位于北京 Linked Hybrid 商住园区、与电影中心相邻，由香港壹正企划创办人罗灵杰和龙慧祺操刀设计。这个项目再现了设计师对建筑、环境心理学、功能性及艺术装饰的巧妙结合，以及对不同材质、色彩及灯光的独到驾驭。

图 3-7　Kubrick 书店店招

——资料来源：凤凰网

［精析］

北京的 Kubrick 书店及咖啡室将营造文化氛围放在首位，力求打造“城市书房”，为了给读者提供更加愉悦的阅读环境。书店的店招突破了传统悬挂在大门上方的设计模式，而是放在大门的旁边，老旧锈铁质感的店名制作配以沉稳的灰色基调，点缀清新的绿色，突出了书店的文化底蕴和柔和的气质。书店的橱窗是一个封闭式橱窗，采用了自然场景式造型设计。橱窗的主体是书店、咖啡馆本身。灯光恰到好处地运用，使书文化、咖啡文化自然地融入到人们的生活中。书店牺牲场内铺位的“黄金地带”，给文化活动留下了宽敞的空间。与大楼内数十家经营品种及风格迥异的民营书店同场经营，与快餐厅、咖啡屋、眼镜廊、钢琴城以及画廊、艺坊、文化体育用品等文化创意产业配套经营，相互补充，将这些内涵通过窗户以橱窗的方式彰显出来，兼容并蓄，多元并存。充分满足了现代人购物休闲相融合的多元化文化消费需求。

图 3-8　Kubrick 书店店内设计

职场指南

2017年书店业大事十四个值得记住的书店标记

——书店设计潮(节选)

【百道编按】由中国书刊发行业协会和百道新出版研究院共同发布的《2017—2018中国实体书店业报告》，总结了2017年书店业的14件大事。包括书店利好政策落地，新华书店80周年，新华书店子品牌，茑屋中国热，书店设计潮，等等。这些大事件，见证了2017年书店业的发展历程，构成了2017年书店业标记。

5. 书店设计潮

入选理由：设计帮助提升书店空间品质，也因应了消费者消费升级的需求，未来一段时间，可能仍是书店升级发展的重要组成部分。

保定新鲜空气书店获德国红点设计奖——红点设计大奖是世界上知名设计竞赛中最大最有影响的竞赛之一，有设计界“奥斯卡”之称。此次获奖的“新鲜空气”书店，整体风格以大量原木色为主，设计理念是在书店的空间场景中，用最朴素、最接近自然的设计构思构建起人与书的关系。

青山周平设计的侘集·本屋书店在成都开业——这是一家新型复合书店、文化综合体。侘集本屋的品牌理念是“书的城，我的家。My city，My home.”店内规划有艺术咖啡、生活研究所、城市艺术图书，儿童设计教育四大主题空间，全面讲述“人+宅，人+城”的紧密联系。在书店中放入“城市”概念，巧妙地将“建筑”与“书”联系起来。

安藤忠雄设计的“光的空间”新华书店亮相上海——这是安藤忠雄第一次在商业体里，将书店和美术馆结合在一起。“人们和书的关系日渐疏离，我们希望这个空间能增加人与人、人与书的邂逅，使人们对书产生新的认识。犹如光之于建筑，只有阅读，能让未来的希望照亮人们的心房”，安藤忠雄如此解释他的设计理念。

言几又邀请茑屋书店设计团队设计新店——2017年，言几又书店邀请日本代官山茑屋书店的总导演&总设计师池贝知子女士及设计团队担纲设计，将在西安高新CBD中心区域迈科中心酒店的一、二层打造一个情怀格调和文化特色兼备的书店主题商业区。

——资料来源：百道网，2018年1月

实践训练

一、实训项目

橱窗设计

二、实训内容

选择本地书店卖场(包括大、中型书城、小型门市、综合性书店、专业书店)进行调研，分析其店招设计及橱窗设计的优劣，并为一个中型书城设计书店橱窗方案。

三、实训形式

1. 以小组为单位，展开调研。
2. 根据调研结果进行分析，为中型书城设计橱窗草图，并附设计说明。
3. 推荐小组交流代表。
4. 小组交流代表在全班展示，并进行交流，互相提问。

四、注意事项

1. 调查过程中的安全管理、文明调查。
2. 设计以独创性、自主设计为原则。

五、评价标准

表 3-1　“橱窗设计”实训项目评价表

项目	分值	表现描述	得分	备注
调研分析的合理性	40			
设计初稿的独特性	30			
设计的美观性	30			
合　计	100			

任务 2

店堂设计

任务思考

一家书店店堂设计，最终体现的是经营者的思想、经营者的理念。你想做一家怎样的书店，这家书店与其他书店相比有什么独特的方面，通过设计，它将最终给读者传递什么信息？

任务分析

店堂设计的理念可以概括为三个尊重：尊重读者，尊重图书，尊重环境。其中，对图书的尊重和对环境的尊重，是尊重读者的具体化。尊重读者必须体现在卖场设计的全过程，方便读者优于方便管理。

资料导读

书籍的迷宫——钟书阁书店设计

泰晤士小镇已是沪上最著名的婚纱摄影外景地，尽管专家从没给过半句褒扬，但它还是上海一城九镇计划中最知名同时在建造和管理上最认真的项目，由此也带动大陆其他城市争相模仿欧洲小镇的风潮。

图 3-9　泰晤士小镇

不过泰晤士小镇的尴尬是，它只是个精致的布景，它的内里迄今还没被有吸引力的内容所填实，它在街头所展示的风情和它的实际生活是脱节的。但富有戏剧性的事总会发生，就在实体书店不断倒闭的尴尬境地中，钟书阁的业主逆流而上，试图在泰晤士小镇中创建最美书店而唤起关于读书的美好回忆和如花年华。

最美书店：钟书阁

钟书阁占据着泰晤士小镇的一个街角，两层，共600平方米。设计师将两层设想成两个世界，在首层，设计师不仅要唤醒新华书店的站读记忆，更要创建那种闲适愉悦同时被书海所包裹的阅读体验，让公共书店具有私人书房的自在和自由。

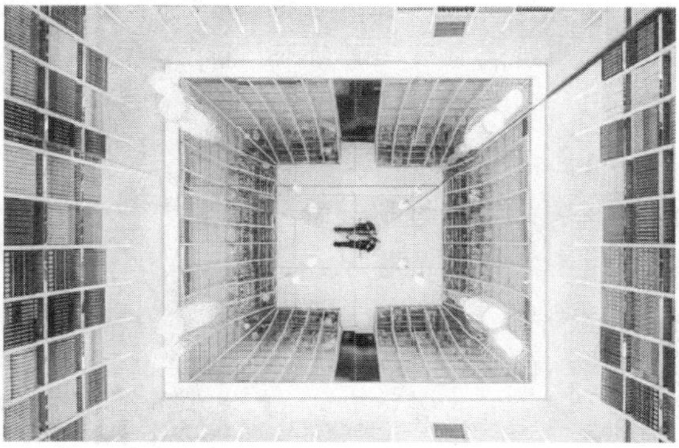

图 3-10　钟书阁

钟书阁首层的主要空间被书架隔成九间书房，每间书房按书籍门类设置，并加载了不同的生活主题。因为在日常生活中，书房从来就不是单纯的阅读场所，书房是阅读、品茗、小酌、咖啡、交心，抑或读到会意处嫣然一笑，看到知己会心颔首的领地。这九间书房组成了书籍的迷宫，指引路径的则是澄净人心的知识。

联系上下两层的楼梯间被彻底改造，它成为书店的正入口，是门厅，更是殿堂。从那简约教堂吊顶洒落的日光，礼赞的是书籍和它们背后凝聚的智慧。书籍不仅陈列在两厢，更铺就在地上，地面是书架，楼梯前后也可以放书，乍看，这里是被推倒的矜持的书架，都好像蛮适合爱低头走路的读者，但设计师不仅仅为了这；因为在这里你必须轻轻地踩在上面，不自觉地表现出对书籍的敬意。事实上，设计师只是塑造想被紧紧拥抱的感觉，有时是书，有时是人！

图 3-11　钟书阁的楼梯间

楼梯间的后面是被书籍所包裹的咖啡馆，这个幽深的一角正遥契历史上著名的左岸的花神咖啡馆，它们分明有着心意相通的渊源。

在钟书阁首层展现的是我们或多或少有些熟悉的场景，它不同的精致角落将我们生活经历和书的微妙关系小心翼翼地揭露出来，或将这些关系郑重其事地收藏起来。不过，我们内心中还有一种阅读，因为我们不仅仅在阅读中获得知识，更需要在阅读中慰藉焦虑的灵魂。我们已经习惯随意地阅读，渐渐忘记了阅读的仪式，所以我们也许需要一个更纯净的场所让阅读变成一种修炼或者是升华。

图 3-12　钟书阁二层

二层的中心是纯洁的白色，书籍的圣殿，在镜面天花里，弧线上升的书架在虚像的另一面和实像闭合成一个完全意义的圣殿，更是苍穹，这你无法用言语去精确描述。终于，当你通过书本堆积的楼梯爬上来进入圣殿，你或许会长长吐口气，坐在地上，有点讶异，但更多是喜悦，触手就是仿佛飘浮在空中的书籍，但这里阅读的已不仅仅是文字的追逐，而是某种心灵的感应。当你浸润在知识的大海之中，就会发现阅读是我们不可或缺的生活本能。而你更明白了书籍是一种媒介，在圣殿，让你和久已遗忘的灵魂有了重新认知的机会，你看到了天堂。

白色圣殿的背后是一圈环形廊道，黑镜、黑书架、黑吊顶、黑地板，仿佛就要沉到梦深处的神秘。在这个黑色的画廊中，谁知道？不曾醒来也不曾睡去。

图 3-13　钟书阁一层

回到街角，设计师在熟视无睹的欧式立面上包裹一层玻璃。这是一段由 20 多种语言的名著片段，并华丽地包含着数学物理化学的公式，著名建筑、音乐、天文等智慧精华。这根本就是一种宣言，表明钟书阁就是这个商业化小镇上骄傲的文化旗帜。

——资料来源：李想. 美国室内设计中文网，2013 年 3 月 22 日

相关知识

一、环境设计

好的书店不仅仅是销售图书的卖场，而且还是一个充满着人文气息、能够带来全方位购书享受的空间。因此书店的装修设计需要为购书者提供一个优美的购书环境。设计上主要包括灯光、音乐、色彩、POP 陈设等方面。

(一)灯光

1. 认识书店照明设计

书店是最需要明亮环境的空间之一，优秀的书店照明设计不是一味地增加亮度，但昏暗的环境也无法达到应有的照明效果。人在过于昏暗的环境中由于不易辨别周围事物，会导致行动变慢，同时易产生不安的情绪。明亮舒适的环境更能促进人的活动。在书店的照明设计中，适当的光环境能够提高商业活动效率，缩短购买行为所需要的时间。如人在过于黑暗的书店环境中阅读和辨别事物时，不仅对眼睛造成伤害，也会影响工作人员的工作效率和顾客的购买、阅读欲望，因此书店内部的照明不仅影响人的行为，也会影响到人的心理活动。如果书店没有适度的照明，将造成读者、经营者、书籍作者三者的损失。对于读者来说，不仅对眼睛造成伤害，还失去了阅读的乐趣，影响购书欲望从而导致影响书店经营者的销售。同时书籍作者也失去了一个传播知识、扩大影响的机会。书店照明设计的目的在于正确传达图书信息，营造良好的阅读和商业气氛，激发消费者的购买和阅读欲望，促进商品的销售，同时展示书店空间的魅力。

2. 书店照明设计

照明设计从不同的角度归纳有不同的分类方法。以照明的目的为标准，可分为装饰性照明和功能性照明；以光的作用形式和照明效果为标准，可以分为直接照明、半直接照明、间接照明以及漫射照明；以照明的方式为标准，又可分为一般照明(又称背景照明或环境照明)、分区一般照明、局部照明、重点照明以及混合照明等。在书店中，通常采用以下几种照明方式。

(1)一般照明。一般照明是为了满足整体空间内的基本照度要求的照明方式，光线均匀。在分区明确、功能多样的大型书店里则常常要用到分区一般照明的方式，即根据不同的功能分区设置不同照度标准的一般照明。这一方式在书店照明设计中有着重要的意义。以广州方所书店为例，书店内不仅出售图书，还设有咖啡区、展览区、服装区、生活美学区。不同的空间对照明有着不同的要求。即便同在书籍所处的区域，也因书籍的分类划分成不同板块，如儿童读物所处分区的照明也应区别于其他区域。

(2)局部照明。局部照明是为特定视觉工作用的、为照亮某个局部而设置的照明。在书店的某些区域仅靠一般照明无法达到足够的照度时，可以使用这种照明方法。如

图 3-14　广州方所书店店内照明设计(图片来源：蚂蜂网)

书店内的阅读区域可加设台灯、落地灯甚至吊灯来满足阅读的需要。

(3)重点照明。重点照明指的是定向照射某一特殊目标或区域，引人注意的照明方式。它在书店的照明设计中可运用在 logo(徽标或者商标)、宣传海报、装饰性陈列物或者新书发布区域，这种方法利用较为强烈的明暗反差引起人的关注，从而有效传递重要信息。

(4)混合照明。混合照明应注意与混光照明的区别。混光照明是由两种或两种以上不同光源所形成的照明。而混合照明则是由一般照明与局部照明组成的照明方式。混合照明在书店中可以形成多种组合方式，因此可以适用于不同区域，满足不同照明需要。

图 3-15　广州方所书店店内局部照明设计(图片来源：蚂蜂网)

3. 灯具

就单个灯具来讲，首先应根据书店不同的空间特征、建筑形式等因素来确定选择功能性灯具或是装饰性灯具。功能性灯具只是为了满足照明的需要。灯具本身并不作为书店装饰的一部分，因此使用这种功能性灯具的时候应尽量做到“见光不见灯”；而在使用装饰性灯具的时候则是把灯具本身也作为书店装饰的一部分，这个时候则应考虑灯具外形与所处空间的建筑形式以及其他装饰性元素的统一搭配。

不论选用装饰性灯具还是功能性灯具，都应考虑光源的光照强度、色温、光束角以及灯具的安装(包括投射角度、安装高度、安装方式等)等因素。

(1)色温。色温与人的心理感受有着密切的联系：低色温给人以温暖、温馨的心理感受；高色温给人冷静、清凉的感觉。色温越高则对空气、雨雾等介质的穿透力越差。色温过低则容易使人眼产生疲劳感。因此，书店照明中改选用高色温还是低色温的光源不可一概而论。而应该根据不同需要制订不同的设计方案。例如书店招牌、装饰物等不需要长时间观看的部分可以使用低色温光源(但不是唯一选择)；阅读区域、收银区域等需要用眼较长时间的区域则不宜使用色温过低的光源。人眼对色温 3 000K 左右的光尤其敏感，在理想条件下，人的眼睛对这种暖黄色光的敏感程度是红光或蓝光的 20 倍左右。因此，书店中的台阶、入口等需要提醒人注意的区域，可以采用 3 000K 左右的光源达到这一目的。书店中若有休息区域，亦可采用低色温以给人舒适放松的感觉。

(2)投射角度。一般而言，光束角分为小于 20°的窄光束、大于 20°小于 40°的中等光束和大于 40°的宽光束。在光源不变的前提下，光束角越大，则散射效果越好、光斑越大同时中心光强越弱。灯具光束角的选择要视被照物而定。例如照射大面积的书架时适宜选择宽光束灯具，避免明显的光斑出现在书架上，达到柔和均匀的效果。

(3)安装高度。书店的书架一般较家庭中所使用的书架更高，人在挑选书籍时往往会抬头仰视，这一特定行为要求在设置灯具时出光角度应避免直接射入人眼。灯具的安装高度越高越利于避免这种眩光，同时越有利于光线的均匀扩散，但安装高度过高则会导致明显的光衰。因此确定灯具安装高度应根据实际情况在矛盾两者之间找到平衡点。

(二)音乐

目前，在竞争愈加激烈的市场上，背景音乐扮演着越来越重要的角色，其应用不仅能够美化购物环境，而且影响着消费者情感与购买行为。尤其图书卖场背景音乐的编排与设计，将随着声波的传递，直接体现品牌文化与品牌定位，还能给消费者积极或消极的心理影响，对其本次或今后的购买行为产生促进或阻碍作用。简而言之，音符虽小，不可小觑。

背景音乐是一种非鉴赏性音乐，即指与主体的意识行为无直接关系，是通过非音乐鉴赏环境这一媒介间接地作用于主体意识行为的音乐。它是那种既令人舒心而又不妨碍人们的主要意识活动的音乐。背景音乐影响顾客的因素主要有：

1. 通过音乐营造良好的购物氛围

据德国、意大利等国家的调查，经常听音乐的人比不听音乐的人寿命通常要长 5～10 年，那是因为音乐对放松身心、振作精神、诱发睡眠等都很有实效。而随着人们生活水平的提高和体验经济的到来，人们的购买行为也常常受心情的影响，在优美的音乐中，人的心情就会得到放松，也就不自觉地在商场里流连忘返，顾客待在商场的时间越长，商场的人气就越好，购物氛围也就越好。

2. 通过音乐促进销售数量增长

音乐除了能让顾客在心情舒畅的情形下购买商品外，在特别销售活动或销售展示中利用音乐来吸引参与者的目光，把消费者吸引到展示台前，能产生意想不到的效果。心理学家认为，用恰当的音乐，能有效提高人们对该种货品的购买欲。

3. 通过音乐沟通与顾客的情感

由于音乐的包容性和情感性，每个人都能听懂音乐，并与音乐产生一种共鸣，书店可以利用音乐的这个特性，通过音乐与顾客的情感沟通，拉近彼此的距离，从而适时地达成交易。

(三)色彩

书籍是文化的产物，只有掌握书籍文化的特性才能更好地完成书店卖场的色彩构成设计工作。例如运用绿色造成宁静的氛围，从而达到消除疲劳的目的；使用红色让人感到振奋；运用蓝色使让人感觉知识的力量。针对书店自身的文化内涵、地理位置、销售对象进行综合分析，才能做出好的书店设计。

书店色彩构成设计具有多样性和适应性的特点。多样性是指多种色彩共存在一个书店卖场之中。每一本书都有特定的阅读群，但即使是同一类读者，审美也有很大差异。因此，在书籍陈列的色彩构成中，色彩的多样性是最为显著的特点之一。适应性是指色彩构成设计中必须要有一定的包容性。书籍本身也具有流行性的特点，在书店卖场书籍陈列的显眼位置要不断地出现最新的书籍，也为书店卖场中的色彩不断注入新的活力与内涵。

色彩设计的最高境界是和谐，书店卖场的色彩构成也是如此。在书店卖场色彩设计中不仅要建立起色彩的和谐，还要让书店卖场的空间、外来导购展示等其他元素，建立一种和谐统一的关系。从视觉效果方面来分析，色彩构成设计应该达到以下要求：

1. 一目了然的视觉效果

为了吸引读者，便于读者选购书籍，书籍卖场色彩构成设计，必须根据书籍本身的色彩特点来决定书籍的展示区域、展示设计、叠放方法。通过色彩构成设计将一类图书全面地展现给读者，也可以增强视觉冲击力，加深读者对书店的印象。

图 3-16　环保类图书区域色彩设计(图片来源：大武汉宣传网)

图 3-17　儿童类图书区域色彩设计(图片来源：新浪网)

2. 多种多样书籍的色彩表现

读者在购买某类书籍时都希望有更多的选择，以便进行比较。书籍陈列应运用色彩的基本属性来指导书籍的色彩陈列设计，以达到书籍陈列整齐有序、色彩丰富的视觉效果。

3. 强烈的艺术感

书籍陈列色彩设计应在保持书籍独立美感的前提下，在实际应用中利用不同的陈列方法对色彩进行设计与规划，从而形成不同书籍之间的联系，达到整体美的视觉效果。同时，还需要巧妙地运用某些道具的色彩相互搭配，烘托效果。以达到读者的审美需求。

图 3-18　设计类图书区域色彩设计(图片来源：数字驿站网)

（四）POP广告

随着市场竞争的日趋激烈，商场、超市、餐厅、影院等各大营业卖场经常可以见到形式多样、幽默诙谐、色彩鲜艳、内容丰富的POP广告，给人们带来强大的视觉冲击力。

近年来，POP广告在书店卖场的各类营销宣传活动中发挥了不可或缺的作用。POP是英文“Point of Purchase”的缩写，意指“在购买场地所有能促进贩卖的广告”，也可以解释为“店头广告”，凡是在店内外能帮助促销的广告，或其他可以提供商品相关信息的服务、指示、引导等标示，都可以称为“POP广告”。POP广告既是无声的推销员，也是卖场的引导员。它可以代替营业员将卖场的最新活动信息和推荐图书商品的特点、内容图文并茂、直观易懂地传达给读者，烘托卖场气氛，有效吸引顾客的视点，进而带动销售量的增长。

随着社会的进步，书店卖场中POP广告的宣传方式也丰富多彩起来，特别是电子大屏幕、背景音乐、可变化的多面X展架等新科技产品的推广和应用，极大地丰富了卖场的营销手段。但是，传统的POP贴纸广告作为营销宣传的传统手段，更能以其最小成本获得最大收效，依然发挥着其不可替代的市场价值。将POP广告引入到书店卖场宣传中来，不仅能够快速传递商品的有关信息，使卖场的布置一目了然，极大地方便读者自行选购；它强烈的“视觉传达作用”也可以刺激读者的购买意愿，唤起读者的购买欲望。目前，低成本、有效、直接的POP广告在书店宣传中已从次要地位上升为主要地位，并已成为现代开放式卖场的主要营销媒介。

图3-19　书店店内POP设计（图片来源：五月画室网）

在书店的实际销售中，适应并广泛应用的POP广告有如下几种。

1. 招牌POP。招牌POP包括店面、布幕、旗、横（直）条幅、电子字幕，其功能是向顾客传达企业标识、销售活动信息，渲染活动气氛。从门头招牌到电子字幕，从颜色到标识，都为消费者带来一种全新的视觉冲击，再一次彰显了招牌POP的巨大潜力和价值。

2. 招贴POP。其类似于传递商品信息的海报。招贴POP在设计和使用中要特别注意以下几点：第一是要主题明确，突出中心信息内容，区别主次信息，建立起视觉上的秩序；第二要在设计上做到图文并茂，言简意赅，严格控制信息量；第三是创意上不要晦涩难懂，要让读者在几秒钟内就可以完全明了广告内容。

3. 悬挂 POP。悬挂在图书卖场空中的气球、吊牌、吊旗、包装空盒、装饰物统称为悬挂 POP，主要功能是为卖场创造活泼、热烈的气氛，这是图书销售较为常用的一种宣传方式。如在国庆节期间，门店悬挂宣传条幅、国旗，并把活动图书摆成独特新颖的图书造型，在各种 POP 广告的衬托下，吸引了广大读者的眼球。

4. 包装 POP。是指商品的包装具有促销和企业形象宣传的功能，如附赠品包装、礼品包装、若干小单元的整体包装。如在六一儿童节期间，很多商品采取了购书附赠环保购物袋或印有宣传内容的书包等形式，得到了读者的广泛认可。

二、布局设计

(一)书店布局设计的原则

读者对书店有着与其他商场不同的需求和期望值。要形成书店独特的风格布局规划起到关键作用。任何书店的布局设计，都是一个书店与读者接触的窗口，书店在布局设计上，应遵循以下原则。

1. 按畅销程度布局的原则

书店在布局书籍摆放位置时，应把畅销书籍作为书店主推的营销品种。在书店卖场，虽然畅销书品种所占比例很小，却创造了大量的销售利润。所以，书店卖场应该高度重视畅销书的布局。

2. 按地域布局的原则

不同地域的读者阅读喜好和图书需求基本是不一样的。以北京和上海两地为例，两个城市具有完全不同的文化环境，北京是中国的政治中心，洋溢中国传统文化的气息；而上海是中国的经济中心，受到一定的西方文化影响。对于这两个城市的读者来说，符合城市韵味的书店自然有一种独特的吸引力并投以关注。

图 3-20　北京中华书局(图片来源：新华网)

图 3-21　上海汉源书店(图片来源：新浪网)

3. 按类别布局的原则

布局要突破传统的图书分类法，更贴近人们购书时的查找习惯；设计书籍专场，对某类型的书籍，设计方案可以突破常规，以吸引读者。例如，对青少年图书专场的设计，暑期可以把适合青少年年龄段的历史、人文、诗歌、运动、绘画、音乐等书籍摆放在一起，配合各种营销活动吸引青少年的眼球，也就是延长了真正购书的群体——家长在书店的时间，从而促进书籍的销售。

4. 按主题布局的原则

主题性设计布局就是针对书店所举办的主题活动的一种书籍陈列布局。具有短期性、流动性的特点。力求突出主题，吸引读者购买书籍。

在设计书店布局的时候，读者在进书店之前是具有一定盲目性的，调查表明，只有极少数的读者带有明确的购买目标进入书店，而大部分的人都是来随便看看。这为书籍卖场的主题布局设计提供了一个有力依据，对于有购书的欲望但是没有具体的购买目标的读者来说，这种主题布局正好可以引起读者的关注。

(二)书店布局设计的主要内容

1. 卖场分区配比设计

现在书店基本是按照自选超市的结构布局，卖场是读者选购图书、结算货款的区域，是店堂内的主要区域。因此，区域配比应本着尽量增大卖场区域的原则。从现代超市发展趋势上看，卖场区域所占比例越来越大，一般认为超市卖场区域应占70%～80%。超市内各区域的分布要根据其建筑结构进行，辅助区与商品销售额关系不大，卖场区域则直接影响销售额。因此，各类书的结构、顺序非常讲究。

2. 通道设计

主通道和副通道的设计规划就叫作行动路线设计规划，书架摆放要合理，尽量不要让读者走重复路线。读者的行动路线和营业时流动读者的离店路线应该避免交叉，设计上应该保证它的畅通无阻。能够让读者自由穿行，很舒适便利地购买书籍。

主通道的设计：这条通道目的是引导顾客方便地进入店内。小型店主通道的宽度一般为200厘米左右，中型店为400厘米左右。

副通道的设计：这条通道便于读者走到主通道里，进入特设的书籍出售点，也是为了让顾客在此触摸书籍，听销售员介绍，购买书籍。销售员必须想办法，使在主通道选择书籍的读者，经过销售员的引导，也能来到副通道选择书籍。

3. 货架与展台设计

货架的设计是一门学问，设计得好，可以充分运用空间，增加商品陈列量，顾客在选择上能产生舒适和方便的效果；进而让整个书店在陈列上有整齐与丰富感，激起顾客的购买欲望。新书与畅销书，是一个书店吸引顾客的关注点，其位置一般都在图书区最前端或最接近门口处，而新书柜和畅销书柜本身的设计款式，又有各家书店的各自功能需求。

4. 收款台设计

收款台的高度应该不超过70厘米，收款的过程必须是透明的，让读者看得清清楚楚；同时应注意收款台的宽度设计，因为读者付款除了手中的书，还有其他东西，因此，必须有足够的宽度来放他随手拿的那些东西，尤其是买不止一本书的读者。

5. 书吧及休息座位设计

书店应当提供休息座位，但不能过于舒服。因为读者的素质不一，座位太舒服以后，有些读者坐姿不雅，不但有损他本人的形象，还会影响书店形象。此外，应注意休息座位的摆放，如果通道已经很窄，再放个休息座位，通过的读者与坐在座位上看书的人都会有不适感。

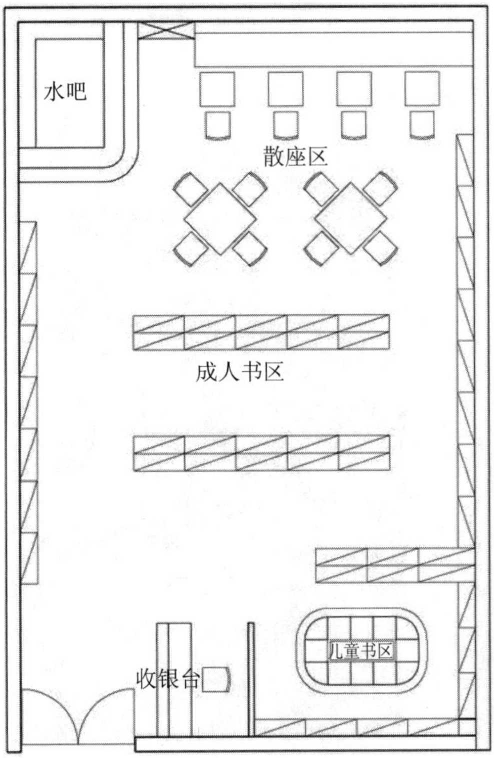

图 3-22　书店规划布局设计平面图

图 3-23　书店布局设计效果图

6. 楼层布局

楼层布局设计是以书店卖场的面积大小为基础进行设计。拥有二至三层的楼面，总面积在 6 000 平方米左右的大型卖场可考虑各类图书的精细分布。一楼大厅的布置上应设计得空旷、大气、整体，这样不仅能营造舒适的氛围，还能便于紧急疏散。一些大型书店，将畅销书、音像制品等摆在一楼进行销售。科技、文化、艺术、少儿、生活这几种常见图书品种摆放在二到四楼。卖场具体的楼层布局安排，还需要书店依据自身特点与读者群定位来调整。如果是主要面向儿童的书店，把少儿类图书摆在一楼销售；若是主要面向都市成人的，可将畅销书、商业、杂志类放在一楼。

(三)磁石点理论的运用

磁石点理论就是指在各类卖场中吸引顾客注意力的最显著的位置，放置主要的商品进行促销，并引导顾客按设计的路线行进，以刺激顾客进行冲动型购买。

针对卖场的商品，陈列的方式也是多种多样，一般典型卖场中磁石点可分为四个。

1. 第一磁石点位于卖场主通道两侧

因为它是顾客的必经之地，所以也是商品销售最主要的场所，此处陈列的应是主力商品。在第一磁石点上展示商品不仅会对所销售的商品产生很大影响，而且也将决定顾客对于该门店的整体印象和评价。主通道两侧应是卖场管理者苦心布局的“门面”。尽管如此，还是经常看到，相当多的卖场出于短期的促销目的，在主通道两侧陈列过季、滞销等降价商品以此吸引顾客注意。这种陈列方式从长远看，会造成低价滞销的整体形象，必将有损商店在顾客心目中的地位。第一磁石点的商品应是购买量多、购买频率最高的商品。

2. 第二磁石点位于主通道顶端，通常处于卖场最末端

第二磁石点陈设的应是能诱导顾客走进卖场最里面的商品，一般首先应放置畅销型的商品，因为消费者总是不断追求新产品，把新的商品布局在第二磁石点，就可以把顾客吸引到卖场最里面。

3. 第三磁石点位于卖场的出口

一般来说，第三磁石点的商品主要集中表现特征为：特价商品、季节商品。

4. 第四磁石点分布在书店卖场副通道的两侧

这是个需要让顾客在长长的陈列中引起注意的位置，因此在商品布局上适应品种繁多的特点，出版物的陈列更加注重变化，可以有意利用平台、货架大量陈列；突出商品位置标牌；在道路两侧设置重点推介图书或特价图书 POP 广告。

图 3-24　书店 POP 展示
(图片来源：搜狐网)

案例精析

“新媒体”咄咄逼人　特色书屋奋起守护实体书店(节选)

在如今这个信息高速发展的社会，“新媒体”效应似乎充斥着我们的生活，有多少人会选择来到书店静静地挑选、品读，而不是通过互联网络进行“速食主义”一般的挑选呢？

有的，让我们一起来寻访那些不一样的特色书店。

库布里克：港式艺文范儿，大隐隐于市

有电影院的书店
——库布里克书店

库布里克(Kubrick)书店坐落在东直门的当代MOMA百老汇电影中心里，在地铁东直门站下，再转乘916路公交，在香河园路下车，再步行260米左右即可到达。无霓虹闪烁的醒目招牌，若不往里仔细一瞧，光看店名还不知道这是书店，它幽幽静静地坐落在那里，有如喧闹城市中的一块“静”土。

特色书籍：Kubrick原是一位当代电影大师的姓名，因此，书店中不乏电影、艺术类相关书籍，也可以看到内地较为少见的港版书，将香港特色文化带到北京来。

店堂装潢与气氛：书店的装潢以绿色的色调为基底。纵观全场，书店各个角落都设有风格迥异的座椅，让人可以舒服地选择不同姿势品读图书而免去了脚酸腿麻。店中的装潢采取较为现代的艺术风格，极具空间设计感，利用不同造型的书柜将干涩无味的天花板衬托得时尚感十足。店中播放愉悦轻松的英国乡村风格的音乐，使人在不自觉中陶醉其中。

图3-25　库布里克书店

Page One：东西风交融就在这里

Page One是一家由新加坡人创立的特色书店，在新加坡、中国香港、中国台湾、泰国等地都有分店。书店刚刚开业时在各国非常时髦，在北京也不例外。而此次寻访的地点正是在北京的国贸三期的地下二层。在网络书店日益盛行的今日，Page One 在书店业打出了强有力的一棒。

特色书籍：书店中以外文书籍居多，各式各类的外文书籍约占了全店的 65%，艺术设计类各类图书占了书店的 1/5，而港台类图书相较起来是很昂贵的。

店堂装潢与气氛：Page One 有一个文雅的中文店名叫“叶一堂”，有着如乌龙茶一般的浓浓的中国风味，一走进书店，咖啡色的基底、古典的风格、雅致的书柜、简洁的装潢，远远便可闻到淡淡的檀木香气，店员穿着很像老北京茶馆服务员的制服，有一种很特别的中国风味。店中安安静静地播放着轻音乐，客人沉浸在书香中，人文气息相当浓厚。

书店布局与北京的一般图书大厦一样，并无任何供人阅读的桌椅，所以人们只能站立挑选书籍进行品读。价格方面，书店中的图书相较一般书店要贵很多。

图 3-26　Page One 书店

“光合作用”书房：“书籍绿植”吹来一抹小清新

当初听“光合作用”这个名字，也许你的头脑中只是把它与某种生物作用相连，而真正走进它时才深深地体会到它名字背后的“有氧悦读”。与本次寻访的其他几个特色实体书店不同的是，记者选择的是“光合作用”书房众多连锁店当中的较新的一家，位于北京市石景山区万达广场之中，没有了相比新光天地等商圈周边的喧嚣环境，于是它更像是一株绿色植物一样，向外不断散播着书籍的氧气。

特色书籍：书店中陈列的图书主要为当季的畅销图书。近期，其不少连锁店都陈列漫画家几米的相关作品，这就免去了漫画迷们费心寻找的困扰，同时也成了一年中不停变换的风景。

店堂装潢与气氛：店面并不大，灯光以暖色为主，搭配同样是暖色调的墙纸，没有密集的感觉，更多的是一份亲近之感。店员很亲切，会为到店的顾客提供人性化的服务，从而选购适合顾客的图书。

图 3-27　光合作用书房

Trends Lounge 时尚廊：以“Lounge”为概念的混搭空间

Trends Lounge 时尚廊位于北京世贸天阶时尚大厦的一个僻静角落，也许初到世贸天阶时，你会流连于头顶的巨幕美景，眼帘会久久停留在特色各异的店面中。但当你不经意抬头时，Trends Lounge 时尚廊几个钢制的标志就如被施了法术般出现在迎面的墙面上，真是应了那句话：有缘千里来相会。它就像是隐匿于凡世中的一片桃源，只有真正走进它，才能闻到那股静谧的书风。

踏入书店，顿时有惊讶之感，从书店的外部看，原以为只是小小的四方地，竟没想到当真地踏入书店中时，伴随着书店每一个墙体拐角，都有别样的风格与风景。暖暖的音乐、暖暖的光、轻翻的书页声，是 Trends Lounge 时尚廊给人最直观的感觉。

Trends Lounge 时尚廊

图 3-28　Trends Lounge 时尚廊

特色书籍：你垂涎已久却一直无法寻得的各国艺术设计、时尚类杂志，像《New Yorker》《Monocle》《Wallpaper》《GQ》《诚品学》……在这里都不难觅得，同时还有平面、建筑、服装、产品等领域最新的国外原版设计书以及手工、创意、设计、旅游、美食等最新港台版图书。

店堂装潢与气氛：书店中的每一个书柜都很高，却丝毫没有“书海”般压抑的感觉，反而有种让人心甘情愿付出此刻的灵魂与时间的感觉。走廊中部的书架上，松散地摆放着由 Trends Lounge 时尚廊自己制作的布艺玩具，用不同颜色、质地的布料拼接而成的兔子、长颈鹿……就像是书店中的精灵一样，指引着人们走进书店深处。

——资料来源：中国新闻网，2011 年 7 月 29 日

[精析]

以上四个书店设计的共同之处在于，意识到售卖图书的单一经营方式不能满足客户需求。于是，改变传统书店经营方式，将书店变成多功能的公共文化美学空间。在环境、布局等诸多考虑的首要问题是视觉艺术效果、舒适度、文化品位等方面。

书店设计不仅仅要满足读者的生理与心理需要，还要从整体的大环境中综合地处理人与环境以及人际交往、文化内涵、实用功能等多重关系，而且还需要注重表达审美的情感，以及体现审美意义和价值。设计美学要从视、听、触三个方面巧妙地应用与体现：

视，是指在视觉上，通过装饰材料的颜色、材质与灯光等相结合，给人在视觉上很强的冲击力，体现了档次、品位相结合的感觉。

听，是指在不同的功能区播放不同的音乐。一有划分功能区域的作用，二会让人在不同的环境中，心境发生变化。

触，对于所有的铺装、装饰、家具等在触感上都有不同的纹理，并带有材质上的改变。

从视、听、触三方面综合应用和巧妙结合，充分实现书店设计的文化内涵与美学效果的融合。如果能将细微的元素都考虑进去，结合该书店的综合功能性与地理位置、人们对文化的需求等，那么这个设计就会成功。

实践训练

一、实训项目

书店卖场布局设计

二、实训内容

选择本地中型的综合性书店为对象，进行调研并重新设计该书店卖场规划布局方案。

三、实训形式

1. 每位同学独立展开调研。
2. 根据调研结果规划布局草图交教师指导。
3. 完成规划布局草案。

四、注意事项

1. 调查过程中的安全管理、文明调查。
2. 设计以独创性、自主设计为原则。

五、评价标准

表 3-2　“书店卖场布局设计”实训项目评价表

项目	分值	表现描述	得分	备注
调研结果的合理性	20			
规划布局的实用性	40			
规划布局的美观性	40			
合　计	100			

项目四　员工管理

【知识目标】

1. 了解书店卖场招聘与配备员工的基本流程。

2. 了解书店卖场职位规划和岗位配置的基本方法，熟悉招聘渠道和招聘程序，掌握招聘方法。

3. 掌握书店卖场员工培训需求的分析方法、培训计划的制订方法和培训效果的评估方法。

4. 理解书店员工绩效考核的基本内容。

【能力目标】

1. 能够为书店卖场拟定招聘工作计划。

2. 能够为书店设计招聘公告、进行招聘宣讲。

3. 能够为书店拟定员工培训计划。

4. 能够为书店员工绩效考核设计工作绩效、工作态度、工作能力考评内容。

任务 1

招聘与配置员工

任务思考

任何一家成功的书店，其成功的秘诀之一就是拥有出色的经营管理人才和高素质的员工。书店卖场如何才能招聘到优秀的员工？员工进店后，应如何对其实行有效管理？

任务分析

人才是企业最宝贵的资源，是企业经营的制胜法宝，也是书店卖场稳步发展、持续进步、实现社会效益和经济效益“双丰收”的关键。书店卖场的员工管理，是指卖场为了提高劳动生产率，提高经济效益，改善员工工作质量，采用计划、组织、控制和激励等有效措施和手段，充分开发和利用人力资源而进行的一系列活动。员工管理的过程也就是对员工有效选拔、任用、教育、开发的过程。

资料导读

博库书城有限公司招聘信息

公司简介：博库书城有限公司为浙江省新华书店集团有限公司投资设立的下属子公司，成立于 2004 年 1 月，是全国书业第一家大型跨省连锁企业。公司主要经营范围是博库书城各网点的图书零售业务，以及以投资方式参与的出版物跨省连锁经营业务。

公司在杭州目前有连锁店 4 家，分别是浙江图书大厦（文二路 40 号）、西湖文化广场店（西湖文化广场 H-J 区）、下沙店（下沙开发区二号大街月雅苑）、天目店（天目山路 38 号）。

公司具备完善的福利体系和发展平台，一经录用就开始为员工缴纳“五险一金”（养老、医疗、失业、生育、工伤保险以及住房公积金）。我们的连锁事业还在不断发展中，欢迎人才加入，一起见证博库的成长。

有意者可在人才网上直接递交简历或发送至公司邮箱（地址为 boku_hr@sina.com）。公司对所有应聘人员信息保密，将根据岗位要求筛选简历并通知初审合格人员进行面试，不合适者恕不一一通知，敬请谅解。

单位性质：国有企业　注册资金：壹亿柒仟万　员工人数：300

招聘岗位：图书卖场营业员（工作地点：市区）

薪资：2 000～3 000 元/月

招聘人数：若干

学历：专科以上，已工作优先

岗位描述：负责图书的上架、整理及读者服务工作。要求工作认真仔细，吃苦耐劳，有团队合作意识，热爱图书行业。

联系人：××× 联系电话：×××

传真：××× 电子邮箱：×××

——资料来源：杭州人才网，2015 年 8 月 6 日

相关知识

书店招聘和配置员工的工作流程如图 4-1 所示：

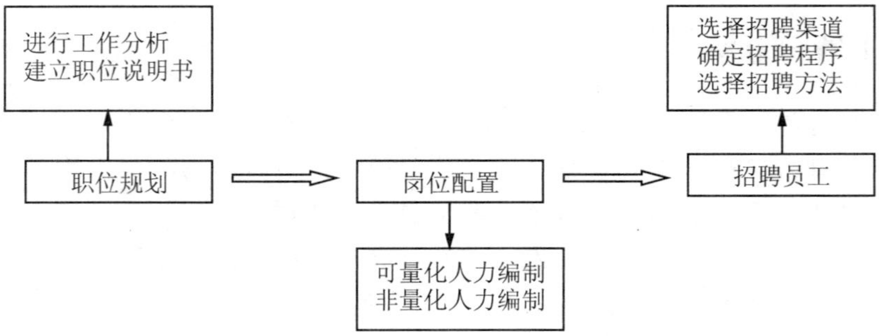

图 4-1 招聘和配置员工工作流程

一、职位规划

开办书店必须明确书店卖场需要哪些职位，每个职位的工作内容和工作职责是什么，才能为卖场确定编制需求，拟定招募计划。进行职位规划需进行如下准备工作。

(一)进行工作分析

通过工作分析，明晰各岗位工作责任，明确各岗位间的工作关系。工作分析所需要收集的信息内容可以归纳为七个问题，即：做什么(What)、为什么(Why)、谁做(Who)、何时(When)、在哪里(Where)、为谁(for Who)和如何做(How)。这七个问题基本涵盖了工作分析的内容。

(二)建立职位说明书

职位说明书是企业人力资源管理的基础性文件，是企业对其所设置职位的要求进行说明的文件。一般包括职位名称、上下级关系、任职条件、设置目的、主要职责、责任程度和考核标准等基本内容。职位说明书也是企业进行人员管理的基本依据，员工后续的编制设定、招募、调动、晋升、培训、薪酬和绩效管理都参照职位说明书实施。表 4-1 是某书店卖场为主管岗位制订的职位说明书。

表 4-1 某书店卖场主管职位说明书

职位名称	门店主管
学历要求	大学专科及以上学历，专业不限。出版与发行专业优先。
工作经验	具备2年以上零售业管理工作经验，有书店管理工作经验者优先。
技能专长	1. 熟悉商品销售、包装技巧； 2. 具有较强的沟通协调能力和逻辑思维，做事条理清晰； 3. 喜爱阅读，有志于从事图书零售行业。
工作职责	1. 负责书店本部门的日常管理工作，落实每日工作要求，发现问题及时纠正； 2. 跟踪每日销售情况，监督指导员工完成卖场陈列及整书上架，并实施各项促销活动； 3. 负责安排员工班次及人力调度，充分发挥员工的工作积极性和责任心； 4. 公平公正地评估员工的工作表现，营造和谐的工作气氛； 5. 处理卖场突发状况，确保各项设备正常使用，维护商品及卖场安全。
从属关系	直属主管为店长

二、岗位配置

岗位配置是指在职位结构上每个岗位的人力编制。科学的岗位配置，能够在维持服务水准的前提下使人力成本降至最低。人力编制的衡量标准一般可以分为可量化人力编制与非量化人力编制两种方式。

(一)可量化人力编制

可量化人力编制又称生产力分析法，是指用可以量化的数据(如：营业额、顾客数、平均客单价等)，以数学方程式表示的人力编制衡量方法。常用公式有：

1. *以店数为衡量标准*

此方法一般适用于计算同时对多个店铺进行服务的设备维修人员、商品盘点人员、物流配送人员的人力编制。

编制人数＝总目标店数÷每人目标店数

2. *以每人目标营业额或每人目标服务顾客数为衡量标准*

此方法一般适用于与营业额、来客数相关联的人力编制。此方法要求每人目标营业额或目标服务顾客数必须由以前工作经验结合工作分析制订出科学、合理的指标。

编制人数＝目标营业额÷每人目标营业额＝目标顾客数÷每人目标服务顾客数

3. *以各项作业工时为衡量标准*

此方法考虑书店卖场运作的基本工时实际需求，对于正式员工及兼职员工的运用具有一定弹性，较单纯的目标营业额衡量更接近实际需求。

编制工时＝固定常数工时＋营业额×变动工时A＋顾客数×变动工时B

其中：固定常数工时是指不随营业额高低变化而恒定不变必须使用的工时，A、B是随营业额及顾客数增加而增加工时的系数。

4. 以薪资费用额度为衡量标准

此方法以成本费用及预算控制作考虑，在可用的薪资额度内进行人力编制。

编制人数=(目标营业额×目标人事费用率)÷平均个人薪资标准额

本公式单纯地按照营业额的人事费用率计算人事费用额，推算出所需编制人数，未考虑在卖场运作中基本人力编制的薪资费用，一个卖场即使营业额未达标，也必须有最基本的人力编制。

(二)非量化人力编制

非量化工作分析法又称工作分析法，适用于无法直接以营业额、店数等数量化标准衡量的人力编制。人员编制可参考同行业标准设定或按照职位说明书的工作内容进行分析，易受组织功能需求、作业流程及资讯化程度的影响而变化。因此，编制科学的职位说明书显得尤其重要。在进行工作分析时，可将其各项工作内容逐条列示，再针对不同的工作内容进行作业时间(小时/次)与作业频率(次数/次)研究，从而得出完成该项工作的作业时间。

三、招聘员工

(一)选择招聘渠道

书店卖场的员工招聘可以通过内部招聘和外部招聘两个渠道。

1. 内部招聘

内部招聘也叫内部选拔或者内部竞聘，一般有以下几种形式。

(1)提拔晋升。当内部出现空缺职位时，可从下一职级员工中选择优秀员工进行提拔。

(2)工作调换。为填补职位空缺，在内部同一职级员工中寻找合适人选的方法。

(3)岗位轮换。岗位轮换和工作调换都是在企业内部同一职级员工中产生，不同之处在于工作调换是偶发的、独立的、临时的，调换后在新岗位工作的时间可能较长，而岗位轮换通常是有计划进行、牵涉到两个以上员工的，有固定的时间界限。岗位轮换的目的是使企业内部管理人员和普通员工有机会了解企业内部不同岗位的工作，为有潜力晋升的员工提供熟悉相关工作的机会，同时也可避免部分员工长期从事某项工作出现工作倦怠。

内部招聘的优点是用于招聘的费用极少，选任时间较充裕，企业对拟用人选了解全面，能够做到用人所长、扬长避短，员工对本单位的工作比较熟悉，到新岗位后能够较快地适应新工作。而且内部提拔有利于提高员工士气，有效地激励其他员工。但也有一定的局限性，如备选对象范围狭窄，容易在企业内部形成错综复杂的关系网，造成“近亲繁殖”。有些老员工有思维定式，不利于创新和变革。

2. 外部招聘

外部招聘的渠道较多，各有特点。

(1)现场招聘会。这是传统的人才招聘方式，也是被动的招聘方式。人才交流服务机构每年举办多场人才招聘会，用人单位的招聘者与应聘者可以直接交流和洽谈。这种方式通常和媒体广告同步推出，宣传力度较大，应聘者集中。招聘者可以较好地控制应聘者的数量和质量，招聘效率较高，费用合理。其局限性是求职者的数量和质量会受到展会主办方宣传推广力度的影响，不能有效保证。

(2)广告媒介。通过报纸期刊、广播电视等媒体发布招聘广告，进行企业形象宣传并向公众传达招聘信息。这种渠道覆盖面广，传播速度快，是最常用的一种外部招聘渠道。在电视、报纸中刊登招聘信息传播面广、传播速度快，但费用较高、时间周期较短，在广播电台费用相对较低，但传播面不及报纸、电视媒介。

(3)网络招聘。通过本企业的门户网站或者通过专门的人才招聘网站发布信息，具有费用低、覆盖面广、时间周期长、联系快捷方便等优点，可以快捷海量地接受求职者信息。但网络中海量的信息容易出现鱼目混珠的情况，对人才筛选手续比较繁杂，对高层次人才的招聘比较困难。

(4)校园招聘。对大专院校的应届毕业生进行招聘，可选择在校园内进行，采取毕业生招聘会、招聘公告、招聘讲座和就业指导中心推荐等多种形式。有的企业和学校进行校企合作，定向培养学生，为企业储备后备人才。有的企业在学校设立奖学金、助学金，奖励、资助品学兼优的学生，同时增强了企业的影响力，培养了学生对该企业的忠诚度。

(5)中介机构。委托中介机构推荐人才也是一种有效的方式。目前，中介机构除了我国各级政府所设的人才交流中心，还有众多活跃的民营机构。“猎头公司”作为一种新兴的方式，具有较强的针对性，对于企业高层管理人员的招聘优于普通的网络招聘、报纸招聘。

案例精析

浙江图书大厦员工队伍建设

2001年9月，一批没有经验的员工成了浙江图书大厦第一批营业员，一批同样没有经验的员工成了浙江图书大厦第一代主管和首席营业员。9月前紧张的进场过程中繁重的、快节奏的工作变成了寻常的、琐碎的、重复的过程。员工开始有了涣散的情绪，首席营业员则面对这品种的变化、需求的更迭，似乎无所适从了。而部分主管，作为基层的管理者更是有些茫然，不知如何行使管理权，也不知如何才能行使好管理权。

2001年底，大厦的聘任制度开始运作。按照设计，大厦除经理、副经理(经理助理)这两个由集团任命的岗位外，所有岗位，从营业员到主管，一年一聘，易岗易薪。符合条件的员工，可以应聘主管、首席营业员等岗位。大厦经理决定主管人选后，提名并与相关主管决定首席营业员人选。主管、首席营业员到任后，营业员应聘上岗。其中，营业员有两次进岗的机会，两次未能进岗的员工，终止劳动合同。

2002年的大厦管理岗位及任职条件公布后，员工考试应聘。其结果是一些开业前聘用的主管、首席营业员未被续聘，这样的结果，说明大厦的人事制度从一纸文书变成了实在的机制。能上能下，关键在有上有下，真上真下。对于大厦来说，需要为员工提供表现能力的平台，提供种种的机会。

这一年，我试图创造比较多的机会让主管、首席营业员展现能力：召开年度工作会议，研究问题寻求解法；调整卖场主管的管理权限，由区域扩大为楼层；组织主管观摩全国的著名书店，开眼界，长见识。大厦主管们的工作渐渐有了章法，首席营业员也逐渐找到了工作的门道。大厦顺利地从一年级毕业。

2003年，新一轮主管和首席营业员进岗。而营业员岗位，分设三个级别，即一级、二级、三级营业员，以有效地评定营业员的工作表现。这一年，主管们更多地独立开展工作。但即使同为主管，互相比较，工作能力的差异也逐渐表现出来。与此同时，主管的工作内容正在悄悄地发生变化。他们从被动地应付麻烦转变为主动编制预案，编写工作程序，直到修订大厦的员工手册。他们开始牵头选拔、考核首席营业员，并着手对后备力量进行观察、培养和使用。他们开始互相协调各自的工作，协同组织业务比赛。他们开始参与对新员工的招聘、培训工作，他们表现出有能力独当一面。

2003年下半年，我开始考虑根据大厦的发展修改2004年岗位设置。集团公司以浙江图书大厦为核心组建了博库书城有限公司，博库书城除大厦外，还拥有两处楼盘，计划开始两家直营连锁店。我们将有三家卖场：博库书城文二路店(原浙江图书大厦)、下沙店、天目店。同时，设置大厦业务部、行政管理部、人力资源部作为管理部门。作为相应的岗位，增设经理(店长)一级。

2004年年初，文二路店店长上岗，大厦业务部等三个管理部门的经理上岗。9月，下沙店开业。11月，天目店开业。这两家卖场的开业准备、进场等具体工作，都是由店长和部门经理协同完成的。我尽量躲得远远地，尽量不影响、不干扰他们能力的发挥。

这一年前后，大厦的部分骨干还参加了江苏徐州博库书城、江苏常熟上书房、深圳购书中心的开业工作。

随着博库书城天目店的顺利开业，我以为大厦员工队伍的成熟程度，大致可以说是完成了中考。这支队伍，它的骨干已经具备了这样两项大的能力：

(1)维持一个大型书店卖场的正常运行，从前台销售、服务到后台业务、后勤以及人力资源的调配和补充。

(2)负责一个大型卖场的开业准备工作，包括备货、员工录用和短期培训、基本设备的配备，尤其是进场全过程的安排和实施。大厦用了3年的时间做到这个份上，应该说是成功的。

——资料来源：徐冲．做书店．桂林：广西师范大学出版社

[精析]

本案例是徐冲先生在浙江图书大厦建店初期建设员工队伍的过程。2000年10月，浙江图书大厦向社会招聘了第一批员工，通过仅仅3年的时间，这一批新人成长为一支业务精、服务优、纪律强的员工团队。作为一个实验教室，大厦帮助员工成功完成了从学生到职业人的转变，他们中涌现的优秀者成为博库书城有限公司杭州文二路店(原浙江图书大厦，10 000平方米)、天目店(6 000平方米)、下沙店(2 000平方米)的店长。

徐冲总经理在开店伊始，就深刻地认识到在书城的建设中，品牌和队伍是两座很高却又必须逾越的山峰。因此，大厦开始持续3年的努力，都是围绕着大厦的品牌建

设和员工队伍建设两大主题。在员工建设上，这一成功的案例有以下几点可供借鉴：

(1)以新方式和新标准建立员工队伍。大厦招聘的员工有三点要求：一是用工结构上，全部用新人，未来的卖场管理者，也多从这批新人中产生；二是学历，要求起点是大学专科毕业(当时全国很多书城的员工是高中学历)；三是年龄，要求不超过23岁。

(2)岗位设置上，设置大厦经理、主管、首席营业员和普通营业员。在大厦经理和营业员之间，设置了主管和首席营业员两个层次的岗位。主管是卖场区域及专业部门的行政管理岗位；首席营业员在书业企业里是首创，从员工队伍中选拔业务尖子，包括有潜质的业务管理人员，做好业务工作，管好图书，在卖场负责联结图书与读者：了解读者需求、掌握进销动态、促进图书销售、预测图书市场、提出进货建议等。

(3)在分配机制上，实行岗位月薪制。收入级别的标准，主要根据岗位的不同，设主管、首席营业员、营业员三种岗位，三个级别。其中适当考虑学历的差别，但学历不起关键作用。学历低而能力强，放在高一级的岗位上，学历高但能力没有体现出来的，不安排在较高的岗位上使用。但分配仅仅起与岗位配套的作用。激励机制首先是岗位，然后才自然而然地轮到分配。单纯依靠分配，不可能使一支队伍保持进取心和战斗力。

(4)充分认识年轻人的价值，充分评估其工作能力，给年轻人创造运用能力的机会，给其提供发展空间。年轻人有特长、优势，也有弱点、缺陷。现在的年轻人普遍接受了正规的教育，获得了丰富的知识，有较强的接受能力和创新精神。在工作中，发掘有潜质的年轻人并进行培养。同时寻找一套评价标准，下级的工作质量和工作能力由上级进行评价，大厦的中层管理者直接由大厦经理决定是否聘用。在使用过程中，如有人不适应岗位需要进行岗位调整，可通过应聘上岗的程序和一年一聘、年中局部调整的任期安排进行调整。

(二)确定招聘程序

招聘是个系统工程，规范的招聘程序有助于确保招聘人员的数量和质量，减少员工的流动率。招聘程序主要包括以下几个步骤。

(1)分析人力需求。主要工作是把握卖场对各类员工的需求信息，确定招聘的职位和数量。

(2)制订招聘计划。招聘计划是卖场根据发展目标和岗位需求对招聘工作做的安排，主要包括招聘目标、信息发布的时间和渠道、招聘员工的类型及数量、选拔方案及时间安排、招聘预算等内容。

(3)发布招聘信息。内部招聘可以通过会议、内部网络或者张贴通知形式发布信息，外部招聘可以通过广告、委托中介机构、校园宣讲等形式发布信息。

(4)实施招聘。一般通过对应聘者进行初步审查、笔试、面试、体格健康检查及心理测试等方式进行甄选，确定最终录用者。

(5)招聘评价。对招聘工作的效率进行评价，对录用人员进行评估，以进一步提高下次招聘的效率。

职场指南

赣江书城招聘计划

一、招聘目标

职务名称	员工数量	其他要求
营业员	12	大专以上学历，30岁以下
收银员	3	大专以上学历，相关工作经验2年以上
服务台接待员	1	大专以上学历，女性，30岁以下

二、信息发布时间和渠道

1.《豫章都市报》8月5日

2. 赣江人才招聘网站8月5日

三、招聘小组成员名单

组长：×××(店长)全面负责招聘工作

成员：×××(副店长)具体负责接待应聘员工、整理应聘资料

×××(主管)具体负责发布招聘信息，安排面试、笔试

四、选拔方案及时间安排

初试(笔试)　8月18日

复试(面试)　8月20日

体检　8月23日

五、新员工上岗时间

9月1日前(预计8月29日)

六、招聘费用预算

1.《豫章都市报》广告刊登费　3 000元

2. 赣江人才招聘网站信息刊登费　800元

3. 行业专家出卷、改卷费　800元

合计：　4 600元

七、招聘时间安排表

7月18日—20日　起草招聘广告

7月20日—22日　与报社、网站进行联系

8月5日　报社、网站刊登广告

8月5日—14日　接待应聘者、整理应聘材料，并进行资格初审

8月8日—9日　联系行业专家出笔试试卷

8月15日—16日　通知应聘者初试

8月18日　组织初试(笔试)、阅卷

8月19日　通知初试通过者复试

8 月 20 日　　　　组织复试(面试)
8 月 21 日—22 日　　通知复试通过者体检
8 月 23 日　　　　体检
8 月 26 日　　　　向体检合格者发布录用通知
8 月 29 日　　　　新员工入职
8 月 29 日—30 日　　新员工岗前培训

人力资源部
2015 年 7 月 15 日

(三)选择招聘方法

1. 笔试

笔试是让应试者在试卷上笔答试题，由评估人员评定成绩的测试方法。笔试能够有效地测试应试者的基本知识、专业知识、管理知识以及综合分析能力、文字表达能力。笔试的优点是费时少、费用低、效率高，可以通过一次测试较全面地考查应试者的相关知识和能力，成绩评定较为客观。缺点是不能全面考查应试者的工作态度、品德修养及组织管理能力、口头表达能力。有时候应试者答题时会投其所好，特别是在个性测试中尤为明显。

2. 面试

面试是在特定场景下，以考官对考生面对面交谈与观察为主要手段，由表及里测试考生的知识、能力、经验等有关素质的一种考试活动。面试给企业和应试者进行双向交流的机会，使双方都可以更准确的做出聘用与否、受聘与否的决定。

根据面试所提的问题，大体可分为结构化面试、非结构化面试和半结构化面试。结构化面试也称标准化面试，所有应聘者回答相同的面试问题，考官按照面试提纲上的问题提问，并按照标准格式记下应试者的回答及考官评价。非结构化面试没有固定的面谈程序，提问的内容和顺序取决于考官，考官可以针对应试者的特点进行有区别的提问。半结构化面试是介于非结构化面试和结构化面试之间的一种形式，面试构成要素中有的内容统一，有的内容则不统一，是在结构化面试的基础上，考官向应试者提出一些随机性的试题。

面试的优点在于它比笔试或看简历更为直观、灵活、深入，缺点在于考官有一定的主观性，容易产生偏见，难于防范和识别考生的社会赞许倾向和表演行为。

案例精析

表 4-2　某书店销售人员面试试题样本

序号	考查内容	面试试题
1	销售能力	自我介绍。
		对你自己最喜欢的一本书进行推销。

续表

序号	考查内容	面试试题
2	商务谈判沟通能力	请举例说明您成功说服别人按照你的想法去做某事的过程。
		请您讲述您曾遇到的最困难的一次销售经历，并说明您是如何与客户进行沟通的。
		现场模拟：与某出版社发行人员进行业务洽谈。
3	工作经验	请讲述您以往的工作经历，您的主要工作职责是什么？
		如果让您对新员工以销售为主题进行培训，您将如何安排培训的主要内容？
		在工作过程中，您是如何开发新客户、维护老客户的？
4	求职动机	您在前一家公司离职的原因是什么？
		您为什么来应聘这个职位？
5	道德品质	如果您的一位客户无意中落下了一个文件夹，其中有很多对您来说是很重要的商业信息，您打算怎么做？
6	团队合作	您的一位同事工作能力和业绩都不如您，可最近却得到了升迁，您如何对待此事？
		如果在工作中您与上级意见不一致，您将怎么办？
7	工作主动性	请举一个本属于您的上级领导分内的工作而他却没有做，您主动完成的事例。
		您对新的工作岗位有什么设想？将如何开展此项工作？
8	情绪控制能力	当您对客户进行推销时，遭到多次拒绝，您如何调整自己的心态？
9	应变能力	您做出了一个较大的决定，而事情的发展却事与愿违，您如何处理？
10	自我认知	您认为您的性格中哪些是适合或者阻碍销售工作的？

［精析］

面试的目的是弥补笔试考查的不足，进一步考察考生的专业水平、工作经验、分析能力以及语言表达能力、应变能力。该套试题在编制上，注意了坚持提问的宗旨："问好"应试者，而不是"问倒"应试者，尽量给其提供展示自己素质的机会。该套试题从 10 个方面考察应试者在知识、能力、经验等方面的综合素质，既有围绕销售岗位所提出的共性问题，又有针对应试者不同经历和学科岗位所提出的个性问题。而且，面试问题简短且语言精练、明确，有明确的针对性，不会让人感觉语意不清，是一套包容性较好，实用、有效的面试试题。

3. 情境模拟

情境模拟是一种行为测试手段，就是根据应聘者可能担任的职务，编制一个测试项目，将应聘者安排在该职务有可能面临的工作环境中，要求应聘者采取角色扮演的方法处理可能出现的各种问题。该方法可以有效地测试应聘者的心理素质、专业能力。

4. 无领导小组讨论

无领导小组讨论是安排一组应聘者以开会的形式讨论实际工作中存在的一个问题，讨论前不指定谁主持会议，在讨论中观察每一位应聘者的发言，以了解各位应聘者的心理素质和潜在能力。一般情况下，可根据小组中每位应聘者的表现从领导欲望、主动性、与人交往能力、说服能力、口头表达能力、自信心、抗压力、个人经历等方面进行评价。也可要求应聘者讨论结束后，写一份讨论记录，从中分析应聘者的分析能力、归纳能力、决策能力、民主意识、文字表达等综合能力。

实践训练

一、实训项目

模拟招聘宣讲会

二、实训内容

1. 对本地中型书城的卖场主管、营业员岗位情况进行调研，请为该书城设计一份招聘广告，招聘主管2人、营业员6人。

2. 制作招聘宣讲的PPT。

3. 模拟招聘宣讲。

三、实训形式

1. 以小组为单位，6～8人一组，分小组调研并交流、整理招聘信息，确定招聘广告的主要内容，并草拟招聘广告。

2. 根据招聘广告，每小组制作一个招聘宣讲的PPT。

3. 推荐小组宣讲代表。

4. 模拟招聘宣讲现场：小组代表扮演企业招聘人员进行现场宣讲，组内其他同学代表招聘企业做好服务工作，其他组同学扮演参加招聘宣讲的同学。

5. 宣讲代表与参加招聘的同学进行交流作答，解答同学问题。

6. 推荐优秀宣讲员。

四、注意事项

各小组同学进行角色扮演，分工合作，分别负责获取信息、制作招聘广告、制作宣讲PPT、现场宣讲、现场服务、解答同学问题。

五、评价标准

表 4-3 “模拟招聘宣讲会”实训项目评价表

项目	分值	表现描述	得分	备注
广告内容完整	30			内容包含单位情况介绍、岗位情况介绍、岗位任职资格、相应的人力资源待遇、应聘者的准备工作、应聘的联系方式等主要项目
标题突出、条理清晰、文字简洁、表述准确	20			
小组成员参与度高、合作意识强	20			
宣讲语言流畅、富有亲和力、解答问题得体	20			
PPT 演示文稿简洁美观	10			
合　计	100			

任务 2
培训员工

任务思考

对于新入职的员工，有必要进行员工上岗前培训，培训内容主要是了解企业文化、规章制度及岗位所需的技术技能，使其尽快掌握工作要领、工作程序和工作方法，在短时间内达到上岗要求。对于已在岗位上工作一定时间或是进入企业多年的职工，是否还需要进行培训，其培训内容、培训重点与新员工有何不同？

任务分析

培训作为企业发展的一项重要工作，既是提升员工技术技能的有效途径，又是激励员工的积极方式。通过培训，可以迅速提高员工的业务能力，给企业带来直接经济效益，同时使员工感受到企业对自己的重视与尊重，在培训中获得成长体验，以更积极的心态和更主动的状态投入工作。因此，不仅是新入职的员工要进行职前培训，企业所有的员工都应该进行相应的培训，只是培训的内容和重点不同。

资料导读

培训需求调查问卷

尊敬的员工：

您好！

为切实帮助您提升自我，提高培训的针对性和实效性，请您结合本人实际情况和培训需求认真填写，书店将于近期统筹安排培训工作。衷心感谢您的鼎力支持与积极配合！

人力资源部

2017 年 7 月 26 日

姓名：__________　　部门：__________　　岗位：__________

请您在每题后面的（　）内填上相应选项的序号，可多选。并在横线上填写相应内容。

1. 目前您最想提高的能力？（　　）

A. 计划能力　B. 组织能力　C. 协作能力　D. 执行力

E. 谈判沟通能力　F. 项目管理能力　G. 团队建设能力　H. 目标管理能力

I. 公文写作能力　J. 其他____

2. 您希望提高哪方面的管理理论知识？（　　）

A. 客户关系管理　B. 人力资源管理　C. 商品管理　D. 财务管理

E. 营销管理　F. 其他____

3. 您认为自己最需要增强什么意识？（　）

A. 时间意识　B. 成本意识　C. 合作意识　D. 市场意识

E. 职业化意识　F. 制度意识　G. 竞争意识　H. 客户意识

4. 你在日常工作中最困惑的事情是什么？

____

5. 您打算提升、发展哪些方面的专业素养？

____

6. 您更希望能接受哪种形式的培训？

A. 内部讲师内训　B. 外请专家内训　C. 外部短期培训　D. 体验式培训

E. 光盘教学　F. 图书自学　G. 学习沙龙交流　H. 其他____

7. 您认为合适的培训时长是：（　）

A. 1～2 小时　B. 半天(3～4 小时)　C. 1 天(8 小时)

D. 2～3 天　E. 其他____

8. 请问您对企业培训有何建议、要求？

____

相关知识

培训项目要取得理想的效果，在组织过程中一般需经过图 4-2 所示的几个步骤。

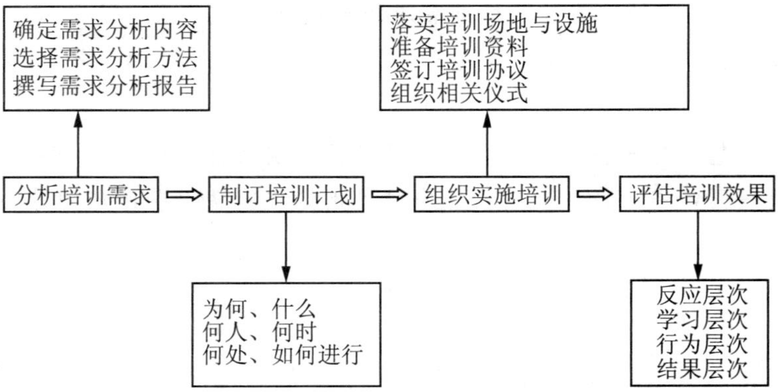

图 4-2　组织员工培训流程图

一、分析员工培训需求

(一)确定需求分析内容

分析员工需求是指在规划和设计培训之前，由培训组织部门采取各种计划和方法，对组织及成员在目标、知识、技能等方面进行培训需求分析，确定培训必要性及培训内容的过程。培训需求的内涵可用公式表示为：培训需求＝期望表现－现状表现。通常，培训需求来源于两个层面：一是企业层面，二是个人层面。在进行培训需求分析时，可从组织分析、工作分析和人员分析三个层次进行分析。

1. 组织层次的分析

组织层次的需求分析是结合企业长期发展目标、经营战略和经营计划对员工提出的新知识和新技能要求，针对部分员工素质未达组织要求而产生培训需求的分析。组织层次的需求又可从企业经营战略分析、人力资源需求分析和企业效率分析三个方面进行。企业经营战略分析主要是与企业的经营战略、发展目标、经营计划紧密结合进行分析，确定培训方向和培训重点。人力资源需求分析是指根据企业对人力资源种类、数量和质量的要求和现有员工能力、知识、行为方式和水平的现状进行对比，明确培训方向。企业效率分析是对企业销售额、利润率、顾客满意度、服务质量等方面的目标和现状之间的差距确定培训方向和环节。

2. 工作层次的分析

工作层次的需求分析是指通过工作分析，确定每个工作岗位员工达到理想工作状态所必须具备的知识、技能和态度，结合员工工作情况明确培训方向。工作层次的分析主要以企业岗位职责、职务说明书和工作考核情况为依据。

3. 人员层次的分析

人员层次的需求分析主要是从员工个人的角度出发，评估员工个体应有状况与现实状况之间的差距，确定是否需要接受培训或培训的内容。分析时可从两个维度进行分析，一是对差距进行分析，提炼现实的培训需求；二是对员工参加培训的意愿进行分析，判断是否有培训的必要。

为准确有效地进行分析，根据员工的工作态度和工作技能，可将员工划分为四个区域，如图 4-3 所示。

第一区域的员工是企业的骨干员工，企业应积极培养并为他们规划职业成长道路，是培训的重点。第二区域的员工，应分析其工作态度不好的原因，是对企业文化、管理理念或方式不认同还是自己另有发展规划，主要应该参加常规培训，改善其工作态度。第三区域的员工，也是企业培训的重点，使其岗位知识和技能尽快适应岗位需求。第四区域的员工，应采取个别谈话，限期扭转工作态度，提升工作技能，否则进行转岗或辞退，对该区域的员工也主要是进行常规培训。

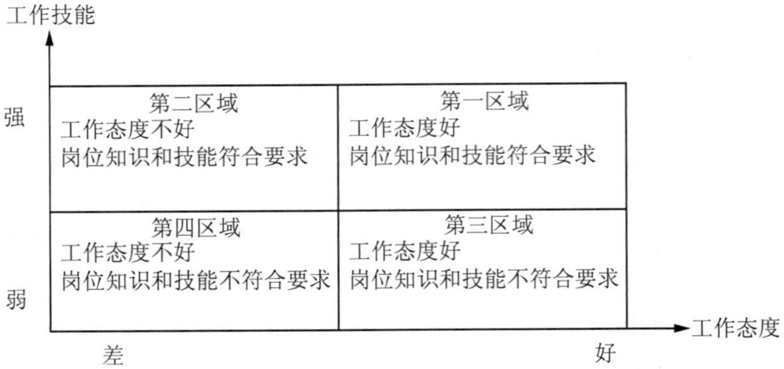

图 4-3 员工工作态度和工作技能分布区域

(二)选择需求分析方法

进行培训需求分析时，可根据具体情况采取以下方法。

1. 访谈法

访谈法是通过被访谈人进行面对面交谈获取信息的方法。访谈前，应先明确访谈目标，拟出访谈提纲。访谈时可根据具体情况采取开放式或封闭式的方式，也可采取结构式或非结构式的方式。

2. 问卷调查法

问卷调查是以标准化的问卷形式列出一组问题，请员工填写后收集信息进行分析的方法。该方法由于便于收集大量信息，便于统计、归纳、总结，形式灵活，费用较低，在需求分析时应用广泛。但在问卷的设计上要注意要求科学、具体，语言简洁，尽可能采用客观题的形式，主观题的设计要留有足够空间，以提升问卷调查信息的准确性。

3. 观察法

观察法是通过到工作现场观察员工的工作表现，发现问题，对获取的信息进行培训需求分析的一种方法。该种方法要求观察者对所观察的工作岗位有深入的了解，以准确判断员工的表现以及应补充的知识或技能。观察法比较适用于生产作业或服务性人员，不太适合于技术人员或销售人员。由于被观察者意识到自己被观察时，会改变自己的行为方式，有可能使观察结果产生偏差。

4. 自我分析法

自我分析法是指员工本人通过对企业相关信息以及本岗位所需知识、技能的掌握程度分析判断自己培训需求的一种分析方法。该方法有利于员工充分发挥主观能动性，也有利于企业发现员工的真实需求。

(三)撰写需求分析报告

培训需求调查结束后，组织调查的部门应该对培训信息进行整理，对培训需求进行分析，撰写《培训需求分析报告》。报告通常由以下几部分构成。

(1)报告提要，对报告要点进行概括。

(2)培训需求分析的实施背景。

(3)开展培训需求分析的目的和性质。

(4)概述需求分析的主要流程和方法。

(5)介绍培训需求调查的对象。

(6)阐述培训需求调查的主要内容并对其进行分析。

(7)主要建议及说明。

(8)附录，包括收集和分析信息用的相关图表、原始材料等。

案例精析

某公司中层管理人员培训需求分析报告

一、培训需求分析的背景

2014年年初公司确定新的战略发展目标，一年来，公司上下一心，奋力拼搏，销售额迅速增长，市场占有率快速提升，消费者的信赖度与支持率大幅提高。企业品牌逐步树立。为进一步拓宽销售渠道，降低营运成本，提升中层管理人员能力，提高工作效率，公司决定对中层管理人员进行培训，以推动公司战略目标的顺利实现，实现社会效益和经济效益的双丰收。现就人力资源部近期开展的中层管理人员培训需求调查进行简要分析。

二、培训需求分析的时间安排

本次培训需求分析的实施步骤如下：

(1)2015年1月5～10日：准备工作。

(2)2014年1月11～16日：调查问卷设计与完善。

(3)2014年1月17～22日：问卷发放与回收。

(4)2014年1月23～28日：分析调查问卷、撰写培训需求报告。

三、培训需求的调查对象

1. 调查部门：公司人力资源部。

2. 调查对象：公司各职能部门负责人、店长以上的中层管理人员(40人)

四、培训需求调查方法

本次培训需求调查采取访谈和问卷调查相结合的方式进行。

1. 访谈

人力资源部经理担任此次培训需求分析的主要负责人，分别于公司部分高层管理人员及中层管理人员进行访谈，其中：与高层采取个别访谈的形式，与中层采取座谈会的形式，分别进行交流与沟通，了解相关信息。

2. 问卷调查

人力资源部向中层管理人员发出培训需求调查问卷40份，回收有效问卷40份，所有人员都根据实际情况认真填写了问卷。问卷采取客观题与主观题相结合的方式进行。

五、调查内容分析

1. 调查对象的岗位任职时间(表 4-4)

表 4-4　调查对象的岗位任职时间

任职时间	1 年以内	1～2 年	2 年及以上
中层管理人员	20	8	12
所占比例(总人数 40 人)	50%	20%	30%

从岗位任职时间上可以看出，70%的中层管理人员到现任职位的任职时间都不足 2 年，其中 50%的中层管理人员到现任职位的任职时间不足 1 年，说明其在管理岗位上时间较短，管理经验有待提高。

2. 管理幅度(表 4-5)

表 4-5　管理幅度调查表

任职时间	无	1～3 人	4～6 人	6～10 人	10 人及以上
中层管理人员	4	4	20	6	6
所占比例(总人数 40 人)	10%	10%	50%	15%	15%

从管理幅度调查表中可以看出，有 90%的中层管理人员有直接下属，其中，15%的中层管理人员的直接下属为 10 人及以上，65%的中层管理人员的直接下属有 4～10 人，仅有 4 个中层管理人员虽暂时没有直接下属，但均将于本年内配备。因此，管理者角色认知是其必备的管理知识之一。

3. 工作计划制订

通过调查得知，有 95%的中层管理人员制订有月度工作计划，仅有 2 人没有制订，80%的中层管理人员制订有季度工作计划，30%的中层管理人员制订有长期工作计划。在访谈中得知，中层管理人员在制订具体计划时，如何围绕公司总目标制订本部门或个人的具体可行性计划、计划遇到阻力时如何确保计划的实现等问题上，存在一定的盲目性和随机性，有待提高。

4. 授权与激励(表 4-6)

表 4-6　授权与激励调查表

授权与激励	愿意授权	不同意授权	愿意接受授权培训
中层管理人员	35	5	34
所占比例(总人数 40 人)	87.5%	12.5%	85%

授权与激励是管理者的重要管理技能之一，由上表可见，有 87.5%的中层管理人员表示愿意授予下属一定的权力，12.5%的中层管理人员明确表示不愿意授权，原因对下属是否具备完成任务的能力有所质疑。另外，85%的中层管理人员表示愿意接受进行授权与激励的相关培训。

5. 团队建设

团队建设是一项复杂的工作，能否产生1+1〉2的效果，关键在于团队负责人是否能够调动员工的积极性。但经过调查，100%的中层管理人员认识到团队建设的重要性，但82.5%的人明确表示尚缺乏团队建设与领导方面的技能。

6. 员工培训(表4-7)

表4-7 员工培训调查表

任职时间	有培训计划并能有效执行	有培训计划但没落实	没有时间进行培训
中层管理人员	6	12	16
所占比例(总人数40人)	15%	30%	40%

虽然此次参与调查的全体中层管理人员都表示有必要对员工进行培训，但仅有45%的人员制订了培训计划，15%的人员制订并能有效执行培训计划。可见，中层管理人员对培训工作的组织能力还需进一步学习。

六、培训建议

通过培训需求的调查分析，了解到公司中层管理人员大部分任职时间较短，在管理能力方面存在较大不足，可能影响到公司战略目标的顺利实现。因此，特提出以下培训建议，供参考。

1. 培训对象：中层管理人员

2. 培训时间：2015年1月29日至2月3日，为期7天

3. 培训地点：公司会议室

4. 培训内容：培训内容分为两个部分，一是业务技能培训和核心管理技能培训。业务技能培训包括角色认知、信息处理、财务运营、公文写作、商务谈判、经营战略、计划制订等内容，培训时间：2.5天。二是核心管理技能培训，包括企业文化、领导力、授权、激励艺术、冲突管理、团队建设、关系协调、沟通技巧、时间管理、压力管理、自我超越等内容，培训时间：4.5天。

5. 培训师资：建议采取内外结合配备师资的形式，聘请管理咨询公司的培训师和本公司高层管理人员、业务精英授课。

6. 培训形式：培训可采取讲座、研讨、拓展训练等多种形式。

［**精析**］

培训需求分析报告既是企业培训项目开发前的培训需求分析预测材料，又是企业总体培训计划制订前的调研报告。本需求分析报告撰写之前，人力资源部采取访谈和问卷调查的形式开展了大量深入、细致的调研工作，这是做好需求分析报告的基础。

本需求分析报告内容全面，基本涵盖了培训需求分析报告的主要内容。调查项目丰富，调查内容详细，分析透彻，建议合理，表述准确。对后期的培训工作的开展具有积极的指导和借鉴意义。

二、制订培训计划

在制订培训计划时，应注重其针对性、实效性，通常其内容包含“5W1H”，即：

• 为何(Why)：培训目标是什么？

• 什么(What)：培训内容是什么？

• 何人(Who)：谁是培训对象、谁担任培训师、谁组织与协调？

• 何时(When)：根据实际需要培训安排在何时、培训时段多长？

• 何处(Where)：培训场地在哪里？

• 如何进行(How)：培训方式是什么？采取什么培训的方法？经费预算是多少？

(一)培训目标

培训目标的确定依赖于培训需求分析，为消除员工现状和应有状况之间的差距就是培训目标。培训目标的确定应注意在总目标下细化为分目标，这样更具有可行性。

(二)培训内容

培训内容服从于培训目标，培训内容必须科学、合理，符合企业长期战略目标和近期工作计划，具有一定的前瞻性。培训内容一般包括三方面内容。

1. 基础知识培训

员工学习完成本职工作所必需的基本知识，了解企业战略发展、组织结构、规章制度、市场环境等知识，明确本工作岗位的岗位职责、商品管理知识等。书店卖场作为出版物发行企业，员工除了掌握一般商品的知识以外，更要对出版物商品的特性、各类出版物的概况等知识熟知。

2. 工作技能培训

掌握本工作岗位的基本技能、经营管理技术，学会人际沟通、执行控制、时间管理、判断能力、调查能力、计划制订与执行、安全健康管理等专业技能。书店卖场的员工应该对图书购进、出版物分类、陈列、接待读者、推荐图书、包装图书、票据处理等服务技能熟练掌握。

3. 综合素质培训

综合素质的培训内容较为广泛，可能涉及工作态度、人生态度、心理健康、企业文化、职业道德、社会伦理、团队精神、职业规划等方面的培训。通过培训，使员工形成正确的价值观、积极的工作态度、良好的思维习惯、较强的团队意识和良好的工作氛围。

(三)培训时间

培训时间包括培训时机的选择和培训时间的长短。在时机的选择上应注意：过于超前或过于滞后都不可取。培训时间的长短受培训内容、培训费用、学员素质、学员工作时间等因素的影响。

(四)培训方式

从企业而言，培训方式有企业内部组织和外包培训机构两种方式。企业内部组织具有时间安排灵活、培训内容针对性强、经费投入少的特点，但可能存在范围窄、模式旧等缺陷。外包组织的优点是专业化水平高、技术手段先进、宏观视野开阔等，但针对性和适用性不够。在培训方式上，企业可根据需要适当安排内外结合、优势互补。

从员工个人而言，培训方式有职前培训、在职培训、脱产培训和自我开发四种方式。职前培训主要是针对新员工。在职培训主要是针对两类人，一是职务转换，即将晋级的员工接受心理和能力方面的培训，获取相关知识、技能或信息；二是经营环境变化后，员工的知识、技能和观念需要更新而进行的培训。脱产学习是员工暂时脱离工作岗位到学校或其他机构参加较长时间的培训，一般是管理人员。自我开发是员工利用业余时间进行自我学习与提高。

(五)培训方法

培训方法可灵活采取课堂讲授法、研讨法、工作指导法或教练法、岗位轮换法、案例分析法、角色扮演法、头脑风暴法、户外拓展训练法等多种方法，以增强培训效果。

(六)培训对象

虽然企业所有的员工都可能成为培训对象，但由于企业资源的有限性，企业应根据组织目标和岗位需求选择合适的培训对象进行培训。通常，企业会安排以下几类人进行培训：新入职的员工、需要改进目前工作的员工、新晋升或岗位轮换的员工、有潜力的员工。

(七)培训师资

培训师资的选择取决于培训内容及本企业可利用的培训资源。可以考虑企业内部的管理人员、技术骨干，也可考虑企业外部的行业专家、高校教师、管理咨询公司的培训师等。很多企业在师资配备上会考虑将内外部师资有机结合起来，效果通常比单纯一种师资结构更好。

(八)经费预算

培训计划中还应考虑到经费预算，一般培训涉及的费用主要包括直接费用和间接费用。其中直接费用包含场地费、食宿费、培训教材费、教师授课费、差旅费、管理费等，间接费用包括受训者培训期间的正常工资、顶替受训者工作所额外支付的报酬等。

三、组织实施培训

培训计划制订并报上级批准执行后，需要开展培训前的准备工作。准备工作主要包括。

1. 落实培训场地与设施

落实培训场地和设施需考虑以下因素：选择合适的空间，调试灯光、音响、空调，控制噪声环境，安排休息室、饮用水、卫生间。

2. 准备培训资料

培训资料的准备包括购买培训教材、制订培训课程安排表、草拟培训须知，编写培训考核办法、编制学员名册。

3. 签订培训协议

如需要外包给培训机构培训，应在正式实施前与培训机构签订培训协议。如需到企业以外的地方培训，还需与租赁场地、租借设备的机构签订相关租赁协议。

4. 组织相关仪式

一般培训班都会有一个开班仪式或结业仪式，应对仪式中的主持人主持、领导讲话、学员代表发言等细节进行事前安排。

5. 其他

培训的组织者还有很多其他工作需要关注：如：对培训的相关内容进行介绍、组织好培训学员的课余活动等。

四、评估培训效果

美国学者唐·柯克帕特里克 1976 年提出的培训评估的模型在国内外广泛运用。他从评估的深度和难度出发，将培训效果分为四个递进的层次，即：反应层次、学习层次、行为层次和结果层次。结果四个方面进行评价。如图 4-4 所示：

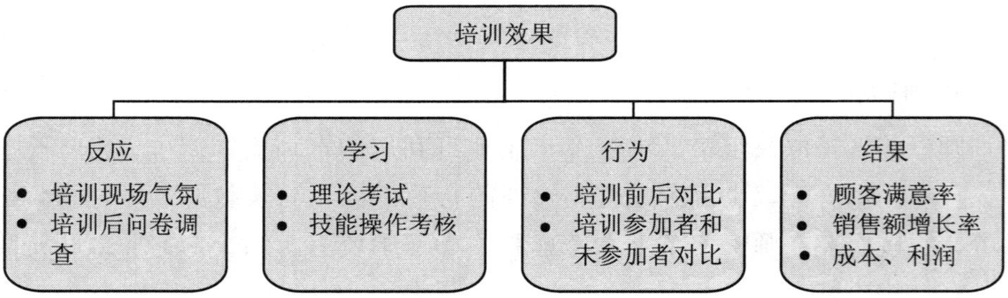

图 4-4　培训效果评价方法

(一)反应层次

主要考察培训现场的反应，包括对培训项目是否有兴趣，对培训内容、师资、时间、方法、设施、材料以及培训收获是否满意。反应层次的评估通常采取问卷调查的方式进行，在培训结束时进行。问卷设计应该科学、合理，便于进行分析总结。问卷调查虽然可以反映培训对象对培训项目的满意程度，但具有一定的主观性，因此，培训组织部门在问卷调查之前应做好宣传工作，使大家正确认识，客观公正地进行评价。

职场指南

表 4-8　培训效果调查表

日期：　　　　　　　培训课程名称：　　　　　　　授课教师：

评估项目	评分标准点	非常好	很好	好	一般	差
对本课程教学的总体评价	教师准备是否充分，课堂表述是否精彩，培训是否易于接受					
对教师教学态度评价	备课准备是否充分，对课程是否熟悉，是否具有系统性、条理性					
对教师仪表及精神面貌评价	仪表是否端庄，精神状态是否良好					
对教学内容评价	教学内容有无针对性，主题是否鲜明，内容与主题是否联系紧密，层次是否清晰					
对教师语言表达能力评价	口齿是否清晰，语言是否流利，有无辅助性身体语言					
对课堂精彩程度的评价	课堂讲述是否精彩，能否熟练掌握培训技巧，是否具有较强的吸引力					
对课程实用性的评价	是否有所收获，对实际工作是否有指导作用					
对培训时间安排与频度安排的评价	时间安排是否紧凑，频度是否合理					
对培训服务工作的评价	培训设备、资料准备、服务设施的配备是否充分					
您学完本课程最大的收获是：						
您对培训的意见和建议是：						
您认为此类培训有哪些地方需要改进：						
您以后还需要哪些方面的培训：						

填写说明：

1. 请您在相应的栏目里划"√"，并认真填写自己的意见。
2. 填写完成后请上交人力资源部。

(二)学习层次

学习层次的评估主要是看员工对于知识、原理、技术、技能的掌握程度。可采取笔试、技能操作、工作模拟、撰写心得体会和论文等方式进行考核评估。

(三)行为层次

行为层次评估通常发生在培训结束后的一段时间，主要考查学员在经过培训后，在实际工作岗位上运用培训知识和技能的情况。该项考查可以通过企业的绩效考核、直接上级、下属或同级对学员培训前后行为的变化对比来获取信息，也可以将参加培训的员工和未参加培训的员工进行比较。

(四)结果层次

结果层次的评估上升到组织的高度，着眼于培训项目是否提升了员工士气，是否引起企业经营绩效业绩的变化。可以通过顾客满意率、销售增长率、成本、利润等关键数据考查。

实践训练

一、实训项目

制订员工入职培训计划。

二、实训内容

某书城扩建后将于近期重新开业，前期通过报纸媒介和网络媒介招聘一批新员工充实营业员队伍。请为该书城制订一个为期 5 天的新入职员工培训计划。

三、实训形式

1. 以小组为单位，6～8 人一组，分小组交流，制订并完善新入职员工培训计划。
2. 每小组制作一个 PPT。
3. 推荐小组交流代表。
4. 小组交流代表将培训计划在全班展示并进行交流，互相提问。

四、注意事项

培训计划中的培训内容要求细化到每天的时间安排、课程名称及课程内容。

五、评价标准

表 4-9 “制订员工入职培训计划”实训项目评价表

项目	分值	表现描述	得分	备注
计划内容完整	40			培训计划包含培训目的、培训内容、时间安排、培训地点、培训师资、培训方式和培训考核形式、经费预算等主要内容
层次分明、条理清晰、文字简洁	20			
课程内容安排合理	20			
语言表达流畅	10			
PPT 演示文稿简洁美观	10			
合　计	100			

任务 3

考核员工

任务思考

员工招聘并完成职前培训后即可上岗，招聘员工和培训员工所解决的是企业选人和育人工作问题，除此以外，员工管理是否还涉及其他内容？

在日常管理中，应采取何种方式对员工进行有效管理，以激励所有员工同心协力，共同完成组织目标？

任务分析

从人力资源管理的角度看，员工管理所涵盖的内容主要是四大项：选人、育人、用人和留人。选人主要是进行人力资源规划、工作分析、员工招聘和筛选录用；育人主要是员工的培训与开发；用人主要是进行绩效考核，进行员工流动管理；留人主要是进行薪酬设计和劳动关系管理。因此，选人、育人之后，如何对员工进行绩效考核，确保员工的工作活动及工作结果与组织目标保持一致，显得尤其重要。

资料导读

表 4-10　某书店工作能力考评项目与考评重点

考评项目		考评重点
1	经验阅历	生活、营销、社会经验阅历是否丰富、目光是否长远
2	知识	业务所需的社会常识及相关知识是否丰富
3	业务技能	执行本岗位工作的业务技能是否熟练
4	判断能力	对工作中存在的问题是否能准确判断
5	创新能力	是否具有探索精神，能否提出创新处理业务的方法
6	改善能力	是否能够针对问题，灵活运用业务知识、经验提出改善业绩、提升效率的方法，以持续改进工作
7	企划能力	能否为实现工作目标提出具体对策和计划
8	协调能力	能否协调好各级关系，并创造和谐的工作环境
9	研究能力	能否在工作中组织调查研究工作，并将成果运用到业务上
10	计划能力	能否理论联系实际进行工作分析并提出工作计划
11	领导能力	能否有效地进行团队建设，与下级沟通，相互依赖、同心协力做好工作
12	沟通能力	能否与员工就工作中出现的各种问题进行深入交流与沟通

相关知识

员工考核属于绩效管理的范畴，它是对员工绩效目标实现程度的一种评估。通过对员工完成所在岗位工作任务的情况进行绩效考核评价，以反映员工实现职位要求的程度。员工绩效考核大多在年底进行，评估的依据就是在绩效计划阶段双方达成一致意见的绩效目标及其衡量标准。另外，在日常工作过程中收集的能够说明被评估者绩效表现的数据和事实，也可以成为判断其是否能达到关键绩效指标要求的依据。绩效考评主要有三种类型：第一类是品质主导型，着眼于考评"人怎么样"，重在对员工工作中所表现的心理品质，如气质、心态、操守、气质的考评；第二类是行为主导型，着眼于考评"怎么干"，重在对员工工作过程而非工作业绩和结果的考察，该方法适用于对管理性、事务性和服务性工作岗位的员工进行考评；第三类是效果主导型，着眼于"干得怎么样"，重在对员工的产出和贡献，而不关心行为和过程。该方法适用于对生产性和操作性的岗位进行考评。

员工绩效考核的主要流程如图 4-5 所示：

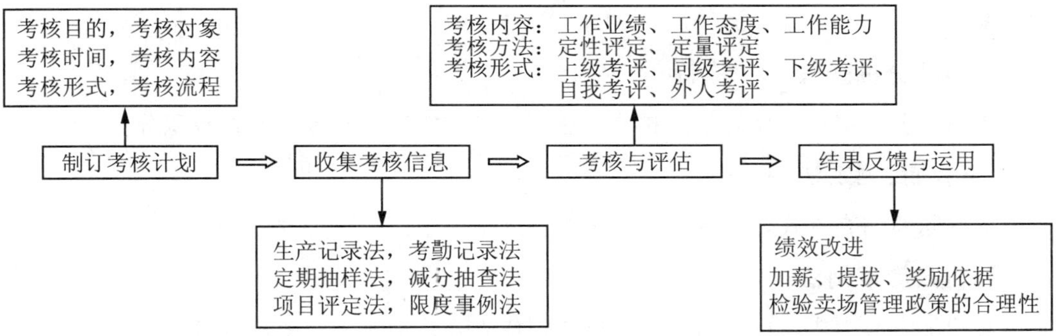

图 4-5　员工绩效考核流程

一、制订考核计划

员工绩效考核计划是绩效周期内关于考核目的、考核对象、考核时间、考核内容、考核主体、考核流程等内容的员工考核。

绩效考核的目的通常包含战略目的和管理目的。战略目的是将员工活动与组织活动目标联系起来，确保员工的工作活动及工作结果与组织目标保持一致；管理目的是通过考核对员工个人业绩进行认定，将其与薪酬管理中的加薪、晋升和劳动关系管理中保留、解雇等结合起来，促使员工进行目的性更强的绩效改进，提升组织绩效。

绩效考核的内容主要包括工作业绩考评、工作能力考评和工作态度考评。工作业绩是工作行为所产生的工作结果和工作效率的综合考察，主要包括员工完成工作的数量、质量、成本费用及其有效性等。门店员工的工作业绩通常以营业额、购买比例和时间利用作为主要衡量指标。工作能力考核主要是对员工在工作中运用所学知识和技能解决实际问题的能力进行考察评估。由此可以发现不同员工的能力优势或能力不足，有利于选拔并培养优秀员工，帮助能力较弱的员工提高，并进行优化岗位配置。工作态度考核主要表现在组织纪律性、出勤情况、责任心和主动性。工作态度决定了人的能力发挥的程度，只有将好的工作态度和工作能力相结合，才能创造出好的工作业绩。

二、收集考核信息

绩效考核中考核信息是进行考核与评估的基础，必须真实、可靠、有效。考核信息的收集通常有以下几种方法。

(一)生产记录法

对卖场的销售、服务数量、质量成本等按规定填写并进行原始记录和统计。

(二)考勤记录法

对出勤、缺勤的情况进行统计。

(三)定期抽样法

安排专员定期对员工销售、服务的数量、质量进行抽样检查，代表整个期间的工作情况。

(四)减分抽查法

按岗位要求定出违反规定的扣分方法，逐日或定期进行登记、扣减积分。

(五)项目测定法

采取问卷调查方式，由专人对员工进行逐项评定。

(六)限度事例法

对于优秀行为或不良行为，尤其对特别优秀或特别恶劣的事例进行记录。

三、考核和评价

考核与评价的过程是指考核组对收集到的被考核人工作业绩、工作态度、工作能力等项目的信息，进行定性或者定量的评估，按照一定的权重进行综合，最终得到三方面的单项考核结果和综合考核结果。考核内容通常包括工作业绩考评、工作能力考评和工作态度考评等三方面的内容。

员工绩效考核的形式主要有：上级评估、同级考评、下级考评、自我考评和外部考评。

(一)上级考评

上级考评是被考核者的上级管理人员对其在工作业绩、工作态度、工作能力等项目的考核评定。一般在绩效考核中，以上级考评为主，占考评总分值的一半以上，有的达到60％～70％。

(二)同级考评

由于被考核者的同级与其共事过程中，密切联系，相互合作，相互配合，对被考核者比较了解，可进行同级考评。但此分值容易受到人际关系的影响，其分值在总分值中所占比重不大，一般占考评总分值的10%左右。

(三)下级考评

下级作为被考核者的下属，对其工作作风、行为方式、工作成果会有独特的观察视角，但在评价过程中可能由于被考核者管理严格而触及其个人利益，或是作为下级心存顾虑，考核结果有时会带有一定的主观性，不够客观公正。其分值在总分值中所占比重不大，一般占考评总分值的10%左右。

(四)自我考评

被考核者自我考评，有利于充分调动其主观能动性。但在自我评价中容易受多种因素影响，具有一定的局限性。其分值一般也控制在总分值的10%左右。

(五)外部评价

外部评价通常是请被考评者所在部门以外的人员，如服务对象，进行评价。外部评价比较公正、客观，但由于考核者对于被考评者的能力、行为和实际工作情况不了解，有时其可靠性可能不够。

职场指南

360度绩效考核法

360度绩效考核法也称全视角反馈法，是请与被考核者发生工作关系的多方主体以及被考核者本人担任评价者，从各自不同角度对其进行评价，再通过反馈程序将考核结果反馈给被考核者，以帮助被考核者改进工作行为、提高工作效率的绩效考核方法。

该考核法反映了企业追求全面和以客户为中心的管理思想。评价过程中产生的信息是全方位、多维度的，既包括上级自上而下的反馈、下级自下而上的反馈、平级同事的反馈，还包括企业内部协作部门和供应部门的反馈、公司内部客户和外部客户的反馈以及被考核者本人的反馈，可以对被考核者的工作行为和工作业绩做出较全面的判断。但由于其操作复杂，耗时长，不适合大规模的绩效考核。而且由于不同评价者的结论之间可能产生冲突，如有些细节未把握好有可能造成负面影响。

在运用该考核方法时，需注意采取匿名考核的方式，除主管外应确保员工不知道其他人对自己的评价。同时，加强宣传，加强考核者的责任意识，防止舞弊行为，让每一个考核者能够客观、公正对他人进行评价，防止有人相互串通，试图通过考核伤害被考核者。

表 4-11　员工 360 度绩效考核表

部门：　　　　　　　　　　　　　　　　　　　　　　　　　　　　　填表时间：年　月　日

被考核者姓名：		部门：		职务：		考核者姓名：	
考核者所属部门：		考核者职务：			考核区间：　年　月至　年　月		
杰出(4 分)　优秀(3 分)　良好(2 分)　一般(1 分)　较差(0 分)　极差(－1 分)							
评价项目		上级评价	同级评价	下级评价	自我评价	权重%	备注
个人素质 20 分	品德修养						
	个人仪表仪容						
	实事求是						
	意志坚定						
	谦虚好学						
工作态度 20 分	热情度						
	信用度						
	责任感						
	纪律性						
	团队协作精神						
专业知识 20 分	专业业务知识						
	相关专业知识						
	外语知识						
	计算机应用知识						
	新知识						
工作能力 20 分	文字表达能力						
	逻辑思维能力						
	指导辅导能力						
	人际交往能力						
	组织协调能力						
工作成果 20 分	工作目标的达成						
	工作效率						
	工作质量						
	工作创新效能						
	工作成本控制						
分数合计						100%	
工作表现综合评价							
工作评价结论与建议：							

——资料来源：吴强．现代人力资源管理(第二版)．北京：中国人民大学出版社

四、结果反馈与运用

员工绩效考核的结果明确后，并不是绩效考核工作的结束，而大量的应该反馈给被考核人并将之运用到企业管理中。绩效考核的结果能够为卖场管理提供大量的信息，其主要作用是：

第一，通过反馈给被考核者，使其发现自身优势，正视缺点，帮助员工改进绩效；

第二，依据考核结果，对考核优秀者进行奖励、加薪或培养、提拔；

第三，以考核结果检验企业管理相关政策、制度是否合理，在制度建设上是否有完善、拓展的空间。

绩效考核结果的反馈，不是管理者简单地通知被考核者考核结果，而应该在沟通中双方充分交流，达成一致看法，使员工真正认识自我，制订改进计划，确定下一阶段的工作目标。因此，要使考核结果达到理想效果，管理者在与被考核者面谈前应做好相应的准备工作，包括：反馈时间、地点的确定、熟悉面谈者的基本资料、面谈的主要内容及谈话技巧，通知员工做好准备等。而员工接到通知后应做的准备工作主要有回顾绩效，梳理并正视自身的优缺点，明确发展目标，拟好职业规划，向管理者汇报自己的思想等。

一般而言，绩效考核结果反馈的面谈需经历以下几个主要步骤(表 4-12)。

表 4-12　绩效反馈面谈的主要步骤和内容

面谈步骤		谈话实施者	管理者谈话要点
1	暖场	管理者	营造良好氛围，使员工放松心情；慰问员工辛劳
2	进入主题	管理者	告知谈话目的
3	反馈考核结果	管理者	告知考核结果；肯定优点，指出不足
4	员工发表意见	员工	鼓励员工发言；专心倾听员工意见
5	讨论沟通	管理者和员工	讨论考核结果与员工自我评价之间的差异，达成一致意见
6	制订改进计划和下期绩效目标	管理者和员工	设定改进项目；友好商定下期目标；最终形成共识
7	确认面谈内容	管理者和员工	确认讨论结果；达成协议项目；双方签名
8	结束面谈	管理者	对员工表达谢意；期待员工更佳表现
9	整理面谈记录	管理者	小结反馈工作，检查面谈得失；补充说明事项；呈报资料
备注：如在面谈过程中双方未达成共识，可以结束面谈并商定下次交流时间			

案例精析

绩效反馈面谈

经理：小李，有时间吗？

小李：什么事情，经理？

经理：和你谈谈关于年终绩效考核的事情。

小李：哦，我下班后还有点事……

经理：没关系，我等会儿也有个应酬，就现在吧。

小李：好吧！

经理：小李，绩效考核结果你也看到了吧，总的来说还过得去，但你在与同事共处、沟通和保持客户数量方面还存在很大问题，你可要注意啊！

小李：经理，不会吧，我与同事关系很好，客户也很满意我，你不会是搞错了吧！

经理：我不会搞错的，你怎么能怀疑我的判断力？

小李：可是，我今年的指标都已经完成了啊！

经理：不错，你的指标是完成了，但存在上述问题，所以我给你打了“合格”。

小李：经理，我真的是很认真地工作呀！

经理：小李，别看我们公司人多，谁平时工作怎样，为人处世如何，我心里可是明白得很。你不用给我解释什么！

（此时，电话响起，经理拿起话筒……）

经理：小李，你先出去一会儿，我接个电话，等会儿叫你。

（10 分钟过去了，小李被叫进来，谈话继续……）

经理：我告诉你小李，你要好好检讨一下，否则明年的绩效指标你肯定完成不了。

小李：经理！我……

经理：别说了，出去吧，我还要去应酬一个老朋友呢！

小李：……

——资料来源：吴强．现代人力资源管理(第二版)．北京：中国人民大学出版社

[精析]

本案例是一个失败的绩效反馈面谈，主要原因是经理缺乏对员工小李的信任和尊重，谈话态度也不诚恳。面谈之前没有做好充分的准备，对小李的绩效反馈仅仅停留在“通知结果”和“警告”的层面，不仅没有与员工达成共识，激励员工，相反，挫伤了小李的工作积极性，不利于今后改进绩效。该面谈可以在以下方面予以改进。

(1)在面谈时间约定上，经理应事前与小李商议，并通知小李做好相关准备工作。安排双方都合适的时间进行谈话，以确保有充裕的时间、良好的心态进行充分交流，而不是进行仓促谈话。

(2)谈话伊始，经理应进行暖场，向小李表示慰问，建立信任氛围，使其放松心情。

(3)告知考核结果时，经理应充分赞扬并肯定小李的工作成绩，同时诚恳地指出不足，反馈重点放在解决问题上，要对事不对人。而不是对成绩轻描淡写，对不足刻意扩大，这样容易引起员工反感。

(4)在员工发表意见时，经理应认真、专心倾听，鼓励员工表达心声，不能粗暴打断。

(5)在与员工沟通讨论时，经理应平等对待，态度诚恳，语言谦逊随和。而不是居高临下，先入为主，带着个人主观情绪不公正地评价员工。

(6)在谈话中途有电话接入，如对方是谈一般性公务，经理应告知对方自己正在处理一件重要的事，稍后给对方回话。如对方是谈紧急事务，经理应礼貌地向小李致歉，请其暂时回避，稍后再请他回来。小李返回后，应向小李再次致歉。

(7)在确认讨论结果时，经理要“以情感人、以理服人”，而不能“以权压人”，内容上侧重于思想、经验的分享，制订具体的绩效改善目标，确定检查改善进度的日期。

(8)该次面谈双方未达成共识，可在结束面谈前商定下次面谈时间，进行进一步交流。

实践训练

一、实训项目

设计员工绩效考核表。

二、实训内容

某书店人力资源部将于年底开展年度绩效考核，该公司人力资源部拟从工作能力、工作态度、工作绩效三个方面对员工进行考评。某书店人力资源部设计表格，列出了能力考评的项目与重点(详见表 4-10)。请您参照该表的格式，帮助人力资源部设计一张表列示出工作态度考评项目与考评重点。

三、实训形式

1. 以小组为单位，6～8 人一组，分小组研讨，设计工作态度考评项目与考评重点。推荐小组交流代表。

2. 小组交流代表将工作态度考评项目和考评重点在全班展示并进行交流，互相提问。

四、注意事项

工作态度考评要求具有通用性，书店卖场的各类人员适用。

五、评价标准

实训项目评价见表 4-13。

表 4-13 "设计员工绩效考核表"实训项目评价表

项目	分值	表现描述	得分	备注
考核项目设计合理	40			
条理清晰、文字简洁	20			
具有较强的可操作性	20			
语言表达流畅	10			
PPT 演示文稿简洁美观	10			
合　计	100			

项目五　出版物进货

【知识目标】

1. 了解出版物进货的原则，熟悉进货模式和主要工作流程。
2. 熟悉出版物进货信息的主要内容和收集渠道。
3. 了解编制进货计划、选择进货渠道、选择进货方式的基本方法。
3. 掌握书店卖场的出版物订货、收货、退换货、调剂等业务流程。

【能力目标】

1. 能够收集进货有关信息，并编制进货计划。
2. 能够根据不同的进货渠道选择进货方式。
3. 能够与总部或者供货商洽谈进货业务。
4. 能够根据工作流程进行收货与退货业务操作。

任务 1

进货准备

任务思考

《2017 年新闻出版产业分析报告》显示，2017 年我国出版图书达 512 487 种，其中，新版图书 255 106 种，重印图书 257 381 种。面对日益丰富的图书市场，书店卖场在图书进货环节应如何把握进货原则，提高进货质量，利用有限的空间促进经济效益和社会效益的提升？

任务分析

进货与销售是书店业务经营的两大基本内容，进货作为出版物从生产领域进入流通领域的第一道环节，是书店开展经营活动的开端，是销售的前提。进货质量的高低，也直接影响销售业绩和经营效益，在书店的业务工作中具有非常重要的作用。

资料导读

2017 年我国新闻出版产业规模、效益稳步提升(节选)

2017 年，全国出版、印刷和发行服务(不含数字出版)实现营业收入 18 119.2 亿元，较 2016 年同口径增长 4.5%；利润总额 1 344.3 亿元，增长 2.7%。另据中国新闻出版研究院调查汇总数据显示，2017 年数字出版实现营业收入 7 071.9 亿元，增长 23.6%。

主题出版、主流媒体传播力持续彰显。17 种主题图书年度累计印数均超过 100 万册，占年度累计印数 100 万册及以上一般图书的 29.3%。党的十九大报告《决胜全面建成小康社会 夺取新时代中国特色社会主义伟大胜利》累计印数超过 2 400 万册，《习近平谈治国理政(第二卷)》超过 500 万册，《全面从严治党面对面——理论热点面对面·2017》超过 700 万册。《人民日报》平均期印数近 3 年持续增长，稳居综合类报纸第一；《参考消息》《环球时报》等报纸平均期印数均超过 100 万份。《求是》跻身期刊平均期印数前三位；《中国纪检监察》平均期印数突破 100 万册。

图书出版结构不断优化。2017 年，全国出版新版图书 25.5 万种，降低 2.8%；总印数 22.7 亿册(张)，降低 5.6%。重印图书 25.7 万种，增长 8.4%；总印数 53.9 亿册(张)，增长 5.3%。租型图书总印数 15.8 亿册(张)，增长 4.8%。新版图书品种与印数首次双双下降；重印图书品种与印数保持了较快增长，在品种上首次超过新版图书。

文学和少儿类图书继续看涨，本土经典原创图书愈发畅销。2017 年，全国出版文学类图书7.4亿册，较2016年增加1.0亿册，增长14.5%。全国出版少儿图书8.2亿册，增长5.4%。

传统报刊业务仍下滑，利润止跌回升。与2016年相比，期刊出版总印数降低7.6%，总印张降低10.1%，降幅分别加大1.3和0.6个百分点。

出版传媒集团整体规模进一步扩大，行业集中度有所提高。2017年，全国118家集团共实现主营业务收入3 559.6亿元，较2016年增加85.8亿元；实现利润总额305.4亿元，增加9.2亿元。

出版传媒企业上市步伐加快，出版核心主业地位更趋稳固。2017年，中国科传、中国出版、新经典等6家出版传媒企业相继上市，为近年来最多。39家在中国内地上市的出版传媒公司共实现营业收入1 570.6亿元，增加201.7亿元，增长14.7%；实现利润总额223.7亿元，增加53.1亿元，增长31.2%，近年来首次实现全体盈利。出版、发行公司主业整体稳步增长，发行业务收入在各发行公司营业收入中所占比重平均为61.6%，出版、发行、印刷业务收入在各出版公司营业收入中合计所占比重平均为65.9%，同口径提高3.0个百分点，编印发核心主业地位更趋稳固。

对外版权输出提速，对“一带一路”沿线国家版权贸易增长显著。2017年，全国共输出版权13 816项，增长24.1%，增速提高17.8个百分点，高出引进版权增速19.1个百分点。

出版融合发展成果初显，知识服务新模式不断涌现。截至2017年年底，20家国家出版融合发展重点实验室陆续挂牌运行，近百个融合发展研究项目相继实施，一批有引领性的出版融合发展重点项目初见成效。50家出版单位确定为专业数字内容资源知识服务模式试点。得到APP、喜马拉雅、悟空、知乎等知识服务新业态蓬勃发展。

——资料来源：《2017年新闻出版产业分析报告》，中国新闻出版广电报，2018年7月31日

相关知识

进货是指商店为销售而购进货物。出版物进货，就是出版物发行单位按照市场需求，通过商品交换，向供货商取得出版物所有权的经济活动。进货业务的开展对于保障消费者需求、促进出版物销售活动、优化企业经营状况、繁荣出版事业具有积极作用。

一、出版物进货原则①

(一)质量第一，择优订进

出版物购进必须坚持质量第一原则。在进货中，严把出版物内容质量关，努力把选题对路、内容充实，有较高思想性、科学性和艺术性的图书奉献给读者。坚决不进内容不好、质量低劣出版物。

---

① 新闻出版总署人事教育司. 出版物发行员职业资格培训教材(中级). 北京：中国书籍出版社，2009

同时，坚持择优原则，树立精品意识。通常，同时符合内容精、形式精、印制精的图书才可称为精品图书。其中，要特别注意常备书的订进。常备书是各类图书中内容质量高、生命力强、再版次数多、读者面广、市场容量大、潜在需求大的图书，其主要特点是常销不衰。除在同类出版物中选择常备、名著、名家、名社的图书外，还需注意选择出版物时间近、价格适中的出版物，以及发运及时、信誉度高的供货单位。

(二)紧跟需求，勤进快销

购进出版物要符合目标市场需要，进什么书，进多少书，在遵循质量第一的原则的前提下，紧跟市场需求。在出版物发行的理论研究中，曾有过"以需定进"和"以销定进"的争鸣，主张"以需定进"者认为"需"是经济学上的有货币支付能力的需求。主张"以销定进"者认为"需"是需要，认为"有需无求"的现象普遍存在，如果按"有需要就进货"的原则进货，势必会造成积压。没有认识到"需"运动、发展的市场需求，不是孤立、静止的需要。因此，在积极组织货源的同时，要关注销售市场，积极组织销售，把进与销有机结合起来。只有切实做到市场的客观需要与自身的主动促销紧密结合，才能保证进货工作的准确性。

勤进快销是加速资金周转、避免商品积压的前提条件，也是促进企业不断发展的一个根本性措施。企业必须利用自身有限的资金，来适应市场变化的需求，以勤进促快销，以快销保勤进，力争以较少的资金占用，经营较多、较全的品种，加速商品周转，做活生意。"勤"并非越勤越好，它必须视企业的条件及商品的特点、货源状况、进货方式等多种因素的状况，在保证商品不脱销的前提下，考虑进货批量；"快"也是相对的，它必须在保证企业经济效益与社会效益的前提下，加速销售速度，提高企业流动资金的周转速度。

(三)品种丰富，适销对路

没有丰富的品种，就难以满足消费者的个性化、多元化的需求。而丰富的品种又必须以内容好、质量优、适销对路为前提。品种丰富是适应市场竞争的需要，但每一具体品种的购进又要适量：适合当地需求的要多进，没有需求的不能进，当地有需求但销路难以把握的要少量试进，品种重复的可考虑择优订进。力争使进货品种与数量符合目标市场读者的需求实际，努力实现供求的基本平衡。

(四)统筹兼顾，突出重点

进货的统筹兼顾，主要处理好三个关系：一是兼顾城市和农村。既要考虑图书购买力大、居住集中的城市读者，又要兼顾居住较为分散、购买力较低的农村读者；二是兼顾重点和一般，既要考虑重点品种、常备品种与畅销品种，还要兼顾一般书、平销书；三是兼顾需要和可能，既要看到客观市场需求的潜力，又要考虑卖场自身的供应能力。同时，还要体现门店的市场定位和经营特色，确定卖场进货的侧重点，充分体现差异化。

(五)讲求核算，注重效益

进货既要体现社会效益，还必须讲求经济核算，多进优质出版物，多进适时适量适销的出版物，降低进货成本，注意保持合理的出版物周转次数和存货结构，减少仓库占压、资金积压和人工浪费，提高经济效益。

二、出版物进货模式

(一)按进货机制分

按照书店是否实行连锁经营，一般分为单店进货和连锁进货机制，其中，连锁进货机制又可按集权与分权程度不同分为集中进货和分散进货。单店订货是单独的出版物零售企业向供应商进行订货。连锁进货中的集中订货是出版物连锁经营企业专门设立进货机构统一负责出版物的进货组织工作，一般由各分店先将所需的订货单上报至连锁总部汇总，再由总部进货部门进行报订和配送。连锁进货中的分散进货又可分为完全分散进货和部分分散进货。完全分散进货是由连锁企业总部将进货权下放给连锁门店，各连锁门店享有单店进货的权利，灵活实施进货。部分分散进货是各连锁门店享有部分地区性较强的出版物的进货权，而总部则对其他出版物进行集中进货。

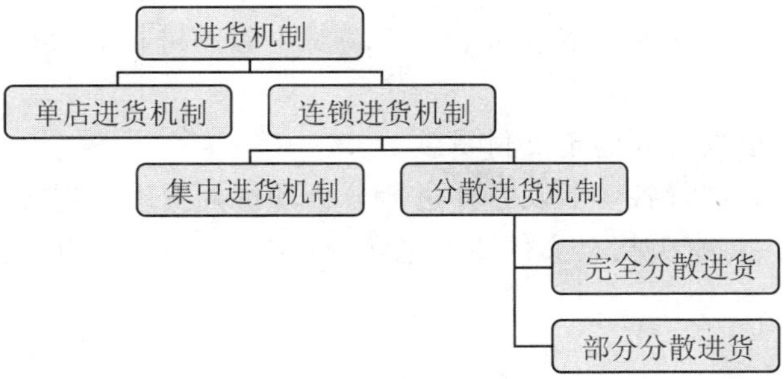

图 5-1　进货基本机制框架

(二)按进货技术手段分

按照技术手段一般分为人工进货和系统进货。人工进货是指通过电话、传真等方式进行的采购，而系统进货是指通过商务软件系统实施的采购方式。有的卖场会安装由软件公司开发的专用的商务软件，进行日常进货、出货、结算货款等工作。如果供应商也安装了同样的系统，商场就可以通过系统直接向供应商下达采购订单，供应商就能够按订单要求直接送货。

电子订货系统(Electronic Ordering System，缩写 EOS)因管理手段先进，在国际上使用广泛，且越来越受到商业界的青睐。它是不同组织间利用通信网络(VAN 或者 Internet)和终端设备，以在线连接方式进行订货作业与订货信息交换的体系。通过该系统将批发、零售商场所发生的订货数据输入计算机，通过计算机通信网络连接的方式将资料传送至总公司、批发商、商品供货商或制造商处。EOS 涵盖了整个物流，能处理从新商品资料的说明直到会计结算等所有商品交易过程中的作业。一个 EOS 系统必须有：供应商(生产商、批发商)、零售商(商品的销售者或需求者)、网络和计算机系统。

EOS 是许多零售商和供应商之间的整体运作系统，而不是单个零售店和单个供应商之间的系统。电子订货系统在零售商和供应商之间建立起了一条高速通道，使双方的信息及时得到沟通，使订货过程的周期大大缩短，既保障了商品的及时供应，又加速了资金的周转，使实现零库存战略成为可能。

三、出版物进货流程

书店卖场的出版物进货的主要流程是：

(1)收集并分析进货信息。包括收集出版业务信息、了解市场及消费者需求。

(2)制订进货计划。包括制订进货总量计划、进货分期计划、调整进货计划。在确定进货计划时，应综合考虑商品销量、实际库存以及促销活动等因素。

(3)选择进货方式。根据实际情况选择人工进货或系统进货方式。

(4)做出进货决策。确定进货数量和进货方式后，报相关负责人或上级机构审批。

(5)与供货商谈判、签约。就供货要点(购销方式、供货折扣、结算方式、退货率等)进行谈判并签约。

(6)进行送货进度查询。供应商按订单要求备货、送货，采购人员定期通过系统查询送货进度。

(7)出版物验收。供应商送货到店后，卖场对出版物进行验收，核对合同的履行情况并进行信息反馈。

(8)货款支付。根据合同约定支付货款。

(9)进货评价。对进货各环节及整体进行分析评价，明确改进方向。

(10)结案归档。将有关档案文件、信息资料进行结案归档，以备查阅。

四、进货准备

在实施进货之前，需进行一些进货的准备工作。进货的准备工作如图 5-2 所示步骤。

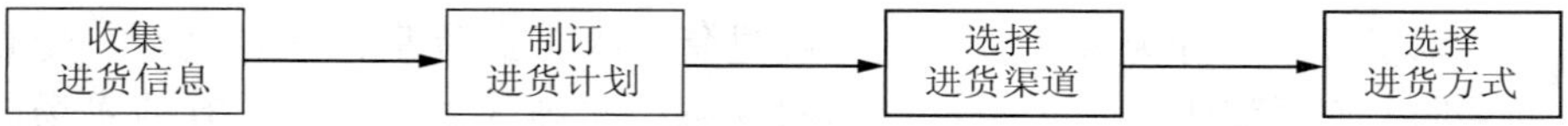

图 5-2　进货准备工作

(一)收集市场信息

在出版物进货中，市场信息是进货决策的基础和前提，是企业控制进货过程、实现进货目标的手段，显得尤为重要。市场信息按内容划分，可分为出版信息、消费者需求信息、分销信息、同业竞争信息和进货环境信息等。

进货业务人员必须对这些信息进行充分调查，做好基础性工作。市场信息可以通过多种渠道获取。例如，出版信息可以通过系统内各出版单位、批发企业的征订目录、调剂信息获取，也可以通过系统外公开传播的文献资料，领导机构和行政部门的方针、政策和法令获取；消费者需求信息可以通过本店的历史销售数据获取，也可以通过外界的消费信息获取经营热点、出版产业信息以及商圈结构等信息；同业竞争信息可以通过本店进行社会调查获取，也可通过新闻媒体及社会资讯机构发布的咨询信息获取。

(二)制订进货计划

1. 进行出版物定位

出版物定位就是根据出版物的特性确定其地位，明确其在出版物经营中的位置。主要有按业绩定位、按消费结构定位和按出版物门类定位三种方法：

按业绩定位又称 ABC 法则，就是在众多出版物组合中，依二八定律(即 80%的业绩来自 20%的出版物)将出版物划分为 A、B、C 三个等级，以此为进货依据，对不同等级进货的关注度不同。通常，A 类书是指大进大销的重点书，B 类书是指常备畅销书，C 类书一般是初版书。

按消费定位就是按照书店卖场所处的商圈，确定其进货重点，对不同的消费结构应采取不同的出版物定位。例如，在中小学学校集中的地区开书店，就应以经营文化教育类出版物为主。

按出版物门类定位，是指书店对某一类或某几类书进行全品种覆盖以满足不同层次的消费者服务。例如，各类专卖店，如科普读物专卖店、音像制品专卖店等均是以此定位的。在三种定位法中，业绩是最基础的定位标准，其他两种定位法作为补充的定位方法，与之结合运用，以达到占有最大市场份额的目的。

2. 确定出版物结构

出版物结构是指出版物发行单位在特定的经营范围内，按出版物定位将经营的出版物划分为若干类别，并确定各类别在出版物总构成中的份额。在出版物结构的设定中，主要考虑以下三类出版物。

(1)重点出版物。重点出版物在数量和资金总额上都占主要地位，其销售情况决定着发行单位的整体经营情况，体现了发行单位的经营方针、经营特点及经营性质。

(2)一般出版物。一般出版物是对重点出版物的补充。一方面，可以衬托重点出版物，为消费者选购提供比较对象，促进重点出版物的销售。另一方面，还能使卖场出版物品种更加丰满，满足不同消费者需求。进货时，必须考虑一般出版物的季节性和流动性，做到少进、勤进，不要进过季、过时的出版物，以免导致积压，影响资金周转。

(3)相关出版物。它在内容上与重点出版物有密切联系，该类出版物的购进不仅可以方便消费者购买，还可以提高重点出版物的销售量，扩大营业额。例如，小说改编后拍摄了电影、电视剧，书店可以同时准备小说、剧本以及 VCD、DVD 等音像制品。

3. 编制进货计划

进货计划，是指业务人员在了解市场供求情况、门店需求以及存货状况的基础上，制订的包括进货品种、进货数量、需求日期等内容的计划。编制进货计划时，要综合考虑出版物的订货周期、配送周期内的安全存量、最小库存量、订货方式等，否则容易造成存量大、商品种类减少和订货时间浪费等问题，影响销售效果。同时，还应注意与书店卖场的销售计划相匹配，制订进货总量计划和进货分期计划。

书店的订货单的常用格式见表 5-1。

表 5-1　××书店订货单

门店：　　　　　　　　　　　　　　　　　　　　　　制表时间：

书名	版别	供应商编号	定价	数量	金额	进货方式	提货方式	订货日期	到货日期

(三)选择进货渠道

书店卖场进货的主要渠道有三条。

1. 出版单位

包括图书出版社、报社、期刊社、音像电子出版社等。

2. 总发行商

总发行商即是指出版单位之外的拥有总发行权的批发企业。如省级新华书店、其他达到规定条件经有关部门审批的出版物发行企业等。

3. 批发商

是指从出版单位或总发行商那里购进出版物并进行转批的发行企业。许多国有出版物发行单位、拥有批发权民营发行单位均可以从事批发业务。

选择进货渠道时，应综合考虑以下因素：一是进行资质认定和评价。重点考察供应商的合法性、规模大小、品牌声誉、出版物特色与适销性、价格优势等各方面进行调查评判；二是不能过于依赖某个供应商。如果对某个供应商依赖过强，本企业在发展过程中有可能会受其制约，不利于自身发展；三是按出版物的进价来选择供应商。在同类、同质出版物中选择价廉的供应商；四是建立评价激励机制。根据供应商的合作现状，进行评价。预估供应商的发展前景，对于服务优质、发展前景良好的供货商加强合作。同时，建立淘汰机制，有计划地淘汰不符合要求的供应商。

(四)选择进货方式

出版物的进货方式多种多样，独立书店主要有以下七种。

1. 目录订货

目录订货即按照征订目录订货。优点是信息传递及时，征订费用低，多品种集中征订。缺点是“隔山买牛”的方式，进货风险大，周转环节多，供货速度慢。该方式适合于课本、教材、学习读物、名著、通俗读物。

2. 看样订货

出版单位或发行单位将出版物样本集中，以订货会形式邀请书店进货人员看样选订。优点是品种丰富且集中，便于选优订优。缺点是活动成本高，决策时间短，容易出现感情订货现象。

3. 现货批销

进货人员到批发单位的仓储或卖场直接选进出版物。现货批销的优点是随时、自选、配送快捷，有利于进货店勤进快添。缺点是有时因为不能及时到现场，有的畅销书不能第一时间选进。

4. 发样订货

发样订货是指批发单位将出版物样品发给零售书店进行征订的方式。礼品书、大型工具书、专业参考书或新创刊的报刊有时会采用这种方式。

5. 主动配送

批发单位与零售企业在签订购销合同的基础上，批发单位按适当比例主动对零售店进行配送，定期结算货款。这种方式零售店的出版物积压风险小，可以保证出版物能在第一时间上市。适用于报刊、专业店的专业出版物。

6. 网上订货或电子订货

网上订货和电子订货都属于线上订货，后台都需要网络和软件系统的支撑，具有信息通畅、交易便捷的优势，可以真正做到按需进货、少进勤添。供应商通过网站发布征订信息或可供目录，在网上进行报订的进货方式，也可采用网上交换电子数据的方式实现出版物的征订与进货。这种方式由于电子订货是通过电子订货系统(EOS)进行订货的方式。常用的电子订货方式有三种：

(1)电子订货簿。电子订货簿是记录包括订货信息、供应商信息、价格等商品资料的书面表式。利用电子订货簿订货是由订货者携带订货簿及电子订货终端机直接地现场巡视缺货状况，再由订货簿寻找商品，对条码进行扫描并输入订货数量，然后直接接上数据机，通过电话线传输订货信息。

(2)电子订货簿与货架卡并用。货架卡就是装设在货架槽上的一张商品信息记录卡，显示内容包括：中文名称、商品代码、条码、售价、最高订量、最低订量、厂商名称等。

(3)利用货架卡订货，不需携带订货簿，而只要手持电子订货终端机，一边巡货一边订货，订货手续完成后再直接接上数据机将订货信息传输出去。低于安全存量订货法。将每次进货数量输入电脑，销售时电脑会自动将库存扣减，当库存量低于安全存量时，会自动打印货单或直接传输出去。

7. 调剂

调剂是指出版发行单位为解决此存彼缺的问题，相互购进出版物。该方式一般用于课本、教材调剂，一般图书较少调剂。

连锁企业由于组织架构的不同，进货部门有两种组建模式，一种是将进货部门独立，与物流部、零售部等部门平行设置，另一种是将进货部门归并入物流部，与零售部门平行设置。进货方式一般有三种：统购统配、统购请配和直购直配。统购统配是指由进货部门统一购进，由物流中心配送各连锁店的方式。统购请配：是指由进货部门统一购进，各连锁门店向进货部门订货(请配)。直购直配：经进货部门核准，连锁书店直接向进货部门指定的供货商进货。这种情况适用于特殊情况下，数量小或地方性、专业性较强的急需出版物，订货信息和货款结算仍须经过总部做越库处理。

案例精析

书店经理之销售与采购(节选)

浙江省新华书店：放宽选择条件迎进各类好书

作为一个图书发行中盘，浙江省新华书店集团有限公司奉行多样化——图书品种多样化、运作手段多样化。在采购上，也是开放式，大手笔，可以说是“全集”的概念。采购经理樊利明分析说，这是由读者需求的多样性和省店的特点共同决定的，不同的读者会有不同的选择偏好，而且不同级别的地区，例如省会城市、中心城市、县、镇等，其读者需求的差异性也较为明显，省店需要照顾到各类读者的需求及各分店的实际情况，因此必须放宽选择的条件，对各类图书敞开大门。“只要是有市场需求的、合法的图书，都应该有机会与读者见面。应该给读者更多选择的余地，让读者与图书这种特殊的文化产品碰撞磨合。”

“20与80关系定律”对图书的销售依然奏效：20%的图书带来80%的利润，80%的图书只能产生20%的效益。正是注意到这一点，浙江省新华书店对重点产品格外关注，对重点产品采购的力度也比较大。但这并不意味着浙江省新华书店不重视普通出版社，樊利明强调说，他们采购的“开放式”还表现为对出版社的开放，正所谓“不拘一社选好书”。

北方图书城：重点锁定新书

北方图书城作为东北地区最大的综合零售书店，书店采购选择始终坚持“为读者找好书，为好书找读者”，选书是其中一个重要的环节。

企划部经理王天兵说，与其他行业相比，图书的品种太多，每年几乎都有十多万种新书，而且每一本书都是单一的产品，具有不可替代性。如此大量的图书他们不可能全部上架销售，而且即便上架也不可能长期呆在书架上，因此选择就成了采购最重要的一个原则。而作出正确的选择对书店来说是非常难的一件事情。虽然在零售市场上起到扩大规模、刺激消费作用的是一些畅销书，但他们在选择图书时不能只选择畅销书，还要选一些适合当地读者的图书。因为地域的差异，各个地区的经济发展不同，读者的消费水平和消费层次也有所不同，他们会根据自己的需求来选择他们认为有必要购买的图书，所以在采购时有必要选择适合本土化的图书。

有关畅销书的市场贡献是北方图书城所不能忽视的。对刚刚上市的新书，书店的采购也存在着很大可以提升的空间。各个门类各个细分类中领先出版社的排名对书店的采购也很重要。目前，领先出版社还不具有垄断位置，但在一些门类中领先的优势已经显露无疑，因此认识和了解这些出版社的市场地位，是北方图书城在采购当中首先要解决的。

先锋书店：只攻人文社科书

南京先锋书店自成立以来，一直坚持自己的人文理想，经营人文社科书籍，书店的选址也基本集中在大学校区周边。从最初的17平方米几百个品种到现在的4 000余平方米5万个品种，一直都秉承着特色书店的路线。先锋书店采购经理高晓丽在接受记者采访时说，在他们的书店，看不到少儿、教材教辅这些图书。文史哲占最主要的部分，并在书店中设有商务印书馆、三联书店的专柜。另外，在近两年，随着书店的发展也增加了经管类的品种。他们在前几年的发展中，一直遵从连锁而不复制的原则，例如他们现有的几个书店，都根据地域的不同而在各店品种上有不同的分配安排。南大店主营学术，五台山店是大众人文书店，除社科书外，艺术、电影、音乐等也是主要品种，新街口地铁店经营精品经管、文学类畅销书。

去年的民营渠道订货会上，有不少好的社科书出现。但先锋书店订货的计划不是把订货码洋和品种放在第一位，只选择真正适合先锋书店销售的书籍，知识分子喜欢阅读了解的东西，这样才能树立起一个区域范围内的品牌形象。高经理表示，现在图书品种太多，他们希望读者走进书店后看到的都是经过严格筛选后的精品，可以使他们在紧张繁忙的工作之余，阅读真正对于工作生活有帮助的，精神上能够吸收到养分的书籍；还有大家的购买阅读的方式在逐渐转变，有很多人倾向于在网上购书，或者就干脆选择电子版本。所以这就更加需要书店在品种和环境、服务各方面下大功夫，在细微处更贴近读者的心。先锋书店精心的选择最终能让读者在他们书店体验到一种真正意义上的人文关怀。

高经理介绍说，2004 年总体来说，先锋书店由以前销售专业性图书向多元化方向转变。以前的销售对象大部分是学生和一些知识分子，销售的都是中华书局、商务印书馆以及北京三联的图书。现在的销售对象已深入到南京市民当中，当然，这对他们的销售品种也有了更高的要求。不仅需要学术性的书籍，具有一定知识性的一般社科书也是广大读者青睐的。

当当网上书店：全门类全品种全供应商

作为全球最大的中文网上书店，当当网在采购中坚持“三全”模式：全门类、全品种、全供应商。当当网采购经理李少非告诉记者说，当当网采取的“三全”供货模式，是符合网上书业的特殊性的，网上书业覆盖面很宽，几乎要满足所有读者的阅读口味和阅读需求，因此需要最大限度地增加图书的品种。考虑到许多需求虽然存在，但需求总量非常有限，当当网在采购时采取“少复本，多补充”的快速补货机制，从而既保证供货，又避免库存积压。

李少非介绍说，2004 年当当网销售前 1 000 名的图书，其销售总额为当当网 30 万品种图书销售总额的三分之一，因此，畅销书的采购是当当网的重中之重。李少非强调说，不能忽视网上书业的独特性，比如，对于一些经典类图书，装帧精美、版式漂亮、色彩绚丽的图书会受到更多关注，因此，在采购时，当当网就会向这些品种的图书倾斜。“还需要根据出版社的影响力及知名度下订单，知名出版社的图书，不仅从内容到形式都很过硬，而且在读者中有不错的口碑，采购这些出版社的图书，销售前景自然非常乐观。”

记者随即问起选书经验及选书标准，李少非说，“判断一本书能否赢得读者的芳心可不是一件容易的事。”他向记者介绍了自己的判断经验：先看书的“硬件”条件是否过关，即先看书的作者、出版社、译者的知名度，是蜚声内外还是“尚在深闺人未识”，再审核书的内容，翻一翻，读一读，初步判断书的受众面的宽窄。李少非还强调说，书的封面设计也是他在采购时会格外关注的一点，“匠心独具的封面设计、别具一格的色彩搭配，无疑会形成强烈的视觉冲击，增大它被读者选中的余地。”

除了上述判定标准之外，编辑的推荐语、供货商提供的信息也是李少非在选择时的重要参考依据。李少非强调说，“出版社会为下游提供很多非常有价值的信息，比如书的首印数，比如出版社的宣传计划、宣传力度等，这些都是市场的风向标，是采购的指南针。”

——资料来源：中华读书报，2005 年 1 月 19 日

［精析］

不论国有书店还是民营书店，不论是实体书店还是网络书店，每个书店都有自己

进货的“制胜法宝”。书店必须对自己有清晰的定位，定位不同，经营策略也就不同，其采购业务也是服务于定位，围绕着自己的来进行的，各具特色。

采购部门和采购人员还应该注意收集和分析有关信息，作为指导进货的重要依据。

职场指南

如何做“四种书”(上)

形象地说，畅销书是卖场的酒水饮料，常销书是卖场的基本主食，动销书是卖场的花式菜肴，滞销书是卖场的残羹剩菜。卖场的业务工作，其核心是抓住四本书。

畅销书

不论综合书店还是专业书店，必有畅销书。畅销书是鉴别卖场与市场对接程度最灵敏的标签，犹如一张pH值试纸。难以想象，一家拿不到畅销书的书店能够获得市场影响力。个别品种没有是可能的，大部分畅销书都与这家书店无缘，麻烦就大了。畅销书的概念，就说明它拥有必要的、足够的消费量。即使是专业品种，它也可能出现畅销书。在一定条件下，理论上冷门的专业品种也完全可能成为超越其专业的大众畅销书，经典案例有霍金的《时间简史》和《果壳中的宇宙》。因此，畅销书毫无疑问是卖场业务工作的重点之一。能否及时地抓住畅销书，是评价卖场业务工作质量的首要标志。比较于其他品种，畅销书的信息来源要广泛、直接、明了得多。连畅销书都抓不住，连小书摊都摆上的畅销书都缺货，凭什么说你就能卖好其他品种？当然，畅销书也有优劣之分，也有品位问题。强调畅销书的意义绝对不意味着什么畅销书都是自己卖场的重点品种。选择适合自身的畅销书，同时拒绝不适合书店定位的畅销书，两方面都要注意。畅销书这个概念是不讲内容更不讲品位的，由于卖场是有定位的，更是需要品位的，对畅销书的选择顺理成章是必需的。

常销书

常销书是经常有销售的品种，是常年动销的品种，是书店不能断档的品种(至少也要保证基本不断档的品种)。常销书中有畅销书，如《新华字典》，但常销书的大部分品种达不到畅销书的数量等级，某品种，每天能卖一册两册的，或隔三差五能卖出一册的，那就在常销书的范畴之内，却不是畅销书。在宽泛一些的标准中，常销书可以理解为已经包含了一部分或大部分这一时间段的畅销书，但短命的畅销书肯定不是常销书。

常销书是支撑一个卖场的基本架构。

相对于动销书，常销书的通用性更强。换言之，常销书更适用于不同类型、不同风格的卖场。在专业书店，它的常销书很有可能也同时与综合书店的清单相同相近。自然，不在其专业范围内的常销书、畅销书都不应进入专业书店的范围。常销书不能断档，或者不能出现较长时间的断档(不超过一个添货周期所需要的时间，大约15天)。这必须是卖场业务工作的一项原则。常销书就是卖场业务员严防死守的阵地，除非出版社断货了。

常销书的管理工作，要分版分类落实到位，定期维护。

动销书

广义动销书是指在一个时间段(统计时间段)产生销售的品种,狭义动销书不包括畅销书、常销书,而专指产生销售但销售数量小于常销书的那部分品种,在规模较大的卖场,大约是一年销售10册(或20册,具体数量以卖场规模而论)以下的品种。

无论是综合书店,还是专业书店,这部分品种是最见真功夫的。如果说,畅销书做得好不好看采购人员的敏感度,常销书做得好不好看卖场业务员的勤快度,动销书做得好不好就取决于卖场业务员对于图书内容、对于读者需求、对于书店定位的理解程度和执行程度。畅销书是快的问题,常销书是量的问题,动销书则更多的是这个品种该进不该进的问题。

动销书对到货速度并没有特别的要求,早两天晚三天也没有什么区别。它对数量的把握,一般也就三五册的标准,有的品种,备一本也够了。关键只在于你的书店必须有这个品种。

业内有一种不同的声音,认为销售数量不大的这部分动销品种,占了品种的绝大部分,效益低下,说是按照“20与80关系定律”规律,可以淘汰。其实不然。浅层次说,我们事先并不能比较确定地知道这一个品种到底能卖多少册,算是“20还是80”的部分;深层次分析,如果没有足够数量的这部分动销品种,仅仅只有畅销书和常销书,你还能拿到多少码洋?还有多少充满个性需求的读者进你这家书店?

这几年,基本看遍了国内有影响的书店。感触最深的,就是这部分品种的差距。做畅销书要本事,做常销书也要本事,做好动销书更要真本事、大本事。

滞销书

滞销书是指在一定时间段没有销售的品种。这个时间段人工设定,常规的理解,不少于三个月。我的看法,时间段要依据书店的性质和规模而定。专业书店由于其品种的专业性质,决定了动销频率不可能频繁,时间段要长一些,应放宽到1年左右。大型综合书店,尤其是超级书店,由于陈列品种总量的需要,必须有一部分专业性极强的品种作为支撑,时间段也应放宽到1年左右。而中小型综合书店,3个月,最多半年。中小型书店的周转率应比专业书店或大型书店更快些,对滞销书的把握也应更严格些。

对滞销书的处理,比较简单了:退出卖场。

但滞销书也并非一概而论。有些特殊的品种,是需要一直保持下去的。

上述“四本书”,形象地说,畅销书是卖场的酒水饮料,花样百出用以开胃;常销书是卖场的基本主食,中规中矩平衡饥饱;动销书是卖场的花式菜肴,各人各爱皆大欢喜;滞销书是卖场的残羹剩菜,及时撤出方便循环。

卖场的业务工作,说来说去,就是做这“四本书”。

——资料来源:徐冲.做书店.桂林:广西师范大学出版社

实践训练

一、实训项目

编制进货计划表

二、实训内容

某书城为迎接秋季开学前后的黄金销售季，需要提前备好货源，请为该书城拟定进货计划表。

三、实训形式

1. 小组为单位，每个小组6～8人，熟悉书城各门类出版物需求销售情况和存货情况，了解政策等变化情况，根据书城定位和读者需求，充分交流评估之后编制并完善进货计划表。

2. 每小组制作一个PPT。

3. 每小组推荐交流代表。

4. 小组交流代表将本组进货计划表展示并进行交流，互相提问。

四、注意事项

进货计划表要细化到出版物分类、品种、数量、到货时间等。

五、评价标准

表5-2 “制定进货计划表”实训项目评价

项目	分值	表现描述	得分	备注
计划内容完整	40			进货计划包含采购品种、采购数量、需求日期等内容。编制进货计划的时候要综合考虑出版物的订货周期、配送周期内的安全存量、最小库存量、订货方式等。
品种重点突出，数量恰当，订货周期把握及时	30			
计划安排合理	10			
语言表达流畅	10			
PPT演示文稿简洁美观	10			
合　计	100			

任务 2

进货实施

任务思考

做好进货的相关准备工作之后，进入进货实施阶段。在实施进货的阶段，书店卖场要与供应商进行进货业务洽谈，书店应如何与供应商洽谈进货业务并对其进行管理？

任务分析

供应商是指卖场商品的供货商。做好供应商管理非常重要，为门店选择质量合格的供应商才能确保所采购的出版物质量符合要求，避免因采购到劣质的商品而造成损失。

资料导读

"全国百佳图书出版单位"名单

公　示

出版管字[2009]1079 号

根据《经营性图书出版单位等级评估办法》和《关于对经营性图书出版单位进行首次等级评估工作的通知》精神，新闻出版总署经营性图书出版单位等级评估办公室自 2008 年 6 月正式启动首次评估工作，委托中央教育科学研究所、中国编辑学会和中国出版工作者协会科技出版工作者委员会三家中介机构，对全国 500 家经营性图书出版单位 2006～2007 年度出版综合情况实施了等级评估。经新闻出版总署研究，拟对首次被评为一级的 100 家图书出版单位授予"全国百佳图书出版单位"荣誉称号。现将名单予以公示，接受社会监督。

本公示自 2009 年 8 月 11 日至 8 月 17 日，时间为 7 天。在此期间，凡对所列单位存有异议，请将意见以电话、传真或信函等方式，反馈至新闻出版总署经营性图书出版单位等级评估办公室(新闻出版总署出版管理司)。

联系方式：
电话：010－83138676，010－83138136
传真：010－83138679
地址：北京市宣武区宣武门外大街 40 号

邮编：100052

特此公示。

附件：“全国百佳图书出版单位”名单

新闻出版总署

经营性图书出版单位等级评估办公室

二〇〇九年八月十一日

附件

“全国百佳图书出版单位”名单

（各类别不分先后；排名不分先后，按拼音排序）

1. 社科类

安徽人民出版社

北京出版社

长春出版社

重庆出版社

党建读物出版社

法律出版社

湖南人民出版社

吉林出版集团有限责任公司

江苏人民出版社

江西人民出版社

解放军出版社

经济科学出版社

九州出版社

青岛出版社

山东人民出版社

商务印书馆

上海人民出版社

生活·读书·新知三联书店

外文出版社

学习出版社

知识产权出版社

中国财政经济出版社

中国大百科全书出版社

中国金融出版社

中国劳动社会保障出版社
中国民主法制出版社
中国青年出版社
中国社会出版社
中国时代经济出版社
中信出版社
中央编译出版社

2. 科技类

电子工业出版社
湖南科学技术出版社
化学工业出版社
机械工业出版社
江苏科学技术出版社
科学出版社
人民交通出版社
人民军医出版社
人民卫生出版社
人民邮电出版社
上海科学技术出版社
星球地图出版社
中国电力出版社
中国纺织出版社
中国建筑工业出版社
中国轻工业出版社
中国人口出版社
中国中医药出版社

3. 大学类

北京大学出版社
北京大学医学出版社
北京师范大学出版社
北京语言大学出版社
重庆大学出版社
东北财经大学出版社
复旦大学出版社
湖南师范大学出版社
华东师范大学出版社
清华大学出版社
上海外语教育出版社

外语教学与研究出版社
西安交通大学出版社
西南师范大学出版社
厦门大学出版社
浙江大学出版社
中国矿业大学出版社
中国人民大学出版社
中国人民公安大学出版社
中国政法大学出版社

4. 教育类

高等教育出版社
广东教育出版社
江苏教育出版社
教育科学出版社
人民教育出版社
浙江教育出版社

5. 古籍类

国家图书馆出版社
黄山书社
岳麓书社
中华书局

6. 少儿类

安徽少年儿童出版社
二十一世纪出版社
江苏少年儿童出版社
接力出版社
明天出版社
浙江少年儿童出版社

7. 美术类

安徽美术出版社
湖南美术出版社
吉林美术出版社
江苏美术出版社
江西美术出版社
浙江人民美术出版社

8. 文艺类

长江文艺出版社
湖南文艺出版社

人民文学出版社
人民音乐出版社
上海文艺出版社
上海译文出版社
译林出版社
浙江摄影出版社
作家出版社

相关知识

一、管理供应商

(一)选择供应商

供应商是卖场商品的供应方，做好供应商管理，为卖场选择质量合格的供应商才能确保所采购的出版物质量符合要求，从而避免采购到劣质的商品，减少损失。对书店卖场而言，供应商一般是指出版单位、总发行商或批发商。

选择供应商的基本要求是质量、成本、价格并重。在这三者中，质量因素是最重要的，其次是成本与价格。

选择供应商的工作流程是：对特定的分类市场进行竞争分析→建立初步的供应商数据库→供应商调查→对供应商进行现场考察→谈判→签订供货合同→供货。

(1)对特定的分类市场进行竞争分析。在供应商开发的流程中，首先要对特定的分类市场进行竞争分析，要了解谁是市场的领导者？目前市场的发展趋势是怎样的？各大供应商在市场中的定位是怎样的？从而对潜在供应商有一个大概的了解。

(2)建立初步的供应商数据库。在以上分析的基础上，可以建立初步的供应商数据库并做出相应的产品分类，如社科类、少儿读物类、农业科技类、医学类、工具书类等。

(3)供应商调查。供应商调查主要是寻找潜在供应商，以便初步确定供应商。调查工作可以使用“供应商调查表”进行。

(4)现场考察供应商。通过供应商调查初步确定几家供应商后，即可对其进行现场考察，考察要点如下：考察交货准确率、稳定性；考察是否愿意积极配合促销活动；考察其快速响应能力。在现场考察时应做好记录，记录在“现场考察记录表”中。并确定主要供货商。

(5)谈判。书店与主要供应商进行谈判，谈判基本内容主要包括：供应出版物的种类、价格，购销形式，货款结算期限，交货验收程序。

(6)签订供货合同。与最终达成一致意见的供应家签订供货合同。

(7)供货。供货合同签订后，供应商要按照合同要求准时、保质供货；商场则在约定期限内付款。

(二)评价供应商

在评价供应商时，应重点把握以下几点。

1. 明确评价目的：掌握供应商的经营概况，确保其供应的产品符合书店的需要；了解供应商的能力；协助供应商改善质量，提高交货能力；

2. 建立评分体系：供应商的评分体系是指对供应商达到书店各种要求的状况进行计量评估的体系，同时也能综合评价供应商的质量与能力。不同商场的供应商的评分体系不尽相同，但通常都有交货质量评分、配合状况评分、交货及时评分等三个主项，书店可以以这三个项目为重点，对供应商进行评价。

3. 确定评价周期：书店对供应商的评价通常每季度或每年进行一次。

4. 实施评价：书店按制度规定对供应商进行评价。在评价过程中可制定一些标准的表格，以提高评价质量。

5. 根据评价结果实施奖惩：依据评价的结果，给予供应商升级或降级的处理，并根据进货策略的考虑，对合格、优良的供应商予以优先议价、优先承揽的奖励，对不符合标准的供应商予以拒绝来往的处分。

(三)供应商沟通

供应商沟通就是定期或不定期与供应商进行交流，通过交流，交换彼此的意见。沟通的状况应作为供应商表现的重要内容之一，并将其纳入对供应商的监督、评价之中，作为评定其等级的条件。其工作流程是：

(1)建立沟通渠道。进货部门应该充分利用电话、互联网、信件、联席会议、走访等沟通方式与供应商进行沟通。

(2)建立沟通程序。为了使双向沟通更有效，书店和供应商应建立沟通程序。该程序应当规定定期沟通和不定期沟通的时间、条件、内容、沟通方式等。如每月举行一次沟通会议等。

(3)拒绝沟通处理。对拒绝沟通或沟通不及时的供应商，则要让其限期改进，如果供应商不改进，就应考虑将其从“合格供应商名单”中除去。

(4)做好沟通记录。每次沟通都应当做好记录，要注意记录参与沟通的人员、沟通的内容、沟通需要解决的事项等。

(四)供应商激励

供应商激励是指对供应商进行必要的激励，通过激励提高供应的积极性。对供应商实施有效的激励，有利于增强供应商之间的适度竞争，这样可以保持对供应商的动态管理，提高供应商的服务水平，降低商场采购的风险。其工作流程是：

1. 建立激励标准

激励标准是对供应商实施激励的依据，主要可从以下几个方面考虑。

(1)书店采购出版物的种类、数量、采购频次、货款的结算政策等。

(2)供应商的供货能力，可以提供的出版物种类、数量。

(3)供应商的供货记录，可参考“供应商供货情况历史统计表”或“供应商交货状况一览表”。

2. 选择激励方式

激励方式包括正激励和负激励。正激励是根据供应商的绩效评价结果，向供应商提供的奖励性激励，以使供应商能够更进一步。负激励是对绩效评价较差的供应商提供的惩罚性激励，以使其“痛定思痛”，或者将该供应商清除出去。

3. 检查激励效果

实施激励之后，商场要采取一定的调查方法，对激励效果进行调查，以确认激励是否有效，如果激励效果不够好，则可以对激励的方式进行必要的调整。

(五)供应商档案管理

要做好供应商的管理，必须做好档案管理工作。档案包括供应商的基本资料，如公司名称、住址、电话、负责人、资本额、营业登记证字号、年营业额等，建立基本资料卡，并由电脑存档并管理，以便随时查阅。其工作流程是：

(1)建立供应商档案。卖场应当为每个与之合作的供应商建立供应商档案，设置一个独有的编码，以便管理。

(2)日常记录。在供应商供货过程中，对其供货情况时行记录，如供货品质、供货及时性等。

(3)评价记录。每次对供应商进行评价之后，都要将供应商的成绩记录在档案中。

(4)定期整理。书店要定期对供应商档案进行整理，使其保持良好的秩序。对于不再合作的供应商，要将其档案从正常供应商档案中分离出来，分区放置。

(六)供应商淘汰

供应商淘汰是指将不符合商场供货要求，丧失供货资格的供应商淘汰出场。其管理流程是：

(1)检查。进货部门应定期对供应商进行一次检查，编制供应销售排行榜。并列出“供应商经营情况一览表”，内容包括编号、供应商名称、进场日期、品种数、平均日销、结款方式、库存金额等。

(2)考察。进货部门对供应商的供货情况及其出版物销售情况进行考察，确定是否保留其供货资格，对不合格的供应商应取消其供货资格。

(3)审批。店长审核通过，则确定该供应商被淘汰。进货部门将该供应商定为不可订或不可进，并编制淘汰供应商名单。

(4)退货。将商场内商品全部下架，集中起来，做退货处理。通知供应商前来取回退货。

(5)结清货款。财务部结清供应货余款。

二、书店卖场日常添货

除了进货部门的业务人员进行进货外，书店卖场的营业员、主管和店长作为一线工作人员，也应该积极提供信息，配合进货部门做好进(添)货工作。例如：营业员应该每天观察自己管理的图书类别的销售情况，发现畅销品种，同时对售缺品种及时向业务员或者主管提出进货建议。主管应了解所管图书类别的每日销售情况，并关注新品种，掌握新品种的动销情况，还要根据销售情况对重点品种、畅销品种向店长提出添货建议。店长作为管理人员，需定期收集主管和营业员的添订建议；对常备出版物设定最低库存警戒线，定期关注，及时添订；对于畅销出版物品种要注意分析，把握数量，避免积压；在添货前应查询添货品种的进销调存退等信息，并根据流转情况，确定数量，报进货部门；跟踪报订出版物的到货情况。

三、其他进货

（一）读者订单处理

接到读者订单之后，处理流程如下。

(1)接到读者订单后，须登记预定者详细联系资料和具体要求；

(2)先查询书店库存有无现货；

(3)需要添货的，及时报订，确认供货情况；

(4)对于能够确保供货的，待读者确认后收取定金；

(5)跟踪发货情况，到货后及时联系读者，满足读者需求。

（二）特价商品采购

特价商品是指用于促销活动的采购，对商品的需求量往往较大。在确定数量后，填写“促销单”，填写订货申请报上级审核、验收。

（三）加急商品采购

加急商品是指销量快、商场急需的各类商品，对加急商品的采购必须快速进行。其管理流程是：

(1)填写“请货单”。理货员根据加急商品缺货情况填写“请货单”，要求填写清楚商品的名称、货号、数量、缺货原因后交给上级主管。

(2)上级主管审核。上级主管根据卖场内该商品的陈列货位的缺货情况和该商品的库存进行审核，并对缺货原因进行核实，同时在请货单上签字确认并标明加急字样。

(3)转交“请货单”。理货员将店长审批后的“请货单”交到采购部，由采购经理签字确认。

(4)发送采购订单。

(5)验收。

四、门店在进货时应该注意的问题

(1)要了解形势，掌握信息。要关注政策变化、时事热点、阅读潮流等，对行业信息要多了解。

(2)要检查库存。店长应该随时检查门店的动销情况和库存增减情况。

(3)要适时适量。要注意时效和实效，避免库存过大或者过小，影响销售。

(4)要有计划性。要提前做好计划。

五、进货绩效管理

对进货工作进行分析，并利用评估数据和结果来发现问题，改进措施，提高工作质量。书店常用的进货绩效评估指标如下。

1. 库存商品周转

库存商品周转次数＝销售成本÷平均库存成本

库存商品周转天数＝计算期天数÷库存商品周转次数

存货周转次数是衡量和评价企业购进商品、投入流通、销售收回等各环节的综合性指标，是考核出版物质量和资金运行情况的主要依据。周转次数越高，说明进货质量越合理。一般而言，如果一个书店卖场的存货年周转次数平均低于2，说明进货不当，进货总量可能过高，需要进一步分析进货结构及销售结构中是否存在问题。不同类别的图书，其周转次数的合理范围也不尽相同。例如：科技图书周转次数可以略低一些，在1～2次之间；少儿类图书应该达到4～5次；其他类图书不低于2次为宜。就一个书店卖场而言，整个卖场周转次数的理想范围是3～4次。

2. 商品进销比率

商品进销比率＝商品销售码洋÷商品进货码洋×100％

该指标主要用于分析某类出版物的适销对路情况。

3. 价格(折扣)差额比率

价格(折扣)差额比率＝(合同价格－行业平均水平)÷行业平均水平×100％

4. 紧急采购完成率

紧急采购完成率＝紧急采购及时完成数÷紧急订单数×100％

5. 商品开发及淘汰率

商品开发及淘汰率＝单位时间内商品开发或淘汰品种数÷平均库存总品种数×100％

6. 商品畅销比率

商品畅销比率＝某类商品上畅销排行榜数÷该类商品总品种数×100％

7. 采购柔性比率

采购柔性比率＝[1－(销售高峰供应及时率—销售低峰供应及时率)÷平均供应及时率]×100％

8. 采购工作效率

采购工作效率＝期间采购成本总额÷期间采购工作总人数×100％

案例精析

福州市新华书店：择优择近择廉

福州市新华书店副总经理黄忠榕告诉记者，在图书采购、图书销售以及与读者的直接对话中，他感觉到读者的需求有所微调。首先是读者基于自己专业及工作需要所购买的图书数量明显增多。其次，励志类图书、就业指导类图书、家庭生活类图书的需求总量有较为明显的增加，特别是医药、卫生、食疗等家庭生活类图书，不仅销量递增，其消费人群也有所扩展，不再只是老年人，很多中年人都已开始关注这些图书，成为这类图书的重要读者。

黄忠榕说，他对图书的选择标准可用三个词来概括：择优、择近、择廉。择优，自然是指选择高质量的图书，要做到择优，就需要采购人员善于挖掘和发现，具有相应的敏感度。择近，顾名思义，是指对同类图书，选择地理位置较近的出版社作为供货商，这会带来时间、速度以及成本上的优势。当然，择近不是绝对的、一刀切的，允许“例外原则”。比如，对北京和上海，福州市新华书店会给予额外的关注，因为北京、上海汇集着很多品牌出版社，是各图书发行公司的进货重点，也是全国出版的晴雨表。择廉，自然是指在同类图书中，选择低价位、低折扣的图书。三点结合起来，就是物美价廉，运输方便，自然占尽优势，难怪黄忠榕不仅将这三点作为个人的选择标准，同时也作为多年的业务标准。

黄忠榕强调说，要做好采购，还需要有相应的战略部署：全力盯住品牌出版社，全面跟踪一般出版社，并注意抓小社亮点。同时，还要根据多年的经验，选择重点区域。比如，对于少儿类图书，福州新华书店将华东区作为其战略要地，因为华东区少儿社的实力都很不错，但福州新华书店也不会忽略到非华东区的知名社，比如接力社等，既有重点，又顾及全面，才能使采购的产品品种齐全，并且适销对路。“现在很多出版社已经不再奉行单纯的专业路线，比如机工社，也出了一些社科类的好书。因此，采购人员需要及时了解出版社的出版动态，及时了解重点社、大社的年度出版计划，要有非常大的信息量。”黄忠榕说，在这次北京图书订货会上，福州市新华书店也会订数量可观的图书产品，补充货源，扮亮货架，为春节的热销做好充分的准备。

——资料来源：中华读书报，2005 年 1 月 19 日

[精析]

福州市新华书店跟踪读者需求变化，对图书选择坚持“择优、择近、择廉”标准，结合起来就是物廉价美、运输方便，最终为效益最大化服务。同时，该店实施了巧妙的采购战略：全力盯住品牌出版社，全面跟踪一般出版社，并注意抓小社亮点。既确保重点品种，又兼顾全面和特色，保证了采购品种齐全、适销对路。

职场指南

如何做“四种书”(下)

卖场对畅销书并无太大的主动权，关键在供货方。常销书的原则是不断档。动销书首先要解决也是最容易解决的是技术手段。滞销书也存在一个技术问题。

畅销书怎么做

卖场对畅销书并无太大的主动权，关键在供货方。但卖场能够做的工作是：

(1)及时了解市场动态，反馈信息，并尽可能地提出需求。畅销书的出现，媒体、出版社、其他书店都可能有所动作。如果用心，收集并向采购部门反馈相关信息是能

够做到的。在此基础之上，提出需求数量则更好。

畅销书一般是很讲究时效性的，大部分畅销书的时效性确实也很强，时过境迁是常规。但也有些畅销书既畅销又常销，如《文化苦旅》《血酬定律》《藏地牛皮书》《我们仨》等。一步落后时不要轻易放弃，及时跟进也会有收获。

(2)把握数量，尤其是不可能转换为常销书的畅销书，一定要小心谨慎。动手要快，下手要准。眼下一阵风似的短命畅销书并不少，特别是随着突发事件派生出来的畅销书，如“9·11”，如伊拉克战争，如张国荣、梅艳芳，不卖也不过如此。

(3)根据卖场定位，学会拒绝不对路的畅销书。畅销书并无质量之分，要有主心骨，不合适的品种，再畅销也不卖；内容平平的畅销书，可以卖，却不一定陈列在头排位置，不一定打堆，按一般品种处理也可以。无非读者有需求，你有货在书架上放着，被动满足也行。

(4)必须保证的畅销书，即重点畅销书，专人负责，每天记录，每天跟踪，既看卖场的进、销、存、偷，也盯住后台的备货与库存变化，做到既不过度囤积，也不断档缺货。备货周期：一周。

常销书怎么做

原则是不断档。对品种的关注落实到人，分版分类跟踪。一般情况下，半月或一月轮番对比进、销、存、偷。

需要特别关注的是：

(1)后台备货不多的品种。

(2)可能更新版本的品种。

(3)突然有大需求的品种。

(4)季节性较强的品种。

动销书怎么做

动销书与畅销书、常销书最大的区别是：品种太多了，靠人盯根本就盯不住，也就不要指望用人工将所有品种管起来。在这里，首先要解决也是最容易解决的，是技术手段。计算机系统，要开发动销品种对比和处理模块：业务员能够根据不同的条件设定，如不同时间、不同销售册数、不同版别、不同供货商、不同类别、不同在架库存数，对比相应时间段的销售实绩、卖场库存、后台库存，并直接添订。这个功能现在不具备，需要尽快开发。

在技术革新的同时，业务员的能力必须有一个质的飞跃。

在卖场连锁经营的条件下，后台的供货，往往是主动配发新品为主。在品种引入卖场后，组织销售，补充货源，无疑是卖场的责任。而动销品种，一般不可能有较大数量的主发，也就三五册。上架了，卖完了，忘了，这个过程太容易重复了。而潜在的销售，往往就因为这样而丢失。可能卖10册、50册，乃至100册甚至更多的数量的品种，就由于第一批到货销完后没有及时跟进而消失了，没有品种了，也就没有码洋了。

在动销书的处理方面，可能出现不同的境界：

1. 第一时间做出判断。品种一上手就有感觉，上架的同时可能马上添货，或进入记忆，时时关心，及时补充，并适度放大进货数量，长期维护。

2. 主动跟进。通过系统或人工，发现销售记录后开始跟进，以销定进，至少保证不断档。

3. 被动反应。由于偶然因素，如读者询问，激活了对该品种的关心，并有所反应。

4. 无动于衷。这样往往就将一个活品种做死了。

滞销书怎么做

滞销书也存在一个技术问题。系统要能够检索出一个时间的滞销品种，人工的判断和处理建立于这份统计结果之上。即根据统计，加入对品种内容的理解、质量的认定、替代性的判读，决定是否保留。这项工作，可以定期、均衡地进行，譬如每月一次。

——资料来源：徐冲. 做书店. 桂林：广西师范大学出版社

实践训练

一、实训项目

模拟洽谈采购业务。

二、实训内容

某书城进货部门准备与选定的供应商进行采购业务的洽谈，请在做好供应商调查和现场考察的基础上，确定一家或者数家供应商并与之进行洽谈。

三、实训形式

1. 分成数组，每组4～6人，每组在建立供应商数据库、供应商调查和对其现场考察的基础上，制订与供应商谈判的方案并进行洽谈。

2. 每组制作一个PPT。

3. 每组推荐一个谈判首席代表。

4. 谈判首席代表将本组谈判方案并进行交流。

四、注意事项

谈判基本内容应包括供应商品的种类、供应商品的价格、货款结算期限和交货验收程序等。

五、评价标准

“模拟洽谈采购业务”实训项目评价见表5-3。

表 5-3　“模拟洽谈采购业务”实训项目评价表

项目	分值	表现描述	得分	备注
谈判方案内容完整	40			谈判基本内容应包括供应商品的种类、供应商品的价格、货款结算期限和交货验收程序等。
重点突出，方法得当，准备充分	20			
过程安排合理	20			
语言表达流畅	10			
PPT 演示文稿简洁美观	10			
合　计	100			

任务 3

收货与退货

任务思考

书店进货人员填写订单后，书店卖场将收到供应商的发货。收货工作的流程和具体要求是什么?

任务分析

当采购的出版物到货后，应及时组织开展收货工作，收货应该严格按照标准进行，不合格或者出现问题的商品不予验收，及时将情况向供应商反馈。有质量问题或有时间要求的出版物，要及时进行退货处理，将商品退回供应商。

资料导读

当当网退换货指南

当当网为您提供了网上申请退换货的服务，您只需进入网上退换货服务中心，自助完成退换货的申请。

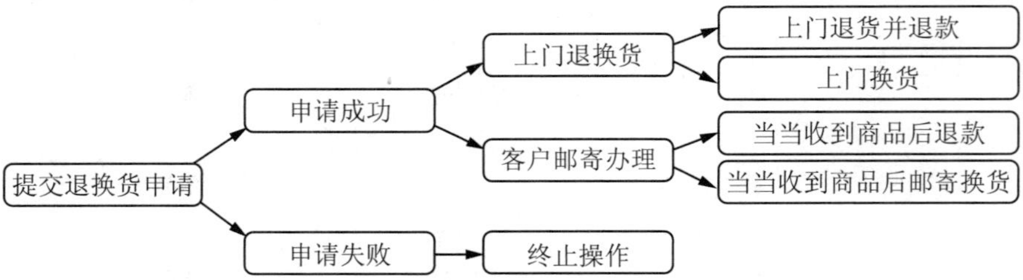

退/换货范围及周期

办理方式	退/换货范围	办理周期
上门办理退货	北京、天津、石家庄、保定、廊坊、秦皇岛、唐山、济南、青岛、郑州、西安、太原、呼和浩特、兰州、西宁、银川、沈阳、大连、长春、哈尔滨、上海、常州、杭州、南京、宁波、苏州、无锡、扬州、镇江、合肥、南通、广州、深圳、东莞、佛山、中山、珠海、贵阳、海口、南宁、福州、厦门、成都、重庆、昆明、武汉、南昌、长沙的普通快递订单	1 天(自退货申请被确认后)
	其他地区的普通快递订单	3 天(自退货申请被确认后)

续表

办理方式	退/换货范围	办理周期
快递/邮寄办理退货	所有订单	2个工作日(自当当收到退货包裹直至退货包裹处理完毕)
上门办理换货	北京、上海、广州、天津、沈阳、郑州、福州、武汉、成都、济南、无锡的普通快递订单	1天(自换货商品出库后)
	(除以上城市外)其他地区可通过“配送时间及运费”查询是否支持上门换货	同普通快递送货时限(自换货商品出库后),详情请“查询配送时间及运费”
快递/邮寄办理换货	大陆地区所有订单	3个工作日(自当当收到换货包裹直至换货包裹出库)

注：上门办理换货的地区具体范围与该地区的普通快递送货范围一致，仅限普通快递订单；商家订单暂不支持上门办理退换货服务。

快递/邮寄退换货地址：

1. 退换货地址

1)若您通过快递公司送回商品，请寄回至：北京市大兴区黄村镇高家堡宏大英龙物流园当当网7号库残退中心邮编：102613

收件人：转当当网

2)若您通过邮局寄回商品，请寄回至：北京市门头沟区石龙北路62号石龙邮政支局，邮编：102308，收件人：陆红(收)

温馨提示：

1)因当当网原因产生的退换货邮寄费用(不含EMS、顺丰拒收到付)将以礼券的形式返还，邮寄退换货完成后请联系客服办理；

2)请务必在包裹单上注明订单号；

3)以上地址不接收到付包裹。

2. 3C数码商品：请参考商品单页中的相关说明；

3. 当当网的部分商品是由与当当签约的商家提供的，商家商品的退换货地址请以商家提供的信息为准。

退/换货注意事项

1. 快递/邮寄时请认真填写以下信息，否则将影响您的退/换货办理：

- 您的姓名
- 收货地址、Email
- 订单号、商品名称和型号
- 退/换货原因

2. 如需检验报告的商品，您还需要提供检验报告，查看退换货政策；

3. 请您在收到商品后尽快进行“确认收货”操作，否则将会影响您的退/换货的办理；

4. 商家退换货申请需对应商户处理，具体流程请您参看商家退换货流程。

5. 换货仅能换成订单中原商品，若订购错误，请直接办理退货。

——资料来源：当当网

相关知识

一、收货管理

商品采购及收货的工作流程如图 5-3 所示。

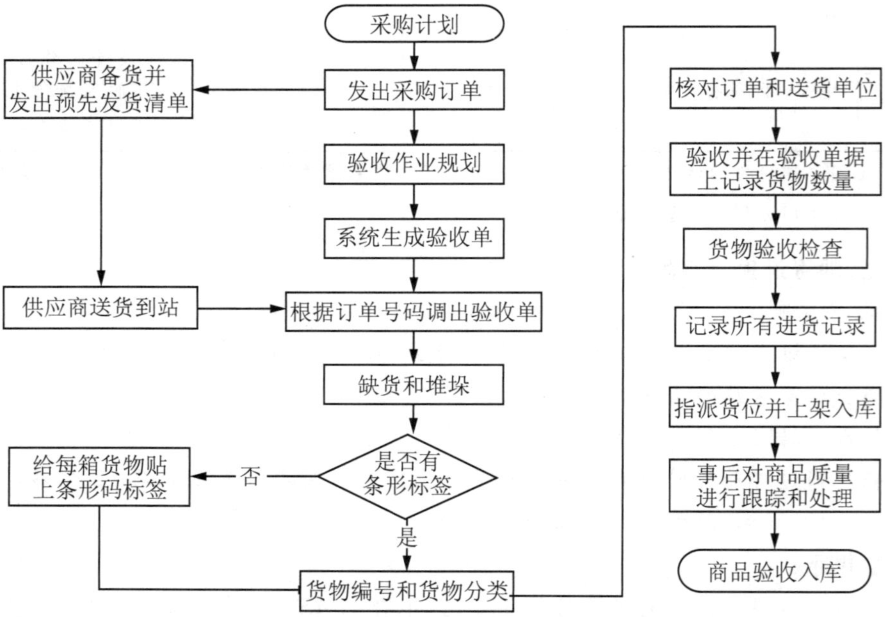

图 5-3　商品采购及收货工作流程图

(一)物流部门收货工作流程

物流部门或库房管理人员在收到供应商发出的出版物后，在收货过程中应注意：

1. 收货时要查验货单是否同行。检查出版物包件数无误方可在收货单上签字认可。如果数量不符，应及时查明原因，以实际件数签收。

2. 及时收货确认。收货后及时组织人员拆包验收，仔细核对书名、书号、定价、版别、数量、折扣等，一般要求在规定时间内完成验收，逾期将视同收货无误。

3. 及时根据收货单和验收结果做收货台帐。

4. 专人负责处理收货差异，如果验收发现单实不符，在规定时间内填写“差错单”并向发货部门查询，按照处理结果进行相关处理。

5. 及时上架销售，及时通知或者送达先前预订的读者。

(二)进货部门收货管理①

进货人员应跟踪物流部门或库房的收货工作，将供应商的供货情况与合同的约定条款进行比较，以此作为评价供应商的主要依据。在收货管理中，需要重点关注以下内容：

(1)供货满足率。定期对到货的品种、数量与订货合同、采购订单相比较，考察供货品种和数量的满足率。

(2)供货速度。定期比较订单发出与出版物到货的时间间隔，了解供货商的到货速度、平均供货周期。

(3)供货质量。检查到货出版物的质量，查验是否有漏发、错发、残损等问题。

(4)执行合同。跟踪收货出版物的折扣是否与订货合同相符，考察供应商的信誉程度。

(三)收货问题处理

对收货过程中出现的问题，应根据不同情况采取不同的处理措施。

(1)品种漏发、数量少发：可以采取三种处理方式：一是按实际收货结算，漏发、少发部分做收货少书处理；二是向供应商开出空退凭证；三是请供应商补发缺额出版物。

(2)品种错发，数量少发。可以采取补开采购单收进的方式，或者将错发、少发品种做退货处理。

(3)原出产包差错。可按缺货封签抄列清单，向原厂要求补发，如原厂无货可补，可参照第(1)种差错的前两种方式处理。

(4)出版物出现污损、风黄、残破、受潮。应及时向供应商联系，调换、付退或者索赔。

二、退货业务

门店退货，是门店日常经营管理的一部分，是进货工作的逆向操作，对优化库存结构、组织适销对路的货源、保证企业资金的合理运转具有重要作用。

(一)退货方式

退货一般可分为主动退货和指令退货两种方式。

1. 主动退货

主动退货是进货人员对出版物的进、销、存情况进行调查，特别是对销售动态和库存结构进行分析，向库房发出退货建议单，建议对滞销或临近退货期限的出版物进行退货，并与供应商协调，确保退货顺畅进行。进货人员在分析时应综合考虑以下因素：

(1)出版物动销率。对于在一定周期内销售数量为零的不动销出版物，或销售数量

---

① 新闻出版总署人事教育司. 出版物发行员职业资格培训教材(中级). 北京：中国书籍出版社，2007

低于某一临界点的滞销出版物，可以考虑退货。

(2)库存结构。根据一定周期内的平均销售量和供应商的供货周期，测算出版物的应备货库存结构，超出正常库存量的可以考虑退货。

(3)应季出版物。对于教辅、练习册等销售季节性强的出版物，如超过销售的黄金期，其销量会大幅降低，应该考虑及时退货。

2. 指定退货

指定退货是指进货人员接到上级、连锁总部或供应商要求出版物下架的通知后，进行的退货工作。收到通知后，应及时向库房及所属卖场发出下架退货通知，并做好与供应商联系或报废的后续处理准备工作。

(二)退货工作流程

1. 主动请退

(1)卖场对滞销品种和其他拟请退商品，制作退货申请清单，报总部审批。

(2)查询审批情况。

(3)批准之后，按批准的品种、版别、数量打单，集中包装发运。

(4)跟踪查询落实收退情况。

2. 指令退货

(1)总部按上级要求或供应商，向各门店下达退货指令，要求在规定时间内统一退回。

(2)卖场收到退货指令，及时查清退货品种的进销存情况。

(3)将退货商品按照版别下架、制单、打包和发运退回。

(4)在规定时限内跟踪查询落实收退情况。

(三)退货业务注意事项

1. 做好清退前的清点工作，注意版别、品种、库存量，做到应退尽退。

2. 正式制作退货单要将大中专、音像、一般图书进行区分；有质量问题的图书退货要附上“差错单”。单独制单，单独打包，并在包件外予以注明。

3. 包扎包装牢固，不得以手抄单退货。

4. 及时跟踪查询物流收退情况，及时做好有关台账处理工作。

(四)退货问题处理

退货工作比较复杂，在退货工作中有时会出现差错。如，出现退错供应商、数量退错或折扣记错等问题。如发现问题应及时解决，以保证后续对账、结算工作的正常进行。处理问题的方法主要有：

1. 退货前认真沟通。与供应商的沟通内容主要包括：供货合同中的常规约定，退货前的协调、特殊品种的询问等。

2. 规范流程。为减少差错发生，应对退货工作流程进行规范，使每一处理环节周密、严谨。

3. 及时对账。退货发出后要及时与供应商对账，发现问题及时解决，避免因对账不及时而造成损失。

案例精析

江西新华发行集团有限公司连锁经营分公司品类部ERP操作流程

为了规范连锁店报订流程，提高连锁经营分公司品类部ERP系统执行效率，特制订下列操作流程。

一、图书品种处理流程

1. 已有图书品种处理流程

连锁店报订的已有图书品种的请购单，库存数量满足采购量的订单直接进入物流库房配发；库存数量不足的订单进入ERP系统缺书库，经品类业务员审核所报品种并合理备货后，并在一个工作日内完成采购单工作，由采购业务员向供应商进行报订。

为避免图书品种同质化的无序竞争，品类业务员应仔细审核连锁店的请购单，除了有确切客户订数的请购单，对于连锁店自有备货的同质化严重的品种或不适合该地区销售的品种，应建议其进行调整或更改。

2. 图书新品种处理流程

(1)连锁店报订的图书新品。连锁店报订的图书新品，经品类业务员审核后，提交给供应商由其提供相应的新书资料并通过供应商平台录入，再由品类业务员确认形成征订单下发连锁店进行报订。该项工作须在两个工作日之内完成。

(2)引进的图书新品。品类业务员要根据市场变化和连锁店销售情况，定期引进适销对路的图书新品。品类业务员应定期要求供应商提供新品书目，并由供应商在供应商平台按统一的格式将新品书目资料进行录入。录入供应商平台的新品书目，须经分管品类业务员筛选审核后再上传ERP系统形成征订单下发连锁店进行报订。

品类业务员须在每周五统一汇总所分管的品类新品书目，提交品类主任审核通过后，于下周一统一上传至ERP系统。

3. 备货。品类业务员应根据市场情况和连锁店销售情况，对连锁店报订采购的图书品种进行合理的备货。

二、退货处理流程

品类业务员应根据连锁店销售情况及品种动销率，或供应商提出的退货请求，及时清退滞销、过期和其他原因需要退货的图书品种。其中教辅类图书一年不少于两次，其他一般图书一年不少于一次，请退计划须报分管的品类主任审核备案。

品类业务员通过请退单录入模块，进行图书品种请退相关信息的录入，形成请退单，并审核确认后转入物流系统进行退货处理。

三、营销活动(略)

[精析]

江西新华发行集团从2013年以来把提升管理作为一项全局性工作，而通过ERP信息系统，借助科技手段提升管理水平则是这项全局性工作的核心。江西新华发行集团建设的ERP信息系统在前期部分分公司试用的基础上，于2014年年底实现全省新华书店联网运行。与国内同行业中的系统相比，有一个最大的不同点，那就是融入了更多的互联网应用，是基于互联网架构下的 ERP 信息系统，具有更高效的开放性、融合性。该集团管理者认为，ERP 信息系统的建设，不仅可以帮助实现对企业内部资源的科学规划，提升有效决策，实现财务业务一体化，促进流程的规范化、管理的精细化，提升管理效率。而且在管理方式上，可以实现从码洋管理到品种管理的转变。因此，ERP 信息系统的建设相当于一场管理的革命。从 ERP 系统退货业务流程可以看出，非常符合工作实际，要求明确，实际操作性强。

职场指南

书店卖场的盘点作业

盘点又称盘库，是指为加强管理，卖场定期或临时对库存出版物的实际数量进行核查、清点的作业。通过用手工或盘点机等方法，检查仓库实际存货的数量和质量，保证账务和实物相符，并能真实有效地反映该期间内的经营状况，指导日常经营业务。一般书店卖场每半年全面盘点一次，平时也可以根据工作需要安排临时盘点或抽样盘点。

盘点需要投入大量的人力、物力和时间，需书店全员参与。书店卖场的集中盘点的主要工作流程是：

盘点前的准备工作

盘点前，书店需事先合理安排班次，为集中盘点做好必要的准备工作。相关的准备工作必须于盘点开始前完成，但要注意切不可影响正常的营业。

(一)制订整体方案

1. 卖场召开专题会议确定盘存日期、要求，制订盘点的方案。

2. 店长提出申请经总经理批准后提前一周张贴告示，并在门户网站上发布通知，向读者预告停业盘点日期。

3. 盘点前，配合财务和技术部门安排人员分批参加盘点培训了解盘点要求和操作程序；尽量减少停业时间。

4. 卖场盘点前先将楼面的货架编号，每 1～2 排货架为一个盘存单位，大型卖场可分楼层盘点。

5. 确定盘点所需的机器数量并制订好机器编号、盘点标签，按需求分布到各货架或楼层，保证盘点各个作业环节的效率和准确性。

6. 根据盘点机器数量，将盘点人员划分成若干小组，每小组 2 人，按机器编号和盘点标签明确各小组负责区域，按货架编号进行盘点。

7. 分货架或楼层按照财务部门的要求设计、印制盘点用的各种表格。一般来说应包括存放地点、货号、货名、类别、出版社、作者、出版年月、计量单位、单价、数量和码洋等主要项目。

(二)整理出版物

在实际盘点开始前 2 天对出版物进行整理，会使盘点工作更有序、更有效，对出版物进行整理要注意以下几个方面。

(1)整理货架、货柜上的出版物，所有出版物均应归类，单本出版物集中存放，整理。

(2)整理端头陈列的促销型出版物，要注意出版物是组合式摆放的，要分清每一种出版物的类别，不同类不同品种的出版物不能混同于一种出版物，造成盘点时的差错。

(3)整理仓库的出版物要注意容易被大箱子挡住的小箱子，在整理时把小箱子放到大箱子的前面。

(4)大件的出版物可进行预先盘点，包件标贴名不清楚的全部拆包，按品种分别堆放。数量大的品种视出版物厚薄，按5本或10本进行点数捆包。每件大包上写清货名、定价、数量，并在包件上放一本样品。避免造成计算上的库存偏多，从而使盘点失去准确性。

(5)不能再继续销售的污、残、损出版物分别集中堆放，并按照规定填写报废出版物盘点表，上报审批并做账务处理。

(6)同名不同定价的品种分别放置。

(7)串楼层出版物，按楼层放入周转箱内，送交所属部门(楼层)。

(8)陈列货架上的出版物，顺序绝对不能改变，即盘点清单上的出版物顺序与货架上出版物的顺序是一致的。如果顺序不一致，盘点记录就会对不上号。

(三)整理单据

进货单据整理应注意出版社直接送货的单据处理。由于出版社直接送货的送货单要先到中盘进行转单处理，所以到达卖场财务的时间较长，如此类进货单处理不当，就会出现盘点的差错。所以在盘点准备阶段，如接到出版社直接送货，可暂时将货品放置一边不参与本次盘点，亦不计入账务，盘点后再清货。避免因为货到单据未到，而出现出版物实际数量高于帐面的假象。

盘点的操作规章和作业流程

1. 按照所负责的盘点区域领取相应编号的盘点机和盘点表格。

2. 采取一人用扫描输入设备，按照“从左到右、由上到下”的顺序扫描条形码，一人操作盘点机输入数量的方式进行盘点，要求盘点准确。

3. 每盘完一个盘存单位，确认后由这组人员在盘点标签上准确填写盘点机器编号、出版物数量及码洋，盘点人签名，并夹在对应的起始货架上。初盘负责人在签核报表时，对其数量的总和应再核对一次，以确保无误。

4. 结束此单盘点交易，将盘点机送交技术部门上传盘点数据，并打印出清单。

5. 对于无法查知条形码或出版物定价的出版物，应马上取下，放入周转箱，送交技术部门处理。

6. 安排盘点人员交叉复核，防止错盘、漏盘。复核完毕，复核人签名，单据还原。复盘负责人必须检视每位初盘人负责的盘点区域是否确实完整地盘点，单片区域常常会漏盘。复核要仔细，严格执行从盘点表到实物、再从实物到盘点表的抽查程序。做到实物与清单四个一致，即货号一致、货名一致、价格一致、数量一致。发现问题，及时用划线更正法更改并报技术部门处理。出现重大差错，退回重盘。

7. 复盘结束，由专人统一收单、汇总，交财务有关人员核对。

8. 安排财务人员按点仓单总数的20%抽盘，抽盘的重点应为精品类出版物、复本数量大及处于卖场死角的出版物或极易错盘的出版物。复核后，签字确认。发现差错，及时用划线更正法更改并报技术部门处理。出现重大差错，退回重盘。

9. 经复盘负责人核查无误后，送交店长将盘点结果与点仓单综合报表进行核对，寻找并分析差异原因，判断盘点结果是否可以接受。由店长确认并签字后，送交技术部门作最终数据确认，打印实际盘点报表。

10. 做好区域内卫生工作，清理场地，整理货架，堆放周转箱，准备次日营业。

盘点后的账册管理

盘点作业结束后，就要进行盘点作业的账册工作。盘点帐册的工作就是将盘点单的原价栏上记录的各出版物原价和数量相乘，合计出出版物的盘点金额。这项工作进行时，要重新复查一下数量栏，审核一下有无单位上的计量差错，对出现的一些不正常数字要进行确认，订正一些字面上看就明显看出的差错。将每一张盘点单上的金额相加，结出合计的金额。卖场要将盘点结果送总部财务部，财务部将所有盘点数据复审之后就可以得出该门店的营业成绩，结算出毛利和净利，这些就是盘点作业的最后结果。

一般情况下，各式卖场皆有一指定的盘亏率，超出盘亏率则说明盘点作业结果存在异常情况，要么是盘点不实，要么是企业经营管理状况不佳，采取的对策是：重新盘点或改善经营管理。

——资料来源：杨格平．书店卖场营运与管理实务．重庆：重庆大学出版社

实践训练

一、实训项目

收货作业

二、实训内容

某书城刚到一批出版物，请按照业务流程组织进行收货。

三、实训形式

1. 以小组为单位，每组8～10人，根据发货单进行拆包验收，并做好上架工作。
2. 每组选一位同学担任组长，负责组织该组的收货工作。
3. 组长指挥收货并进行组内交流、总结。

四、注意事项

收货工作必须按照工作流程，对照发货单的版别、书名、单价、数量进行验收，如果无误则入库或者上架，如有误，则须及时查明原因，进行处理。

五、评价标准

实训项目评价见表 5-4。

表 5-4 “收货作业”实训项目评价表

项目	分值	表现描述	得分	备注
收货流程内容完整	40			货单是否同行，收货确认、台帐登记、收货差异处理等。
人员分工安排合理	20			
操作过程仔细认真	20			
收货台帐和差异处理及时	20			
合　计	100			

项目六　出版物陈列

【知识目标】

1. 了解出版物分类的基本原则。

2. 掌握出版物分类的基本方法和工作步骤。

3. 了解出版物陈列摆放的基本要求。

4. 掌握出版物陈列的基本原则和摆放技巧。

【能力目标】

1. 能够为不同类型的书店卖场编制适合的出版物发行分类表，并依据该表进行出版物分类。

2. 能够为不同类型出版物设计适合的陈列造型。

任务 1

类分出版物

任务思考

结合自己的购书经历，思考图书馆、实体书店和网上书店在出版物分类方法和细分类目上有何不同？为什么？

任务分析

实体书店和网络书店与图书馆在出版物分类上有所不同，其出版物分类的目的在于促销，在类目设置上更加灵活多变。结合不同书店的类型、规模、经营出版物的品种、商品的形态、销售的形式、读者服务对象、所在地区的经济、文化特点等设置类目，制订出版物发行分类表，是书店卖场运营的重要内容，也是出版物陈列上架前应做的重要准备工作。

资料导读

凤凰苏州书城全新分类布局　欲打造中国最美书城

北京有“万圣”，南京有“先锋”，上海有“季风”，杭州有“枫林晚”，广州有“学而优”，台北有“诚品”……苏州也将添大型“城市阅读厅”。华东地区最大的书城——凤凰苏州书城于 2013 年 12 月 17 日开放体验，采用全新分类布局，欲打造成中国最美书城。

凤凰苏州书城建筑面积约 1 万平方米。走进凤凰书城店堂，就能看到一个个纯净、时尚的暖白色金属烤漆书架，和摆放得琳琅满目的书籍，让人仿佛置身大型公共图书馆。书架都是以高书架为主，书脊微微露出，所有的书籍会露出书架半寸，一为了适合抽取，二为了展现书籍本身的美丽。据悉，书城的灯光由专业的灯光设计师规划亮度，能随时随地综合室内外的光线、调整出最适合读者阅读、能缓解视觉疲劳的亮度。书城的吊顶也进行了特殊设计。运用顶部消声效果，最大限度地降低书城内的杂音，为读者提供更为宁静的选书、读书环境。

苏州凤凰国际书城

区别于一般书店以人文、社科、旅游、摄影进行的分类，凤凰书城采用全新的图书分类及布局，设立了亲子书店、人文书店、生活书店、青春书店等 14 个主题书店，1 个数字出版馆；图书种类达十多万种、数十万册。此外，凤凰书城还有个性化的阅读区，拥有几百个阅读桌椅坐席。“孩子们和书虫子们再也不要坐在地上看书了，我们的阅读区都设置在沿街幕墙边，以后华灯初上时，在园区的大道上，就可以看见灯光下一排排阅读的人，那就是我们奉献给苏州最美的风景!”苏州凤凰书城项目筹备组负责人、苏州凤凰投资管理有限公司总经理曾锋表示，凤凰苏州书城就是要从各个细节入手，要打造中国最美书城。

凤凰苏州书城是由凤凰传媒集团建设的全新实体书店。2012 年 6 月 4 日，该集团出资 2.162 亿元(含佣金)，一举拍下苏州过云楼 179 部、1 292 册藏书，创造了古籍善本拍卖的世界纪录，让人们对“凤凰传媒”悉心爱书、护书的举止刮目相看。位于苏州工业园区中央公园东侧的凤凰苏州书城，是该集团的又一个大手笔。

——资料来源：凤凰网，2015 年 4 月 21 日

相关知识

出版物发行分类是指出版物发行单位在陈列、展示出版物时，参照“中国图书馆分类法”等分类方法，根据发行工作特点对出版物的归并和划分。科学、规范的出版物发行分类对于做好出版物营销工作具有重要意义，既方便读者根据类别选购出版物，又方便营业员进行管理，随时掌握出版物销售情况，提高服务质量和工作效率。

中国古代的图书分类

一、出版物发行分类原则

出版物发行分类的原则主要是：

1.“分类法”原则

这是制定出版物发行分类、归类最重要的原则。出版物分类的方法较多，仅图书就有“中图法”“科图法”等。此外，2008 年 12 月 29 日起，《图书、音像制品、电子出版物营销分类法》(以下简称为《出版物营销分类法》)作为出版物发行行业的行业标准正式开始实施，成为出版物分类的又一分类依据。目前在具体实践中，“中图法”(全称是《中国图书馆分类法》)是出版发行企业借鉴使用最多的分类方法，体现了出版物的学科特征。

出版物发行分类应以“分类法”为基本依据，但不拘泥于此，而是在“分类法”的基础上，根据实际工作需要，科学灵活地进行分类。

2. 知识性与主题性兼顾原则

出版物发行分类、归类要按照知识门类的学科划分，类别要按照科学性和系统性原则设置。同时出版物发行分类、归类也要发挥主题性的功能，按照一个社会热点来设立主题，方便消费者选购和出版物管理，从而促进销售。知识性与主题性兼顾原则也是出版物发行分类、归类的基本原则。

3. 原则性与灵活性相结合原则

在实施过程中，允许每家出版发行单位在严格遵循标准类目体系和标记制度的前提下，适当考虑单位自身的特点，构建适合自身的营销分类体系。即，出版物发行分类、归类不能一成不变。要根据形势发展的需要和消费者购买变化，分类、归类应及时调整和变换。

二、出版物发行分类方法

出版物发行分类的方法主要有：

(一)“中图法”

“中图法”全称《中国图书馆分类法》(以下简称《中图法》)，是我国通用的综合性图书资料分类法，是一种根据图书的学科属性对图书进行分类的方法。《中图法》使用字母与数字相结合的混合号码，基本采用层累制编号法。《中图法(第四版)》分类体系包括“马列主义、毛泽东思想，哲学，社会科学，自然科学，综合性图书”5 大部类，设一级类目 22 个，二级类目 215 个，三级类目 1 657，四级类目 6 500 多个，五级类目 15 000 多个，六级类目 15 000 多个。

《中图法》和《出版物营销分类法》从本质上来说都是依据某种分类标准，对特定概念按等级划分而形成的类目体系。但是，《中图法(第四版)》分类体系中包含的类目数量要大大超过《出版物营销分类法》标准分类体系的类目数量，一来是因为出版发行企业的业务与管理不需要对出版物进行如此精细的学科、专业定位，二来过于复杂的分类体系也不利于读者理解与使用。因此，目前多数书店卖场多基于《中图法》分类基础上，依据发行企业自身需求对出版物分类方法进行调整和创新。

(二)“科图法”

“科图法”全称《中国科学院图书馆图书分类法》(以下简称《科图法》)。设有马克思列宁主义、毛泽东思想，哲学，社会科学，自然科学，综合性图书等 5 大部类，并设 25 个大类，300 多个主要类。《科图法》采用阿拉伯数字为类目的标记符号，号码分为两部分：第一部分为顺序数字，即用 00～99 标记 5 大部类 25 大类及主要类目；第二部分为“小数制”，即在 00～99 两位数字后加一小数点“.”，小数点后基本上按小数体系编号，以容纳细分的类目。类号排列时，先排顺序数字，后排小数点后的层累数字，例如：11.1，11.11，11.12，11.13，……，11.2，11.21，11.22，11.23，……，11.29，11.3，……，12，13，……

其特点为在编制体例上将自然科学图书进一步细化，采用交替、参见等方法，较好地解决了相关类别的图书在目录和藏书组织中既可集中又能分散的问题。此外，《科图法》的标记符号单纯、简洁，易于排检，且编有相关索引。因而多被发行企业借鉴使用。

(三)“出版物营销分类法”

《出版物营销分类法》标准于 2008 年 12 月 29 日起实施。标准规定了图书、音像制品及电子出版物营销分类的类目体系和类目代码，《基本大类表》《简表》《主表》构成了《营销分类法》的主类表。《简表》由类目代码和类目名称两部分构成，《主表》由类目代码、类目名称和类目说明三部分构成。

这是一种更适合出版物营销管理的分类方法，它既遵循学科知识体系划分的原则，又强调对出版物销售需要和读者购买需求的适应性。不同类型的出版发行单位可以根据各自的目标市场、读者对象和自身条件，通过对标准中的类目进行增、删、拆、并，以及类目层级的调整，来构建本企业的营销分类法。

(四)专题、主题分类

专题、主题分类是以某一专题为标准对出版物进行分类，或是在某一特定时间里，利用一个主题，突出一个中心思想对出版物进行分类。

例如，2015年是中国人民抗日战争暨世界反法西斯战争胜利70周年，全国各地新华书店就依据此专题设立名为“战争与和平”的抗日战争推荐图书专柜，陈列了有关二战、抗日战争的历史、文学、纪实、图片等60多种图书，以此来纪念抗日战争胜利70周年。

(五)版别分类

版别分类是利用出版社的名称等对出版物进行分类。例如有些书店卖场会在某类别专区中设立以该类别图书中较为著名的出版社为名的专柜，集中某一出版社的图书从而方便读者选购。如北京三联书店中就在其社科图书专区中设立了以三联书店出版图书为分类的推荐图书专柜。

(六)学术分类

学术分类是以学科为主题对出版物进行分类，主要应用于配合学术会议或科技节等进行的出版物展览活动。

(七)年代分类

年代分类是以出版年限为分类依据对出版物进行分类。

案例精析

南京书城：个性化图书分类(节选)

南京书城地处南京市中山东路国际贸易中心，营业面积约为1.2万平方米，约有16万余种图书。南京书城侧重在服务上的个性化和人性化，尤其是其导读系统的建立，为各种消费者提供了适合其阅读购书的良好方式。

其图书分类上采用按人群和专业进行分类的方式，而非机械地使用“中图法”分类。南京书城图书分类的最大亮点在于其独具特色的分类榜导读。与其他书店的按照文学、经济、教育等类别进行排行榜不同，在南京书城，最常见的分类榜是“MBA专柜”、CEO书房、领袖书房、女性小资必读榜等等。这种将传统的分类榜重新按人群进行分类的方式，便于读者自动对号入座，节省找书时间。这些榜单一般都由专人负责，2周更换一次。

书店二楼分出了一片粉红为基调的柔美书柜板块，原来这片书域被称为“女性书店”(图6-1)。其中包括女性职场、女性小说、修身养性、美食烹饪、瑜伽美体、美妆、母婴等各个领域的女性书籍，可谓书海中女人的天下。在母亲节来临之际，更细心地摆放了一桌满满的康乃馨，祝福天下所有的母亲节日快乐。精致的书籍加上温馨的布局，使得女性书店闪耀着不一般的熠熠光辉。

图 6-1　南京书城店本月主题——女性书店专柜

大厅的另一侧，分类摆放了以旅游为主题的书籍(图 6-2)，世界各地的旅游宝典尽在此处。此外，展架中间巧妙地悬挂了一台电视，可以带领顾客体验各国旅游风情，或是介绍旅游类的各种书目，让顾客全方位体验阅读乐趣。到了晚间，这些书架内侧还会打出柔和的黄色光线，保证最底排和拐角处的图书不被忽视，依然清晰可见。如此人性化的设计，令读者眼前一亮，最大程度享受读书乐趣。

图 6-2　南京书城店旅游主题书店专柜

——资料来源：大众书局南京书城店. 江苏发行网，2015 年 9 月 8 日

［精析］

目前，大多卖场图书陈列基本上参考“中图法”来实现分类。但是随着竞争越来越激烈，越来越多的书店卖场有根据不同的条件，结合市场导向和顾客心理进行图书分类的倾向。

例如，在书架分类上标明“社会科学”，可能大多数的普通消费者并不知道这种分类的具体所指。因此，就需要更加个性化的、更加鲜明的图书分类方式和分类标识。南京书城就紧紧遵循市场动向来进行图书分类和标识，股票基金类图书红火的时候，就专门开辟书架和展柜，标明类似“明明白白炒股”这类的分类标识。而不是将这类图书混杂在“金融经济”的书架中。这样的做法对吸引消费者眼球，帮助消费者尽快找到所需图书有良好的引导作用。

因此，书店卖场图书分类不仅仅是简单地按照“中图法”分区分类即可，而是要综合考虑书店的特色和市场的动向，对图书进行分层、分区、分架分类，才能真正做到方便消费者，扩大销售量。

三、出版物发行分类工作步骤

对于出版物发行员而言，出版物发行分类工作的主要任务就是根据书店制订的出版物发行分类表，给出版物分类，为下一步出版物陈列上架做准备。出版物发行分类的工作步骤如图 6-3 所示。

图 6-3　出版物发行分类工作步骤

出版物发行员拿到图书以后，首先要确定出版物的大类，然后对不同类别的出版物进行细分。一般来说，书店的分类标识只到二级类目，但为了有序陈列，出版物发行员一般都要将出版物细分到三、四级类目，专业书店甚至要到五、六级类目，最后确定陈列的书架(台)，并做好记录。

四、编制出版物发行分类表

在实际出版物分类操作中，由于尚未有统一完整的出版物发行分类体系，因而主要是参照“中图法”等分类法，并结合发行单位经营业务的实际需要，制订出版物发行分类表。出版物分类表一般由一级类目、二级类目、三级类目组成。其作用在于：一是供出版物发行单位分类出版物；二是为人们查阅、购买出版物起引导作用。

(一)分类表编制要求

(1)选择合理的分类法作为出版物发行分类依据，符合分类体系要求；

(2)符合发行工作实际。一方面要符合消费者的选购习惯，另一方面要符合出版物发行单位的经营定位；

(3)类级清楚、类目协调、类目名称准确；

(4)门市的出版物发行分类表要给柜组进一步细分类目留有余地。

(二)分类表编制过程

(1)明确出版物发行单位经营特色定位和所经营出版物的品种定位。

(2)准备工作。主要包括调查分析市场和消费者群体、分析出版物发行单位的经营规模和品种结构、整体评估出版物陈列设备及陈列布局。

(3)编制发行分类表。

①明确设计依据：在前期调研分析的基础上，根据所经营出版物的品种结构明确主要参考的分类法标准依据，如“中图法”“科图法”或“出版物营销分类法”。

②设计层级结构：在明确设计依据之后，参照各种“分类法”的标准确定本企业出版物发行分类体系的基本大类以及层级结构，即类目细分的深度。

③确定分类表的各级类目：根据每一大类出版物的品种及数量，结合企业经营特色和营销重点，确定类目细分级别的深度和各级细目的名称，形成适合本企业的、具有针对性适用性的出版物发行分类表。

例如，深圳出版发行集团对以《出版物营销分类法》为基础，精心编制与实施出版物发行分类表。深圳出版发行集团高度重视《出版物营销分类法》标准的推广实施工作，按照计划、执行、检查、调整的思路，从上至下分阶段、分步骤推动标准的贯彻落实，顺利实现了新旧出版物营销分类体系的过渡与对接。

南山书城是集团实施标准的试点，实施工作从2009年5月启动至11月完成，首先书城商品管理部参照《营销分类法》标准，结合书城卖场布局、各品类品种多寡及卖场陈列需要，确定了南山书城营销分类细则，其结构与《营销分类法》标准基本保持一致；然后更新信息系统分类和卖场陈列分类标识，试用并调整营销分类细则，2009年10月对分类标识进行更新，共增加或置换三级小分类标识约1 000个，二级分类标识800多个，一级分类标识42个；最后是再造书城品类管理业务流程，维护和不断改进分类细则。

中心书城采用循序渐进的标准实施方案，以经济管理大区作为书城标准实施的试点，然后再扩展到整个书城。既强调《营销分类法》标准的指导作用，又兼顾中心书城的卖场特色及目标客户群的需求，在广泛听取读者意见后，于2009年8月下旬重新调整了经管大区的营销分类和商品陈列布局。对市场前景好、读者关注度高的三级类目进行细分或者增加新类目，对品种少、动销慢的三级类目进行了合并和删除。罗湖书城定于2010年上半年进行卖场系统切换，其标准实施工作与系统切换同步实施，于2010年6月正式开始。

案例精析

各类书店的图书分类

很少有书店完全按“中图法”来分类，而是根据实际需要做出适当调整。因而，以某大中型书店和小型书店类目简表为例，对不同规模的书店其出版物发行分类表的类别增删调整进行进一步解读，以更好地理解和应用编制出版物发行分类表方法。

(一)大中型书店

大中型书店营业面积大，销售品种丰富，常将卖场设置为几大区域，再分门别类售卖出版物，某地新华书店为中型书店，其出版物发行分类见表6-1。

表 6-1 某新华书店出版物发行分类

一级类目	二级类目	三级类目
哲学、宗教区	哲学、宗教	中国哲学
		外国哲学
		宗教
社会科学区	政治、法律	
	经济	经济管理
		财政、金融
文化、教育区	文化教育	教育
		辅导读物、课本
		体育
		语言、文字
		文学、艺术
		历史、地理
自然科学区	数理科学和化学	数学
		物理
		化学
	医药、卫生	
	农业科学	农业
		林业
		畜牧业
		水产、渔业
	工业技术	电工技术
		计算机科学
		建筑科学
		交通运输
		环境保护管理
综合性图书区	综合性图书	百科全书
		辞典
		年鉴
音像制品区	音像制品、电子出版物	VCD
		磁带
		CD
		DVD
		电子阅读器

[精析]

本分类表基本保留了“中图法”中除 A 类外的所有类别，增加了工具书(综合性图书)、教材课本、音像制品、电子出版物等类目。A 类图书则可依据本分类表，归入社会科学区的政治大类，作为二级类目处理。此外，文化教育属于社会科学的范畴，然而在该书店卖场中却没有列入社会科学区，而是作为一个独立的文化教育专区进行分类。这是对“中图法”分类标准的创新调整，使其更符合读者的购买习惯和行为。

(二)小型书店或主题书店

小型书店的经营面积和服务对象较少，多为专门性或专业性书店，因而分类较少而精深。某旅游专业书店的出版物分类见表 6-2。

表 6-2　某旅游专业书店出版物发行分类表

一级类目	二级类目	三级类目
旅游指南、自助旅游	国内游	国内游(综合)
		北京/山东/天津/河北
		新疆/青海/内蒙古
		山西/陕西/甘肃/宁夏
		湖南/安徽/湖北/河南 四川/云南/贵州/广西
		上海/浙江/江苏
		海南/福建/广东/江西
		香港/澳门/台湾
		西藏
	国外游	国外游(综合)
		亚洲
		欧洲
		美洲
旅游随笔		
旅游摄影、画册		
旅游地图、地理		
旅游外语		
导游专业用书		
旅游理论与实务		

[精析]

该分类表仅针对旅游类出版物进行分类，并未涉及“中图法”的其他类别，因而并未按照“中图法”的分类办法进行分类。而是根据该书店的经营特色和品种特色，依据消费者购买习惯进行细分类目的划分。

职场指南

“出版物营销分类法”开始实施

经新闻出版总署批准的《图书、音像制品、电子出版物营销分类法》，于2008年12月29日起实施。这是图书发行业的第二项行业标准。

该标准规定了图书、音像制品及电子出版物营销分类的类目体系和类目代码，主要由分类表组成。分类表由主类表(包括基本大类表、简表、主表)和复分表组成。主类表由3个基本部类、340个二级类目、503个三级类目、68个四级类目组成，其中：图书部类分27大类，音像制品部类分12大类，电子出版物部类分4大类。复分表由7个通用复分表组成，分别为《总论复分表》《出版物载体复分表》《世界国家和地区复分表》《中国行政区划复分表》《世界时代复分表》《中国时代复分表》《世界语种复分表》。其中《世界国家和地区复分表》系引用GB/T 2659—2000《世界各国和地区名称代码》，并做了必要的补充；《中国行政区划复分表》系引用GB/T 2260—2007《中华人民共和国行政区划代码》；《世界语种复分表》系引用GB/T 4880.1—2005《语种名称代码第1部分：2字母代码》。

该标准的发布实施是为了促进出版物营销分类工作的规范化与标准化，为出版发行单位提供出版物产、供、销、存业务科学有效的分类和管理方法，为读者找书、购书提供规范、便捷的检索手段，为出版行业上、中、下游之间进行出版物信息传递与利用创造条件，推动我国出版业信息化建设和提供出版发行单位的管理水平。

——资料来源：“出版物营销分类法”开始实施. 中国新闻出版报，2009年1月6日

实践训练

一、实训项目

编制出版物发行分类表

二、实训内容

某发行商准备在学校附近开一家书店，营业面积在200平方米左右。紧靠在书店南面附近的是一所高中，北面是市民小区和市政广场，学校的西北面是沃尔玛大超市。请根据所给条件，为该书店编制出版物发行分类表。

三、实训形式

1. 以小组为单位，6～8人一组，分小组深入讨论分析，组内交流、整理分类信息，推荐小组交流代表。

2. 小组代表将小组编制结果在全班展示并进行交流，互相提问。

3. 评选优秀的出版物发行分类表。

四、注意事项

1. 按照统一的出版物发行分类表格式，进行编制。分类表格式见表6-3：

表6-3　出版物发行分类表示例

一级类目	二级类目	三级类目

2. 以PPT文稿形式进行演示。

五、评价标准

“编制出版物发行分类表”实训项目评价见表6-4。

表6-4　“编制出版物发行分类表”实训项目评价表

项目	分值	表现描述	得分	备注
内容完整	40			内容包含出版物发行分类表、分类依据、分类方法等
获取信息准确	20			
分类科学、分类依据合理	20			
语言表达流畅	10			
PPT演示文稿简洁美观	10			
合　计	100			

任务 2

陈列出版物

任务思考

你的家乡(或所在城市)有哪些你喜欢的书店？说说他们在摆放出版物时的特点，分析其各自的魅力。

假设你为某大学书店店长，请结合书店经营情况，思考如何为出版物陈列进行合理设计，以摆放书籍吸引读者。

任务分析

一家书店，或大或小，或精美雅致或朴素无华，其本身没有高低对错之分，然而当书店成为一座城市的文化地标，成为民众的心灵栖地，引起更多人的关注和分享，那是何等美好的地方。

书店卖场通过图书陈列把图书有规律地集中展示给读者，能有效呈现图书的美感，创造图书的独特魅力，营造书店所特有的文化氛围和优雅环境。

资料导读

全国新华书店业务技能大赛之图书造型比赛

为庆祝新华书店成立 75 周年，2012 年 3 月 30 日，新闻出版总署印刷发行管理司和中国新华书店协会共同举办的全国新华书店业务技能大赛之图书造型大赛在杭州举行，这是继 1997 年新华书店成立 60 周年后新华系统再次举办的全国性业务技能比赛。

在图书造型项目决赛中，来自全国 29 个省(市)、自治区新华书店的 29 个代表队用智慧和实力展现出了《榜样的力量》、《水乡绍兴》、《藏书阁》、《丝路明珠》、《火之韵——党的光辉照我心》等一批优秀造型作品(码堆)，令人叹为观止。经激烈角逐，湖南省新华书店有限责任公司、浙江省新华书店集团有限公司、河北省新华书店有限责任公司、甘肃新华书店集团有限责任公司、山西新华书店集团有限公司等参赛选手摘得大赛一等奖。其中，湖南省新华书店有限责任公司的杨芳更是凭借造型的作品《榜样的力量》赢得了评委的一致认可，受到业内外的广泛好评。

图书造型项目是新华书店业务技能大赛五个项目(其他四项为中文及数字录入、售书连续作业、手绘 POP 制作、图书推介)的其中一项，能带给图书新鲜活力，制造畅销机会。许多书店通过以赛练兵的方式引导发行员们学习掌握图书销售的专业技能，提高自身文化内涵和服务读者的水平。

相关知识

一、卖场陈列

卖场陈列是企业以商品为主体，利用时尚元素和艺术技巧，将商品特性和品牌价值透过空间规划展示给消费者，以视觉形象吸引其注意，进而达到销售目的表现手法。

实验心理学家赤瑞特拉在研究人体获取信息源的实践中证明，人类主要通过视觉、听觉、触觉、嗅觉、味觉获取外界信息，其中，通过视觉获取的信息占总信息的83%，听觉占11%，触觉占1.5%，嗅觉占3.5%，味觉占1%。也就是说，有格调、有层次、有魅力的商品陈列展示可以提升商品的视觉效果，让消费者产生信任感和安全感，迅速抓住消费者的眼、心、手。

据统计，卖场内65%以上的消费者会参阅陈列标识，辅助其选购商品。卖场陈列通过展示商品特性、突出重点、美化环境，让消费者对品牌产生认同感和信任感，最大限度地激发其购买欲望，最终实现商品特定销售目标，是终端卖场规划的核心内容和常见营销手段。

二、出版物卖场陈列

出版物陈列是书业企业根据销售需要，将出版物的突出特性有规律地集中展示给读者，加深阅读体验，方便读者选购的宣传方式。

出版物陈列是一种具有创造性的视觉和空间艺术，为静态图书创造艺术动感，增加书店美感，展现出版品牌文化内涵和主题寓意，为出版物商品创造更多的附加价值和利益，促进销售，减少库存。同时，出版物陈列具有强化书店导购标识的功效，对读者进行无声的推荐，是书店提高销售效率最快捷最有效的举措之一。大量实践证明，卖场如能科学合理地进行商品陈列，能使销售额在原基础上提高10%以上。

(一)出版物陈列摆放的基本要求

通过陈列传递商品的销售诉求，可以有效地提高其商业营销力。有调查表明，在卖场整体销售过程中，超过半数的销售来自于货架，另一部分销售多来自于端架。要使用出版物陈列做到美观、醒目、实用等，摆放时应注意以下基本要求。

1. 分类清晰，标志明显

出版物发行分类是出版物陈列摆放的前提和依据，可以保证出版物陈列组合趋于合理。因此，在出版物陈列展示前，发行员应依据其经营特点、品种规模、读者对象、地域情况等确定分类层次。传统书店一般按照大类→中类→小类→细类→单品，由粗到细的顺序进行分类陈列，如社会科学→新闻事业→编辑工作→图书编辑。

也有书店追求特色创新，陈列时不遵循中图法分类体系，而是将卖场按生活场景、出版物结构、目标读者等进行陈列分类。例如，上海书城将卖场设计成生活休闲馆(趣味阅读、主题展示、旅游地理等书籍)、文学史地馆(中国文学、历史、军事等书籍)、人文教育馆(经济、管理、法律、哲学等书籍)、文化教育馆(教材教辅书籍)、科学技术馆(工业技术、医药卫生、农业等书籍)、视听音像馆(音像制品、软件、咖啡书屋等)、艺术珍藏馆(美术设计、动漫卡通、港台海外图书等)七个展馆，细化图书的货位管理，形成集中的销售区域，让出版物产生辐射效应，带动相关书籍销售。

面对琳琅满目的书籍，读者如何从书海中获取目标，出版物发行分类标识就成为读者按图索骥选购图书的导航。为了体现分类的层次性，分类标识可采用不同颜色、字体加以区分，在书店的入口处、书架上、通道间等配置或悬挂相应的布局图或分类标识，帮助读者加快购买速度。

职场指南

图书发行统计分类

发行统计工作中对图书按知识门类和读者对象的分类是以《中国标准书号》为基础，依据出版物的门类，将每一种书归属到最恰当的类别中。现行发行统计分类为十大类：哲学、社会科学，文化、教育，文学、艺术，自然科学，技术，少儿读物，大中专教材，课本，图片，其他出版物，非图书商品。图书发行统计分类对计划管理和经济管理，分析研究图书市场的需要，以及了解各类图书流转情况，掌握订添货数字以减少脱销和积压具有一定作用。此外，还利于库房按类存放图书，便于配书、盘点。

这种统计分类办法自 1984 年颁布后便一直沿用至今。

——资源来源：报刊发行概念. 360doc 个人图书馆，2014 年 11 月 5 日

2. 平面陈列，关联衔接

根据《华尔街日报》调查统计，书店读者注视图书封面的平均时间为 8 秒，购买决定时间为 6 秒，而 75%的购买取决于封面设计。“读报读题，看书看皮”，封面对出版物的销售往往有着终结的意味。书名独特、装帧精美、时代气息浓郁的图书封面可以提升图书的价值，往往成为图书收藏者判断真伪好坏的标准之一，因此，许多卖场将出版物“躺下”展现封面信息，创造良好的视觉形象。

在分类陈列过程中，不同类别的出版物如何进行过渡，要讲究流畅平稳的方法，让端头发挥一定的牵引作用，使出版物组合产生销售链接。书店可以根据出版物内容属性，将其相关联的出版物进行自然过渡，让读者选购有延续，如经济→法律、社会学→历史、汉语→外语等，马列主义→毛泽东思想→中国革命史读物→中国与世界政治→外交等自然过渡；还可以根据目标读者的特点，将出版物按分类线连贯过渡到下一出版物类别，如文学→艺术→生活→烹饪→美容健身→医疗保健等，让读者顺着分类线连贯浏览，触及到更多出版物。

另外，书店可根据时政热点、出版动态、读者需求等设置专区专架或独立阅读区域，有特色地摆放出版物，节约读者的购书时间和精力。例如，2015 年 4 月，位于丝绸之路经济带核心区的乌鲁木齐市新华书店购书中心在店内设置了“一带一路”图书陈列专架，陈列了《中国一带一路战略政治经济学》《丝绸之路》《光荣的民族军》等近 200 种相关书籍，深受市民喜爱，专架上的书籍每天都能卖出 30 多本。

3. 整齐清洁，安全方便

陈列时可以将其品牌或系列出版物集中陈列，增强出版物商品的表现力和感染力。营业员要随时关注陈列货架，整理读者翻乱书籍，定期清理滞销、残缺图书，及时补充添加，扫灰除尘，保持出版物、货架、助销品(促进图书销售的货架贴、POP广告、跳跳卡等)的清洁、整齐、有序，给读者创造一个整洁、清爽、典雅的读书环境。

此外，书店还应组织相关人员对位高、易碎的陈列设备进行定期检查，权衡书架的承重能力，注意书架(尤其是仓库图书)陈列设备摆放空间的干燥、通风等情况，确保读者、营业员、出版物等免受伤害。

(二)出版物陈列原则

在陈列出版物时，要运用平面空间设计理念，突出书店的经营特色，把握读者消费心理和购买行为习惯，以独具匠心的陈列方式创造更好的宣传效果。

1. 显而易见，突出重点

根据人体工学，人无意识的展望高度是0.7～1.7米，同视觉轴大约30度角上的商品最易让人清晰感知，60°角范围内的商品次之。为使读者清晰地感知出版物形象，陈列时应充分考虑出版物自身特点、读者视角规律和读者购买行为习惯，将出版物正面摆放在货架与读者视线平行的位置，在陈列中凸显出版物名称、装帧设计、内容特性等，以引起读者特别关注。例如，把时事热点为主题的图书摆放在最能吸引读者视线的位置，把具有视听等多功能的出版物摆在读者易于接触体验的位置，都可以起到促进读者购买的心理效应。

2. 便于取放，利于管理

商品陈列的高度对其销售有着决定性的影响，摆放过高不方便消费者拿取，太低又有被碰撞的危险，都会降低消费者的购买欲望。出版物陈列要遵循让读者看见方便、选购方便、拿取方便的原则设置最佳高度，一般为人体腰部以上至肩膀以下区域，其售出概率约50%以上。另外，出版物陈列要充分考虑到不同读者年龄、身高等特点，将出版物摆放在读者最易见易取的黄金高度，如儿童读者看书取书的理想高度是由地面起50～100厘米，成年女性读者的最佳陈列高度为65～150厘米，成年男性读者的最佳陈列高度为75～160厘米。

合适的高度也有利于书店员工对出版物及时清洁、补充、调整和管理，能提高发行员的操作便利和工作效率。

3. 丰富丰满，常换常新

品种单一、货架空荡、凌乱不堪的陈列，容易给读者留下库存积压甩货的印象，影响读者的购买情绪。反之，丰满的陈列既可以增加出版物展示的饱满度和可见度，给读者留下图书丰富、品种齐全的直观印象，又可以提高货架的销售、存储能力，加速出版物的周转速度。

有些畅销书因流转速度快，读者往往通过先预订再进店抢购，发行员如果不及时添货补充，会造成图书货架空档或摆放凌乱的现象，极易影响图书的销售和表现力。当畅销图书暂时缺货时，可借用品种或内容关联的出版物临时替补空缺位置，并及时与出版社联系调货。当然，遇节假日或重大主题纪念日，书店应配备充足的复本量避免脱销情况的发生。

有调查表明，商品销售效果会因陈列时间的后移而递减，即假设陈列第一天销售效果为100%，陈列第二天其销量削减10%，第三天其销量消减20%，第四天其销量消减40%等，因此，出版物陈列摆放应根据陈列区域主题、季节变化、时事热点等因素或改变原有陈列方向、位置，或增强陈列阵容等，增强店堂的新鲜感和时尚感。

4. 造型新颖，主题鲜明

图书造型也称码堆陈列，是每位出版物发行员必备的业务技能，更是展示书店一线员工智慧创意和技能实力的平台。在全国新华书店业务技能大赛“图书造型”项目比赛实施细则中，对出版物陈列造型的美观、创意、稳固和主题寓意都有特定要求。

发行员将出版物别出心裁地摆成各种造型，给读者形成强烈的视觉冲击力，增加与读者接触的概率，并在造型过程中寓于文化内涵、时尚创意、未来期望等元素，赋予出版物新的生命和使命，引人无限遐想，在销售上起到事半功倍的效果。

例如，在2012年全国新华书店业务技能大赛之图书造型大赛中，湖南省新华书店有限责任公司的发行员杨芳用《雷锋全集》和《党章》参差搭建成雷锋外形轮廓，以此寓意传承雷锋精神，感受榜样的力量，其图书造型因主题鲜明、寓意深刻、发人深省，给人以正能量的震撼，被评为此次大赛一等奖(图6-4)。

图6-4 《榜样的力量》图书造型(图片来源：新华书店协会网)

三、书店卖场常见陈列形式

出版物陈列设备材质有玻璃、木质、金属等，款式有书架、书台、柜台等。为突显陈列主题，烘托卖场气氛，出版物陈列还可借助树枝、卡片、布料、鲜花、塑料、金属等道具装饰或点缀图书造型陈列。

因其辅助设备运用方式、方法不同，其展示效果也各有差别。书店卖场常见的陈列形式有架式陈列、台式陈列、码堆陈列、柜式陈列、挂式陈列等。

(一)架式陈列

书架是出版物陈列最常用的设备，架式陈列法是指将出版物书脊、封面立于书架，或将书脊卧于书架的陈列方法。书店常用书架有独立式、贴墙式、长条式、楼梯式、内嵌式、特型式等(图 6-5)。

出版物架式陈列又包括书脊立式陈列、封面立式陈列、书脊立式与封面立式相结合陈列、书脊卧式陈列四种。

书脊立式陈列将书口朝里，书脊朝外垂直竖排于书架，以书脊背向读者，是书业卖场最常见的陈列形式。书脊立式陈列可以节约空间，但也由于书脊平面狭长、展示信息有限、字号小等因素与读者接触面积小，容易被读者忽略。期刊、教辅试卷等书脊页码较少的薄本适用于此类陈列。

封面立式陈列是将出版物封面向上朝外垂直于书架，让读者清晰地感知出版物，是宣传推介图书最有效的方式之一。封面立式陈列因占用空间大，而且出版物长时间暴露于空气中，易沾灰和产生物理收缩——卷边现象，影响出版物质量和销售，给发行和管理工作带来难度，不宜长时间摆放。封面装帧精美的图书可考虑短期的封面立式陈列。

图 6-5　架式陈列——封面立式

书脊立式与封面立式相结合陈列，是将同品种出版物书脊和封面同时立于书架。音像出版物一般采用以封面陈列为主，脊背陈列为辅的书脊立式与封面立式相结合方式陈列。

书脊卧式陈列是将出版物封面向上，书脊朝外平摊成摞叠放于书架，让读者尽快了解书名、出版社、著作者及封面装帧等信息，但书脊卧式陈列也易出现卷边现象，较适用于薄本书籍陈列。

不论采用哪一种货架陈列形式，在出版物摆放过程中都要遵循以下几点原则：一是要遵守出版物摆放基本顺序，讲究独立书架的和谐美观，无论左起或右起摆放，都要注意图书开本大小次序。二是要注意不同类别出版物分开陈列，如将大部头书籍放置书架上方，轻薄本放置下面，精品书籍陈列于精品书架，薄本最好平摊于异型架中，并注意其封面色彩的协调搭配，避免色彩近似、内容不同出版物的集中摆放，以免造成视觉混淆。三是要随时整理书架，合理利用书架空间，将错放、乱放的书籍及时归位，不宜过紧摆放书籍，以免读者取书、放书困难，抑制读者的阅读和购买欲望。

(二)台式陈列

台式陈列是指采用平摊方式，将出版物封面内容直接展示于读者的陈列。平台陈列以一台一类别、一台一促销、一台一突出的原则，将主推新书重点摆放在平台，吸引读者注意(图 6-6)。

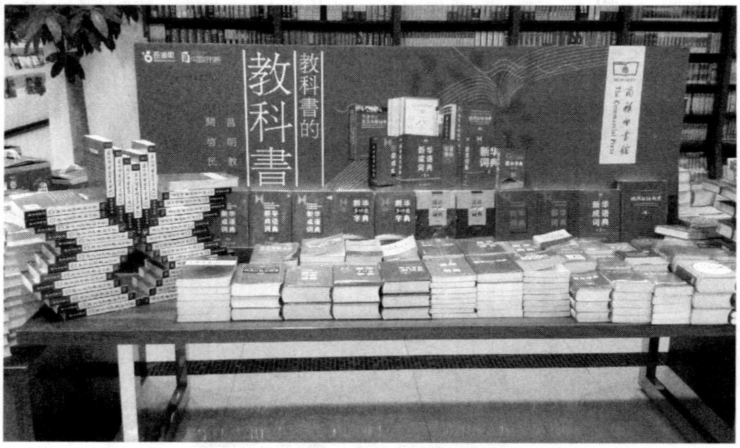

图 6-6　台式陈列

摆台时，出版物不可超出书台边缘，以免行人带落或磨损，发行员要及时对摆放阵式进行整理、更换，以免书籍出现卷边、高低不平现象，保证出版物摆放整齐、有序。如果在一台摆放多个类别出版物，尽可能地选择开本大小、内容相近，封面色彩搭配和谐的出版物，采用层次和梯度陈列摆放，且在各类间设置分类标识牌或 POP 广告宣传。

(三)码堆陈列

出版物码堆又称立体(书墩)码放、花样造型陈列等，是书店集中将某类图书堆砌成各式花堆造型，以引起读者注意，最终实现购买的陈列方式。

图书码堆作为书店使用的一种常规陈列方式，可以突出图书特色，美化环境，增加销售概率，是一种能够将出版物动起来的艺术营销“利器”，也是展示和检阅书店员工业务素质和专业技能的平台。

常见码堆陈列摆放形式有螺旋式、立柱式、交叉错位式等，无论使用哪种形式，在摆放过程中都应注意以下事项。

图 6-7 全国新华书店业务技能大赛图书造型项目比赛作品
(图片来源：新华书店协会)

(1)陈列对象。码堆陈列对象为有推荐价值的出版物，一般为新书、畅销书、经典书、重点书、热议书、主题出版物、季节性出版物等，以单品种多复本书籍陈列。

(2)陈列位置。码堆陈列占用空间大，一般选择在卖场入口、陈列架端头、通道中间、收银台、橱窗摆放。

(3)陈列时长。码堆的保持时间依出版物流通和书店经营情况而定，对畅销书、经典书、重点书、推荐书等动销率较高的书籍可维持两个月甚至长期进行码堆销售，热议书、主题出版物、季节性出版物可在销售旺期过后撤离。

(4)陈列高度。码堆陈列要注意书墩的稳固性，太矮达不到宣传效果，超高又易垮塌。其陈列高度一般为 80～120 厘米为宜，其中底座约 40～50 厘米，即书堆高度约 40～70 厘米，其陈列的复本量为 100 本左右。

(5)陈列主题：码堆陈列要强调艺术性，以其形式服务于出版物内容，实现商品本身的陈述推荐。

(四)柜式陈列

柜式陈列是指书店利用玻璃柜台、货架顶端展示、介绍、销售出版物的陈列方式。一般将出版物封面朝上，使其以立式或卧式平摊摆放于货柜内，可对出版物起到防污损、防盗窃的保护作用。另外，柜式陈列时还可借助灯光、衬布、彩带等辅助设备烘托出版物价值，表现其特殊气质，吸引读者的好奇和注意。

柜式陈列因占用空间大、陈列品种少、读者取阅不方便等特点，较适用于重点出版物、优秀出版物、精装书、贵重书刊及价值较高的其他商品陈列。

(五)挂式陈列

挂式陈列是指以吊挂、悬挂、张贴展板的方式展示、宣传出版物。一般适用于无立体感、扁平或细长型的出版物，如地图、年画、宣传画、挂历、针灸挂图、出版物宣传海报等大版面出版物。

挂式陈列将出版物放置书托、展板上，借助绳索、铁丝等介质将其悬挂于墙面或天花板。挂式陈列大大提高了卖场空间的利用率，让出版物有充分的展示空间，表现出对出版物和读者的尊重。同时，挂式陈列通过巧妙的设计，将出版物突出醒目的信息恰当地陈列给读者，使得出版物由被展示的对象转变成装饰空间的主体，形成独特的展示风格，可产生强烈、新奇的视觉效果，增强书店的文化气息和商业氛围。

挂式陈列注意事项：一要测量好悬挂物的承重力，禁止超负荷、超高度陈列，确保陈列物的牢靠稳固。二是要注意陈列物画面色彩搭配与美观，使其达到美化店堂，刺激读者购买欲的目的。三要讲究立体陈列效果，充分利用卖场空间将出版物层次分明、疏密相间、错落有致地陈列。四是要标注出版物名称、出版社、作者、定价等相关信息，且注意字体字号大小方便读者参考阅读。五是要保持陈列设备和出版物的清洁，及时撤换褪色、污损出版物(图 6-8)。

图 6-8　伦敦设计团队 Raw Edges 设计的纺织机书架
(图片来源：新鲜创意图志网)

职场指南

图书陈列的八个技巧

(1)对薄本类做到“能展不立”。所谓薄本类通常指卖场中书脊厚度相对较薄，页码较少的图书(如期刊杂志类，儿童画报类以及部分助学读物类等)，这部分图书如果一味地采取书架书格陈列，往往产生不了明显的视觉效果，容易被读者忽略，减少了其销售机会。如果营业员能将其利用书台展架等位置科学陈列，必将让其封面发挥出最大吸引读者目光和兴趣的作用。

(2)对题材类应做到“能花勿平”。题材类图书大都是针对一些重要会议(讲话)、重要历史活动及国内外重大事件等题材出版发行的图书，无论是其读者对象的适应范围还是图书自身的市场影响热度，这类图书都相对一般图书呈现出广泛集中等特点，营业员应针对图书的实质内容和特性，在图书花样码堆环节上动脑筋、下功夫，让图书本身和陈列造型充分融合互补，让读者眼前一亮。

(3)对挂图类应做到“能挂勿折”。春联年画、地图、针灸挂图以及幼儿启蒙学习挂图等品种一直是常备图书。对于这类图书，在陈列过程中应通过“张挂”形式让读者在第一时间全方位、零距离地了解和认识，从而引发购买兴趣。

(4)对礼品类应做到“能开勿限”。礼品类书的特点是装帧精美、印数较少、定价高，有的开本体积大，许多卖场会将这类书单独或是特殊陈列，极个别的还会被营业员锁进特设的专柜(架)里，让读者可望而不可即，这样做不仅直接伤害了读者的权益，也违背了图书出版发行的本意。这类书应尽量遵循“能开勿限”的原则，对读者不设“禁区”，多提供读者与礼品书紧密接触的条件和机会。

(5)对常备类应做到“能显勿隐”。常备图书是指卖场中读者需求量平稳，实用性稳定的品种，如各类工具书、中外文学名著、地图册等。有些营业员因其销售不温不火，怀着好酒不怕巷子深的心理，将其“蜗居”在不起眼的位置。既然是常备书首先肯定是常销书，既然常销就应给其出头露面的机会，读者常买常用必然使用率高，周转更新速度快。

(6)对教辅类应做到“能全勿滥”。教辅类图书品种多，花样全，仅中小学阶段就达十二个年级之多，具体到某一系列的版本品种，众多的科目也足以让营业员和读者眼花缭乱。对这一类重点难点图书陈列，要做到能全勿滥，全是指要保证年级层次全，所属科目全；勿滥是要做到不盲目陈列，营业员可将某一系列选取一定数量作为样本进行陈列，这样既能让读者思路清晰，便于挑选，又可以节省出更多的黄金位置进行其他书的陈列，对于一些卖场面积相对较小的门店来说，不失为两全其美的有效举措。

(7)对特殊类应做到“能巧勿庸”。特殊类图书范围相对广泛，譬如特殊开本装帧的卡片图片、发行周期很短的台历、农家历及近段时间的焦点图书等。所谓巧就是要结合卖场实际，学会动脑筋想办法，推陈出新，随行就市。

(8)对热销类应做到“能专勿俗”。专是指要做到专业陈列，如利用专区专架专柜等陈列，将其努力营造成卖场中的焦点和亮点，让这些书充分发挥自身的潜能和优势。勿俗是指要加强图书陈列环境的营造，如在热销类图书的专区专架专柜范围内利用海报、标语横幅、装饰物件等进行装扮和点缀，活跃卖场气氛，吸引读者驻足，从而为销售创造有力的前提和环境。

——资料来源：梁伟. 浅谈图书陈列的八个窍门. 山东新华书店集团，2012 年 8 月 3 日

实践训练

一、实训项目

出版物码堆陈列

二、实训内容

利用图书馆或出版专业实训室出版物，由各小组自行选定适合搭建出版物码堆造型的书籍，要求每项造型用书不少于80册，可采用一个品种或多个品种的书籍(最多不超过8个品种)，造型必须有主题名，且附有一定寓意，造型过程中可借助卡片、布料、塑料、金属等道具补充或装饰陈列造型。

三、实训形式

1. 以6～8人为小组单位合作完成，搜集有关实训资料，要求团队成员分工明确、共同参与。

2. 各组展示陈列造型结果，互相交流。

3. 评选优秀码堆造型和优秀发行员。

四、注意事项

1. 选择合适的出版物，确定码堆主题。

2. 造型有寓意和创意。

3. 造型新颖、美观、有视觉冲击力。

4. 造型稳固不坍台，有利于管理和销售。

五、评价标准

“出版物码堆陈列”实训项目评价见表6-5。

表6-5 “出版物码堆陈列”实训项目评价

项目	分值	表现描述	得分	备注
图书造型主题与其内容结合	20			选择出版物合适，码堆主题鲜明，造型有寓意。
图书造型创意新颖	20			协调、美观、有较强的视觉冲击力。
图书造型稳固	20			图书叠放整齐、不坍台。
图书造型符合销售和管理	20			显而易见、高度适宜、伸手可取。
辅助装饰物	10			搭配得当、画龙点睛。
语言表述	10			简练准确、清晰流畅。
合　计	100			

项目七　出版物销售作业

【知识目标】

1. 了解读者需求的基本类型，理解读者需求的基本特征。
2. 熟悉读者购买心理和购买行为。
3. 了解电子收银机的基本结构和使用方法。
4. 熟悉营业员服务规范。
5. 掌握导购服务、售货操作和服务台服务的基本内容。

【能力目标】

能进行书店卖场的出版物销售作业，完成导购、售货以及其他读者服务内容。

任务 1

卖场导购

任务思考

结合自己的购书经历，思考出版物发行员应该如何向不同年龄、性别的读者推荐图书？

任务分析

2017 年我国出版图书达 512487 种，其中，新版图书 255106 种，重印图书 257381 万种①。然而，这些出版物信息难以直接传播到读者当中去，这就需要出版物发行员在书店卖场进行卖场导购，为书找读者，为读者找书。出版物发行员的导购内容主要包括：帮助读者找到图书、推荐读者相关图书、促成读者购买图书，此外解决读者在购书过程中遇到的问题和困难也是营业员图书导购工作中的重要组成部分。

出版物发行员在对读者进行出版物导购之前，除了要充分了解出版物的信息和特点外，还要观察读者的言谈举止，分析读者的需求，才能有的放矢地对读者进行引导和介绍，从而帮助读者完成整个消费过程。

资料导读

阅读氛围浓厚　读者需求多样化　民营书店纷纷抢滩重庆(节选)

图 7-1　风格各异的民营书店进驻重庆

① 2017 年新闻出版产业分析报告，中国新闻出版广电报，2018.7.17

2015 年 5 月，江北区大石坝的东原新新 PARK 购物中心内，又一家西西弗书店将开业。这是西西弗在重庆的第八家店。

2015 年 3 月，被网友称为“中国最美书店”的方所第三家店落户重庆，开始试营业。

去年年底，重庆购书中心首次走出江北区进军渝中区，其大坪店开门迎客……

与前几年民营书店“关了一家又一家”的状况不同，从去年到今年，民营书店在重庆“开了一家又一家”(图 7-1)。

民营书店为何纷纷抢滩重庆？它们各自的经营有何特点？近日，记者就此进行了采访。

1. 这个城市适合书店生长(略)

2. 各家书店主推书籍各有特色

记者在采访中了解到，重庆市主要的几家民营书店在经营定位上各有不同。

“我们很专注地做经典社科类图书，并一直坚持着自己的进货原则，比如泰戈尔的诗集，就一定要选冰心翻译的版本。”精典书店总经理杨一告诉记者。

刘娅向记者介绍，西西弗在重庆的 7 家店已经拥有会员人数 25 万。“我们的每一家书店都会根据其所处的地段、客流进行具体的定位。比如在观音桥的北城天街和大融城我们各有一家店，北城天街家长和孩子比较集中，那家店里，我们的儿童书比重就相对较大；而大融城的年轻人比较多，这里的图书就更青春化一些。”

方所书店则主推艺术、设计类书籍。这一点，川美教师任前深有体会：“一些国外出版社、画廊的艺术类图书，在方所都能买得到。”

而在重庆购书中心，除了大众图书外，以孩子为中心的家庭一站式消费是其特点。重庆购书中心总经理李晖告诉记者：“比如孩子的绘本、玩具、教辅、学习用具都能在这里一站式完成购买。”

“每家书店都有自己的特点，无论你是喜欢小清新还是文艺范儿，在重庆，你都能找到适合自己调性的书店。”70 后读者况冉红说。

“重庆有这么多的书店，这里的读者是幸福的。”杨一不无感慨地表示。

3. 前景让人期待

2010 年，西西弗将其总部从贵州迁到重庆，并以重庆为中心，向深圳、南宁、成都、杭州等地扩张。如今，西西弗已经在全国开了 27 家书店。

刘娅告诉记者，这个过程并不容易，经过几年的打拼，西西弗的整体业绩才持平并略有微利。

才到重庆的方所也对书店的发展很乐观，徐淑卿表示：“我们的广州店开业第三年就开始盈利了，并且，图书在我们的营业收入里占的比重不小。我们广州店的图书收入比当初第一年预估的已经翻了 4 倍以上。”

四川美院副教授冯斌认为，各个方面的信息显示，伴随着全民阅读的不断升温，民营书店不断完善自身的功能，为读者提供差异化服务，其发展的春天正在到来。

——资料来源：兰世秋. 重庆日报，2015 年 4 月 24 日

相关知识

一、认识读者需求

(一)读者阅读需求的类型①

1. 社会型阅读需求

社会型阅读需求是指某一个历史时期、某一段时间或某一地理区域内出现的读者群体，具有社会共同性阅读倾向。阅读需求特点是出版物需求数量大，阅读时间集中，针对性强。成为广大读者阅读的热点和阅读中心。社会型阅读需求，不是个别现象，往往也不是主观因素造成的，而是一种普遍的社会现象或客观发展的趋势。

2. 专业型阅读需求

专业型阅读需求是指从事各种学习和各种工作任务的读者的职业阅读需求。读者是专业性读者群体。这种阅读需求与读者所从事的专门学习和专门工作任务的实践活动密切相关。在各种阅读需求类型中，由于专业需要与实际活动两者在内容、目的、时间、空间上的高度一致，因而专业型阅读需求最稳定、最持久、最深入。专业实践活动没有完结，这种专业型阅读需求也就没有完结。

3. 研究型阅读需求

研究型阅读需求是读者承担具体研究任务的阅读需求。读者是具有研究任务的研究型读者群体。研究型阅读需求特点是需求出版物与研究内容密切相关，需求出版物复杂多样，具有新、精、尖、全的特点。研究任务有时间限制，所需求的出版物也有时间的限制。

4. 业余型阅读需求

业余型阅读需求是指读者在工作学习之余的个人兴趣爱好的阅读需求。这种阅读需求除了受社会、家庭、职业等客观因素影响外，还受个性心理因素影响。读者的兴趣爱好不同，其阅读需求也不同。例如，青年读者的业余阅读兴趣正处在发展时期，他们阅读兴趣广泛，求知欲强，但不定型，可塑性强，兴趣易转移，阅读出版物的范围和种类较不固定。中老年读者阅读出版物的范围和种类较固定，阅读兴趣较稳定。这种兴趣往往和他们的个性心理因素、理想与事业以及社会活动有关。

(二)读者需求的特征

1. 个性化和群体化

读者的阅读兴趣普遍具有广泛性特点，不同读者的阅读品味并不相同，因而读者对出版物的需求体现出个性化的特征；同时，读者又会因职业、年龄、爱好、兴趣而群聚，从而对出版物的需求又呈现一定的群体化特征。

2. 层次性

不同的读者有着不同的知识结构、身份地位、年龄性别和经济情况，其所处的社

---

① 汤松梅. 读者阅读需求类型初探. 长春大学学报，2007.5

会阶层也不相同，因此，他们对出版物的需求往往呈现明显的层次性。

3. 发展性

读者的需要随着社会经济、文化形势的发展变化，此外读者自身的发展状况也会引起需求的变化，如学识、身份、经济条件的变化会影响其阅读需求，一种需求满足后又会产生更高、更新的需求。

4. 伸缩性

读者的阅读需求分为必须和非必须两类。这两方面的阅读需求，尤其是非必须的阅读需求，受外在环境和内在动因的影响，往往有较大的弹性。

5. 可诱导性

读者的需求是可引导和调节的。通过各方面的工作，能够促使读者的需求产生或发生变化，从而引导读者多购买优秀的出版物。

二、读者购买心理及购买行为

(一)读者购买心理

读者的购买心理是指读者在购买过程中发生的种种心理现象及其外在表现，一般有四种表现。

1. 求实心理

求实心理是指以追求出版物的使用价值为主要倾向的购买动机。这种读者的消费心理核心是“追求实用”，在选择出版物时尤其关注出版物的内容、质量和使用便利性。并不过分追求外观等。

2. 求新心理

求新心理是指以追求出版物的时髦、新颖、奇特为主要倾向的购买动机。这种读者的消费心理常见于城市青年读者中，因其一般经济条件较好，且多有好奇心理。这种购买心理的核心是追求“时髦”与“奇特”，并不强调出版物的实用和价格。

3. 求廉心理

求廉心理是指以追求廉价出版物为主要倾向的购买动机。这类读者对出版物价格变化反映敏感。往往喜欢选购折扣或促销活动中的出版物。

4. 求趣心理

求趣心理是指以满足个人特殊爱好、兴趣为主要倾向的购买动机。这类读者的购买心理，核心往往是为满足某种“兴趣”“嗜好”，且对感兴趣的出版物价格不敏感。

(二)读者购买行为

1. 购买行为类型

购买行为是指读者在处理与出版物消费有关问题时表现出来的行为特征和类型。一般而言，有三种类型：

(1)成熟型。这类读者往往对所需要的出版物比较了解，且有长期的购买和阅读经验，对出版物的市场情况等方面的信息相对熟悉。因此，在出版物购买过程中，常从整体角度上注重出版物的外观、装帧、内容、实用性等。该类读者往往有明确的购买目标和具体要求，因而在书店卖场表现得较有自信、坚定，且自主性选择较高，较少受外界环境及他人意见左右。

(2)一般型。这类读者虽然掌握一些出版物的信息，但缺乏相应的消费经验，主要通过广告、促销信息以及他人介绍等途径来了解出版信息。这类读者在购买前，往往只有一个笼统的目标，缺乏具体的要求，因而很难就同类出版物之间的差异进行准确比较。这类读者往往需要销售人员的导购服务，从而更好地做出购买决策行为。

(3)缺乏型。这类读者在购买前往往没有明确的购买目标，仅有一些朦胧的想法和倾向，对出版物的信息和特点了解也较少，因而难以做出购买决策，甚至不了解自己真正的阅读需求，购买行为往往有很大的随意性和盲目性。

案例精析

互动类图书走红背后的秘密(节选)

2015年6月开始，一本名为《秘密花园》(图7-2)的填色书在社交网络狂刷存在感，甚至有网友调侃：现在的朋友圈分成两种，一种在涂《秘密花园》，一种在等《秘密花园》到货。

图7-2　中文版《秘密花园》(图片来源：百度百科)

这本由264个字、96幅黑白线稿组成的手绘涂色书，一个月内百度搜索指数增长近5倍，并持续占据京东、亚马逊图书销售排行榜榜首。

随着《秘密花园》的走红，众多强调受众参与、主打互动概念的图书逐渐走进读者视线，不断刷新着读者的阅读体验。

“在拒绝平庸的时代，这类主打互动概念的图书迎合了读者对个性化标签的追逐。”图书编辑徐木子解释说，以成人填色书为例，虽然读者们拿到的是同一本空白填色书，但是经过涂色和创作的个性化处理，每本书都成为独一无二的"孤本"。"读者在某种程度上充当了书的内容生产者，这种纸面互动的过程大大增强了读者对图书的参与感和认同感。"

小众向大众的转变

事实上，早在《秘密花园》之前，《正念填色书》《涂色使我平静》《线条之间》等成人涂色类图书早已出现在图书市场，而需要读者在书中寻找线索，参与内容生产的互动类图书也屡见不鲜。不过此前的这类图书往往因为门槛较高，只能在小众人群内部流传，无法突破圈子的局限，《秘密花园》则成为此类图书走向大众视野的一种成功尝试。

业内人士向记者透露，在《秘密花园》走红的历程中，借势营销、立体营销、口碑营销等众多营销手段发挥了重要作用。

引领需求还是迎合需求

图书应该引领读者需求还是迎合读者需求，一直是市场内部备受争议的话题。

与以往填色绘本主打少儿市场的受众定位不同，这本带有"减压神器""心灵治愈"标签的填色书成功吸引的是生活在城市钢筋水泥丛林中的都市白领。它为成年人构筑了暂时搁置外界压力，沉浸童话世界的机会。"如果这本书还是定位于童书市场，可能很难获得现在的成功。"图书编辑郭强说。

"这本书适应了城市人群普遍的社会心理需求，生活和工作的压力让都市白领往往深陷焦虑，渴望释放压力、减缓抑郁。而这部分人都有过小时候用画笔涂鸦的集体记忆，所以不受支付能力和智力门槛限制的成人绘本，在一定程度上满足了都市人群减压怀旧的心理需求。"北京城市学院青年教师范松楠告诉《工人日报》记者，这类图书把集体回忆中的某些部分进行乔装，充当可以暂缓城市人群心理焦虑的药剂。

——资料来源：王维砚. 工人日报，2015 年 7 月 27 日

［精析］

《秘密花园》等出版物的畅销，正是满足了某类特定读者的小众需求，然后借助自媒体传播渠道的口碑营销将这种声音放大，随后创造更多的购买需求。这类需求的满足，暗含了读者求新和求趣的阅读购买心理，因而获得了销售上的成功。

此外，《秘密花园》等互动类图书的畅销，也说明面对读者的需求，出版人不是仅仅只能被动地去迎合，而是能够去开发并引领读者的需求。这就需要工作在一线能够直接与读者接触的出版物发行人员在日常工作中关注读者的需求和心理，从而更好地开发出适应读者需求的出版物。

2. 购买决策活动过程

读者购买决策是指读者谨慎地评价某一出版物产品、品牌或服务的属性并进行选择、购买以满足某一特定需要的出版物的过程。它是一个系统的决策活动过程，包括需求的确定、购买动机的形成、购买方案的抉择和实施、购后评价等环节。

在复杂购买中，读者购买决策过程由引起需要、收集信息、评价方案、决定购买和购后行为五个阶段构成。

(1)引起需要。读者的需求是可以诱导的，缺货、对已购出版物不满意、新需要、新的出版物上市等都可能诱导需求的产生。书店应首先认识读者产生需求的原因，根

据诱因采取相应措施，刺激需求的产生。

(2)收集信息。读者需求被引发后，会从不同渠道寻找满足其需求的最佳方案。读者的信息来源主要有个人来源(如家庭、朋友、邻居、熟人)、商业来源(如广告、推销员、经销商、包装、展览)、公共来源(如大众传播媒体、消费者评审组织等)、经验来源(如处理、检查和使用产品)等。

(3)评价方案。读者得到的各种有关信息可能是重复的，甚至是互相矛盾的，因此还要进行分析、评估和选择，这是决策过程中的决定性环节。在读者的评估选择过程中，有以下几点值得出版营销者注意：①出版物的内容是购买者所考虑的首要问题；②不同读者对出版物的各种性能给予的重视程度不同，或评估标准不同；③多数读者的评选过程是将实际产品同自己理想中的产品相比较。

(4)决定购买。出版物使读者获益能力的大小是促使读者做出购买决定的关键因素，但有时卖场的服务特别是营业员的导购行为也会对读者购买行为产生影响。

(5)购后行为。读者购后的满意程度取决于读者对出版物的预期性能与出版物在使用中的实际效果之间的对比。购买后的满意程度决定了读者的购后活动，决定了读者是否在同一卖场重复购买出版物，决定了消费者对该出版物品牌及书店卖场品牌的态度，并且还会影响到其他消费者，形成连锁效应。

三、营业员服务规范

(一)仪容仪表规范

仪容仪表除了指人的容貌之外，更重要的是指人的服饰、姿态和举止。营业员接待读者需直接和读者交流，应展示良好的精神面貌，讲究“精气神”，让消费者感觉和蔼可亲。一般要求做到“四统一”：即统一淡妆上岗、统一服装服饰、统一挂牌上岗、统一发式发型。具体包括：

(1)形象端庄。五官端正，面部无严重缺陷。

(2)整洁自然。营业员应保持干净整洁，并进行适当修饰，妆容要符合职业特点，自然大方。

头部：女士化妆以淡雅为宜，不应浓妆艳抹。发型自然、整洁，长发应盘起或束起，短发不宜长于颈。男士发型要庄重、整洁，必须做到“前不过眉、侧不过耳、后不触衣领、不留怪异发型、不蓄胡须。

手部：注意卫生，勤洗手，注意不留长指甲，指甲长度不可超过手尖。可涂无色指甲油，不可涂彩色指甲油。

足部：可穿凉鞋、布鞋或皮鞋，不得穿拖鞋，保持鞋面清洁。可穿肉色袜子或黑色袜子。

3. 文明着装。要求统一着工作装，佩戴工牌，做到得体、整洁。穿衣时要求所有纽扣全部扣上，衣服不得有破损、补丁和丢扣子现象。

(二)形体动作规范

形体动作是指营业员在服务中表露出的眼神、表情、动作等。主要有以下规范要求：

1. 站姿

要求肩平、头正、挺胸、收腹、脚跟并拢、脚尖分开约30°，两臂自然下垂或体前交叉。男士在站立时，可将双手相握叠放于腹前，或者相握于身后。双脚分开，与肩同宽，目光平视，表情自然。女士在站立时，则要表现出女性轻盈、娴静、典雅的韵味。可以将双手相握叠放于腹前，目光平视，表情自然。

2. 行姿

行进姿势的基本要点是：身体协调、姿势优美、步伐从容、步态平稳、步幅适中、步速均匀、走成直线。

3. 坐姿

男士入座时双膝自然并拢或略分开，身体可稍向前倾，给人以尊重和谦逊的感觉。女士因在站立的姿态下，后腿能够碰到座椅时轻轻入座，坐下后双腿并拢。要求上身和大腿、大腿和小腿分别形成直角，小腿垂直于地面。女士身着裙装入座时，应用手扶裙，坐下后将裙角收拢。

4. 蹲姿

通常身穿短裙的女士应用交叉式蹲姿。要求下蹲之时右脚在前，左脚在后，右小腿垂直地面，全脚着地，上身略向前倾。

5. 手姿

(1)与他人握手时，应用右手的手掌轻握对方的手掌，双目注视对方，保持微笑状态，通常以3秒钟为宜。

(2)介绍他人时，应抬起前臂，五指并拢，手掌向上倾斜，指向被介绍者。语言简明扼要，使用敬语。

(3)交换名片时，应五指并拢，大拇指轻夹名片，正面朝上，双手递接。

(4)指引方位时，要站立，身体略向前倾，右手五指并拢，手心向上，手臂略弯曲。

(三)服务用语规范

准确把握而适当运用服务用语，是对广大出版物发行员的一项基本要求，同时也是做好本职工作的基本前提之一。营业员在接待读者使用服务用语必须讲究语言的艺术性，要做到语言标准、语调柔和、语气谦恭。语言标准是指要讲普通话，发音正确；语调柔和是指音量适中、快慢有度；语气谦恭是指在语气上表现出热情、亲切、和蔼和耐心。

1. 常用接待用语

(1)问候用语。在问候他人时，具体内容应简练规范。例如：准时开门迎客时，要说“您好！”“欢迎光临！”“见到您很高兴！”。

(2)送别用语。主要适用于送别他人之际。例如：“再见！”“慢走！”“欢迎再来！”“一路顺风！”“多多保重！”。

(3)致谢用语。又称道谢用语，用于表达自己的感激之意。例如：“谢谢！”“十分感谢！”“谢谢您的理解！”“谢谢您的支持！”“有劳您了！”“让您替我们费心了。”“上次给您添了不少麻烦。""那件事情太让您为我操心了。"。

(4)征询用语。多适用于主动向消费者提供帮助之时。例如:"您需要帮助吗?""我能为您做点什么?"。

(5)应答用语。主要用来答复消费者的请求。一般不允许营业员对消费者说"不"字,更不允许对其置之不理。常用的应答用语主要有:"是的。""好。""随时为您效劳。""很高兴为您服务。""我知道了。""好的。""我明白您的意思。""我会尽量按照您的要求去做的。""一定照办。"等等。

(6)谦恭用语。当消费者对于被提供的服务表示满意时,或是直接对营业员进行口头表扬、感谢时,一般宜用谦恭用语进行应答。主要有:"这是我的荣幸。""请不必客气。""这是我应该做的。""请多多指教。""您太客气了。""您过奖了。"等等。

(7)道歉用语。在工作中,因种种原因带给他人不便,或妨碍、打扰对方时,营业员必须及时地向对方表达歉意。最为常见的道歉用语主要有:"抱歉!""对不起!""请原谅!""失礼了!""失陪了!""不好意思!""多多包涵!""真过意不去!"等等。

2. 禁忌用语

在接待读者时,应注意不谈论消费者的缺点和弱点;不讲推诿责任的话;不说竞争者的坏话;不谈论别人的隐私;不在消费者面前谈论丢书的话题;不讲刺激消费者、激化矛盾的话;不讲脏话、俚话、废话;不讲有损消费者人格的话;不讲埋怨、责怪消费者的话;不顶撞、训斥消费者;不讲低级庸俗、粗俗无理的话;不讲伤害消费者自尊心的话;不讲生硬、唐突的话;不讲欺瞒哄骗消费者的话;不讲讽刺挖苦、反唇相讥的话。

切忌语气急躁、生硬和轻慢。语气急躁是指营业员语气焦急、暴躁、激动,或者很不耐烦。例如:"抓紧时间,快下班了!""我还有别的事。""想不想买?""挑够了没有?"语气生硬,是指营业员语气上勉强、生冷、僵硬。例如:"着什么急呀?""喊什么呀?""等着。""废话。""别乱动,你赔得起吗?"等等;语气轻慢:是指营业员语气上显得轻狂、歧视、怠慢,或者失敬于人。例如:"你知道吗?""你见过吗?""看清价格再说?""你买得起吗?"等等。

四、导购服务

导购服务的主要工作内容在于接受读者关于出版信息、出版物陈列位置、出版物内容及出版物有无备货等方面的咨询,并借此机会为读者的出版物购买提供合理化的建议,帮助读者选择合适的出版物。

在导购服务中,营业员除了熟悉卖场的分区、分架以便帮助读者找到所求图书之外,还需要营业员对读者心理进行把握。例如,通过读者的年龄、学历、兴趣、爱好、工作要求,以及当前的热点来把握读者的阅读心理,从而更好地向读者推荐某类图书。此外,从读者的一些行为反应也可以了解其需求,从而更好地促进销售。比如,当读者正在快速翻阅时,可以告诉读者此书的销售情况和市场的反应,以促成其购买;当读者购书犹豫,无法抉择哪本更适合自己时,可以通过一定的销售技巧,将认为较好的图书推荐给读者,也可以很快促成购买。

(一)出版物介绍方法

(1)讲解法。用简洁的语言介绍出版物，用举例、数据提供、比喻和讲故事的方法说明出版物的优势所在。

(2)演示法。出版物发行员通过演示、鼓励读者尝试等方法，让读者体验出版物的效果和内容。演示出版物时要有所侧重，着力表现读者最为关注的内容。

(3)关联介绍法。向读者介绍与他准备购买的出版物相关的同类出版物方法。这类介绍法一方面能够增加销售机会，另一方面也体现了为读者周到考虑的服务。需要注意的是，在介绍时要侧重介绍同类出版物与其目标出版物的异同，以及同类出版物的优点所在。

案例精析

德国的书店如何在逆境中求生存

目前德国还有6 000多家书店，这对一个人口只有8 000万、面积只有一个云南省大的国家来说仍然是一个很高的数字。面对电子媒体和网络邮购业务的竞争，很多书店也在通过相应的变革在不失传统的情况下改变经营理念和模式，留住并吸引更多的顾客。比如说加强与顾客的联系和互动。作为街区的一道独特风景线，德国居民对书店有着一种特殊的情感，甚至把闲暇之余逛书店看作是自己生活中不可或缺的一部分。所以一些小型书店不仅卖书，而且还为顾客提供咖啡和糕点，为顾客营造一个安静祥和、轻松愉快的氛围。还有就是为顾客提供更好的咨询服务，通常只有1/5的顾客知道自己到底要买哪本书，大部分人是没有明确目的的。这时候导购就非常的重要，专业细致的建议往往会让顾客忘记书的价格和数量，比如说营业员会像与朋友拉家常一样，与你分享一本或者说是几本小说的读后感，让你也情不自禁地想去买来阅读，以上这些网络邮购是无法做到的，而且价格一般也不会比传统书店更便宜。所以也有不少德国人是通过网络搜索到自己想要的书，然后拿着目录去书店里购买或者说是订购。

——资料来源：书籍成德国最热门圣诞礼物　书店提供贴心咨询服务. 中国广播网，2013年12月20日

[精析]

德国书店的成功体现了优秀的导购服务对出版物销售的重要性。导购服务并不是简单易成的事情，导购员应在充分了解自己所销售的出版物的特征、特点、价值的基础上，追求为读者提供最好的服务、建议和帮助，通过优良的导购服务来打造书店卖场的核心竞争力，从而与网络书店区隔开。

(二)图书导购服务规范

(1)读者需要帮助时，应说“请问要找哪类书”“我带你去找”“我给你找出来”。

忌用“不知道”“你自己去看”“你自己去找”“没有”。

(2)读者有批量订货意向时，应了解并问清具体情况或热情引至主管经理或市

场部。

忌用“你到底能定多少？”“我不知道有没有这么多”“我不知道什么时间到书”。

(3)礼貌用语。不能立即接待读者时，应说“请您稍候”“麻烦您等一下”“我马上就来”等。对在等候的读者说“让您久等了”“对不起，让你们等候多时了”等。当读者向你致谢时说“请别客气”“不用客气”“很高兴为您服务”“这是我应该做的”等。

当读者买不到出版物时，应向读者致歉，并给予建议，其用语为“对不起，现在刚好缺货，让你白跑一趟，您要不要换一种试一试？”或“您要不要留下您的电话和姓名，等货到时立刻通知您，这是我们的电话，有空您打电话来问一下，行吗？”

(三)图书导购服务注意事项

(1)与读者交谈的用语宜用询问、商量的口吻，不应用强迫或威胁的口气要读者非买不可，那会让人感觉不悦。

(2)要有先来后到的次序观念。先来的客人应先给予服务，对晚到的客人应亲切有礼地请他稍候片刻，不能置之不理。

(3)营业场所十分忙碌，人手又不够的情况下，记住当接待等候多时的读者时，应先向对方道歉，表示招待不周恳请谅解，不宜敷衍了事。

(4)有时一些读者可能由于不如意而发怒，这时营业员要立即向读者解释并道歉，并将注意力集中在读者身上，要克制自己的情绪。

职场指南

处理读者问题的技巧

如何巧妙地回答读者的问题，处理读者的抱怨也是营业人员在图书导购过程中需要重点掌握的，对此大多数书店都会有相关的管理章程。图书导购工作中常遇到问题及处理方法进行总结归纳。

1. 如何巧妙处理读者的埋怨？

对于读者的埋怨，营业人员首先应该微笑服务，耐心解释，并尽可能提供帮助。如果读者有过激行为，最好不要与之当面发生冲突，应立即反映给上级，以便更好解决。

2. 读者要买的书缺货怎么办？

遇到读者指定的图书缺货时，可先指导读者到缺书登记处进行缺书登记，知道是哪家(些)出版社后立即进行添货，以最短的时间组织到货，通知读者前来购买。

有的图书本店如未进货，要先心平气和地解释书店没有获得该书的经销权或向读者推荐同类图书，不要和读者发生冲突，或者建议其到其他书店去看一看。

3. 读者要退换图书时怎么办？

遇到读者需要退换图书，只要是本店购买(凭小票)，而图书本身没有损坏，一般在3～7天内可以退换。但过了退换期限还要求退换，如所买图书本身没有任何损坏，而该书确实不是读者所要的版本时，可视具体问题商量解决，不能一概而论。

实践训练 1

一、实训项目

导购服务规范

二、实训内容

分组分角色进行角色扮演，对学生的出版物导购服务规范进行考核。重点考核学生的站姿、行姿、服务手势、服务用语。

三、实训形式

1. 以小组为单位，6 人一组，进行抽签。抽签决定小组成员需要考核的服务规范，即：

(1)站姿；

(2)行姿；

(3)服务手势；

(4)服务用语。

2. 各小组搜集各个书店卖场对其抽到的需考核项目的服务规范要求，并综合总结，做出 PPT 进行陈述。

3. 各小组进行站姿、行姿、服务手势、服务用语的演示，其他小组依据对演示小组的四大服务规范项目进行考核，并对其演示进行评价。

例如，A 小组共有 6 人，其他组成员分别给这 6 人的站姿、行姿、服务手势和服务用语规范进行打分。A 小组共有 6 人×4 个项目的分数，分项目计平均数，即为小组得分。

4. 评选最佳小组和最佳营业员。

四、注意事项

服务规范评选现场时，其他小组的成员应文明参与，认真打分。

五、评价标准

“导购服务规范”实训项目评价见表 7-1。

表 7-1　“导购服务规范”实训项目评价表

项目	分值	表现描述	得分	备注
抽选项目的服务规范总结完整	40			

续表

项目	分值	表现描述	得分	备注
站姿规范	10			应针对读者的不同需求和特点，进行内容推介
行姿规范	10			
服务手势规范	10			
服务用语规范	10			
参与评选认真	20			
合　计	100			

实践训练 2

一、实训项目

出版物推介

二、实训内容

分组分角色进行角色扮演，向读者进行出版物的推介服务。重点介绍出版物的特点、优点以及与同类出版物的异同点。

三、实训形式

1. 以小组为单位，6人一组，进行抽签。决定小组需要推介的出版物类。具体抽签步骤见表7-2：

表7-2　各类出版物推介抽签

一次抽签	人文社科类	生活类	经管类	文学小说类
二次抽签	心理学	旅游	管理	武侠
	历史	美食	投资理财	科幻
	哲学	运动保健	经济	职场

(1)一次抽签决定出版物类型(一级类目)。

(2)二次抽签决定出版物二级类目。

2. 分小组分角色进行角色扮演准备工作。确定具体要推介的3本出版物，并分配角色扮演任务。其中3人扮演不同性别、年龄和职业的读者，另外3人扮演出版物发行人员，两两一对进行角色扮演。

3. 小组在全班进行角色扮演展示，并进行交流，小组间互相提问。

4. 评选优秀营业员和最佳小组。

四、注意事项

1. 具体推介出版物的出版信息收集整理。
2. 角色扮演演示时，其他小组的成员应文明参与，踊跃提问。

五、评价标准

“出版物推介”实训项目评价见表 7-3。

表 7-3 “出版物推介”实训项目评价

项目	分值	表现描述	得分	备注
出版物推介内容完整	30			推介内容包含出版物基本信息、内容特点、优点、同类出版物比较等主要项目
推介内容针对性	30			应针对读者的不同需求和特点，进行内容推介
出版物特点分析深入	20			
语言表达流畅	10			
符合出版物发行人员服务规范	10			
合 计	100			

任务 2

售货操作

任务思考

书店卖场的售货操作与其他卖场有何相同之处与不同之处？

任务分析

在书店卖场售货操作方面，书店卖场与其他卖场的管理之间既有相通之处，又有不同之处。普通卖场的售货操作方法也适用于书店卖场，但书店卖场作为出售出版物的场所，面对的售货连续操作与其他卖场又有所不同，具有特殊性。

资料导读

书店卖场售货创新之举——图书论斤卖

据厦门日报报道，“一共 5 千克，100 元钱。”这不是在菜市场买菜，而是在一家精装修的书店收银台买书。昨日，记者在我市火车站附近一家新开张的书店看到，这里的所有图书只有两种价格，按斤来卖——15 元一斤或 10 元 500 克(图 7-3)。

现场　在收银台称重打包

图 7-3　书本称重

记者在这家书店看到，书店按社科、居家、美食、美容、名著、文学小说类等目录分门别类，环境也非常不错，不过，这里的普通简装书籍统一售价10元500克，而硬皮包装或精装书籍则卖15元500克。

经过一番挑选，市民小胡购买了一套原售价近千元的“中华文化百科”，结果一称，只需200多元。他说：“挑好的书，直接就在收银台称重打包，这种感觉就像平时在农贸市场买白菜一样划算。”

“我们这边卖的书都是正版的。”一位销售人员拿着一套包装颇为考究的《建筑设计全书》说，受店租、电子、盗版的影响，私营书店的生意越来越难做。从目前的情况来看，很多人都是图新鲜走进店里来看一看。

说法　卖打折书的“升级版”

“这种做法其实是摆摊卖打折书的‘升级版’。”一位业内人士说，“按斤卖书”和近两三年图书行业不景气时出现的“摆摊打折”卖书一样，追求的是销量，其实就是相当于特价图书，只不过换了种“新招”。“这就等于是打折，这样按个体单位卖，看上去是不是划算多了?”

这位业内人士说，事实上，有的书也并没有想象中的便宜，比如一本600多页的简装本《健康养生全集》，标价29.9元，一称起来，也要两斤半重，不过，按照个体单位来计价，总让读者觉得更便宜。事实上，多数书经核算后，总价多数较平时售价便宜一半，有的仅打八折。

——资料来源：厦门日报，2014年6月13日

相关知识

一、认识收银机

商业电子收银机是微电子技术发展与现代化出版物流通技术发展相结合的产物，而商业电子收银机则是现代化、自动化商业管理必不可少的基本电子设备之一。

(一)收银机的优点

1. 收款迅速、正确

收银员通过对读者购买信息的录入，收银机作出快速的响应，正确地计算出该笔交易额并显示出应收钱、实收钱、找钱等信息，减少了收银员对交易额的计算时间，提高了收银速度，特别是出版物条形码的技术应用使收银速度提高了3倍，减少了单笔交易时间，提高了经营效率，方便了读者。

2. 支持多种付款方式

支持读者现金支付方式，支持支票、信用卡、外币、礼券、提货单、支付宝、微信等付款方式。甚至在同一笔交易中，以多种方式支付，极大地满足了读者不同层次的需求。

3. 业绩统计，为管理服务

收银机能记录收银员在营业中的销售业绩及读者的购物信息，并能打印多种形式

的报表，直接为管理服务为决策者提高客观依据。

4. 结账精确，杜绝舞弊

收银机的应用，使出版发行企业的钱、物受到严格的控制，缩短了结账时间，提高了正确性和精确度。

(二)电子收银机的结构

电子收银机的结构主要由电子器件和机械部件二类组成，有以下七个组成部分：①主板——中央数据处理部件；②存储器——存储信息、数据、程序；③键盘——用来输入各种销售数据；④打印机——用于打印销售发票和管理存根；⑤显示屏——用于方便收银员和读者进行人机对话；⑥钱箱——用于存放收款现金；⑦外部设备接口——用于连接各种外部设备。

二、收银作业

(一)收银作业流程

具体收银作业可按日安排作业流程，每日作业流程可分为营业前、营业中、营业结束后三个阶段。

1. 营业前

(1)开门营业前打扫收银台和责任区域；

(2)认领备用金并清点确认；

(3)检验营业用的收银机，整理和补充其他备用品；

(4)了解当日的变价和特价出版物；

(5)检查服饰仪容，佩戴好工号牌。

2. 营业中

(1)遵守收银工作要点：①欢迎读者光临；②登打收银机时读出每件出版物的金额；③登打结束报出出版物金额总数；④收读者钱款要唱票：“收您多少钱”；⑤找零时也要唱票“找您多少钱”。

(2)对读者要保持亲切友善的笑容，耐心地回答读者的提问。

(3)发生读者抱怨或由于收银结算有误读者前来投诉交涉时，应立即与值班长联系，由值班长将读者带至旁边接待与处理，以免影响正常的收银工作。

(4)等待读者时，收银员可进行营业前各项工作的准备。

(5)在非营业高峰期间，应听从值班长安排从事其他的工作。

3. 营业后

(1)结清账款，填制清单。

(2)在其他人员的监督下把钱装入钱袋交值班长。

(3)引导读者出店。

(4)整理收银作业区。

(二)收银作业管理重点

由于收银员工作对书店卖场经营的重要性，对收银员作业的管理细化到收银员作业流程的每一个作业程序乃至每一个动作和每一句用语，都是十分必要的。

1. 严明收银员的作业纪律

作为与现金直接打交道的收银员，必须遵守出版发行企业严明的作业纪律。

(1)收银员在营业时身上不可带有现金，以免引起不必要的误解和可能产生的公款私挪的现象。

(2)收银员在进行收银作业时，不可擅离收银台，以免造成钱币损失，或引起等候结算的顾客的不满与抱怨。

(3)收银员不可为自己的亲朋好友结算收款，以免引起不必要的误会和可能产生的收银员利用收银职务的方便，以低于原价的收款登录至收银机，以企业利益来图利于他人私利，或可能产生的内外勾结的"偷盗"现象。

(4)在收银台上，收银员不可放置任何私人物品。

(5)收银员不可任意打开收银机抽屉查看数字和清点现金。随意打开抽屉既会引人注目并引发不安全因素，也会使人产生对收银员营私舞弊的怀疑。

(6)收银员在营业期间不可看报与谈笑。

(7)收银员要熟悉卖场上的出版物，尤其是特价出版物及其有关的经营状况，以便顾客提问时随时作出正确的解答。

2. 收银员离开收银台的作业管理

当收银员由于种种正常的原因必须离开收银台时，其作业程序控制如下。

(1)离开收银台时，要将"暂停收款"牌放在收银台上。

(2)将现金全部锁入收银机的抽屉里，钥匙必须随身带走或交值班长保管。

(3)将离开收银台的原因和回来的时间告知临近的收银员。

(4)离开收银机前，如还有顾客等候结算，不可立即离开，应以礼貌的态度请后来的顾客到其他的收银台结账，并为等候的顾客结账后方可离开。

3. 营业结束后收银机的管理

营业结束后，收银员应将收银机里的所有现金、购物券、单据收回金库并放入书店卖场指定的保险箱内。

三、售货连续操作

售货连续操作是出版物整理、点数、计算、开票、包扎操作环节的综合作业，是出版物发行人员的日常销售工作内容之一，通常可分为人工销售连续作业和计算机销售连续作业两种情况。

(一)人工售货连续作业步骤

(1)整理。把出版物按照类型、开本、厚薄、精装与平装等不同进行分类整理。

(2)点数。清点各类型出版物的数量和出版物的总数量。

(3)计算。用计算器计算出版物的总金额，确认无误后开销售小票。

(4)开票。按照计算的总数量、金额开具销售小票，并交付给读者凭票付款。

(5)包扎。按照读者的要求打邮包或者铁路包。

(二)计算机售货连续作业步骤

1. 整理。把出版物按照类型、开本、厚薄、精装与平装以及定价等不同进行分类整理。

2. 销售。输入出版物的条码或售货编号、数量，并汇总销售结果。

3. 包扎。按照读者的要求打邮包或者铁路包。

(三)售货连续操作注意事项

(1)使用计算机系统管理销售的出版物发行企业，点数、计算和开票三个环节均可在计算机系统中进行，从而便于管理。

(2)整理时应轻拿轻放，注意不要损坏出版物。

(3)手工填写销售小票时，字迹要清楚、端正、容易辨认；填写金额时要注意不要涂改、挖补。

(4)可根据书的数量不同分别采取图书装袋或包扎。包扎方法主要包括十字型、双十字型和井字型。十字型包扎主要用于图书高度在20厘米左右的情况，在图书上下各衬一张包装纸，以十字型捆扎，注意上下书的封面朝里，精装书放在中间。双十字型包扎用于图书较多时，将书分成两摞，每摞高度在20厘米左右，以双十字捆扎，注意上下书的封面朝里，精装书放在中间，书脊朝外。井字型包扎应该用包装纸(并加衬纸)将图书全部包起来，采用井字型捆扎。在包扎时要注意包扎的松紧度，不要过松或过紧。

案例精析

南京先锋书店的收银与售货

美国CNN曾对南京先锋书店进行了专题报道。原文标题是：China's most beautiful bookshop in a car park——中国最美的书店在停车场！

“没有华丽的枝形吊灯，没有炫耀的外表，要寻找中国最美书店，旅行者只需沿着路上的黄线前进，来到一个地下停车场。”CNN的报道这样开头，接着向美国观众介绍了先锋书店千本旧书堆砌出来的收银台，书店成长史，是南京大学生的“第二图书馆”，以及作为交流和音乐会广场的书店大厅。该报道最后说：先锋书店在读者的眼中更多成为一种亲情文化、一种品牌体验、一种文化符号，是南京的旅游地标(图7-4)。

图7-4 南京先锋书店的收银台

南京先锋书店的会员制度

一、总则

南京先锋书店 VIP 卡为先锋书店贵宾会员卡；

VIP 卡功能：此卡可以充值，可以刷卡消费，与先锋书券具有同等的功能，可以购买书籍(特价书除外)以及创意产品，但消费时不再享有任何折扣。

二、发放规定

一次性充值满 200 元(现金)而不满 500 元(现金)的顾客，可以享受 9 折的返点优惠；一次性充值满 500 元(现金)而不满 2 000 元(现金)的顾客，可以享受 8.5 折的返点优惠；一次性充值满 2 000 元(现金)而不满 10 000 元(现金)的顾客，可以享受 8 折的返点优惠；一次性充值满 10 000 元(现金)及以上的顾客，可以享受 7.5 折的返点优惠。如有会员折扣卡以最低的优惠卡折扣为标准办理。续卡金额不低于 200 元/次(现金)，多储不限。南京先锋书店会员卡如图 7-5 所示。

图 7-5　南京先锋书店会员卡

三、申请方法

满足申办条件的顾客，可到南京先锋书店各连锁店收银台办理申办手续；

申办顾客须按规定详实地填写申请表

(“顾客必填栏”由顾客填写，“内部填写”由本店工作人员填写)

a. 顾客的姓名、性别、身份证、手机号码(或者电话号码)、通讯地址、申请日期六项是必填栏。

b. 顾客拒绝填写完整会员资料的以及拒绝设定密码的，由此引发的一切后果由顾客本人承担。

c. 门店收银员对顾客登记的申请资料负有审核的义务，审核无误后收取现金，登记有关信息发放会员卡，顾客在确认审核无误后方可离开。

——资料来源：南京先锋书店官方网站(http://www.xf1996.com/)

[精析]

书店卖场的收银台不仅仅是完成出版物的销售操作工作的场所，还往往成为一个书店的“标志性”文化宣传场所。当下以“最美”著称的书店无一不在收银台的装饰和功能开发上花心思。先锋书店的收银台就是 4 000 多本古旧书籍垒成，从而彰显其“先锋”的文化思想。

此外，书店卖场的发行人员还要以收银台为“据点”，推介读者加入会员服务，并提供会员的咨询、售货、积分等售货操作服务。从先锋书店的会员服务准则就能看出，负责书店收银服务人员的重要性。

实践训练

一、实训项目

出版物售货模拟

二、实训内容

分组完成一笔出版物的日常售货流程模拟。包括扫描、收款、结账以及包扎工作。

三、实训形式

1. 以小组为单位，6～8人一组，分小组现场进行出版物日常销售模拟活动。

2. 小组成员轮流扮演售货员和读者的身份，售货员需要在模拟书店完成出版物的扫描、收款以及包扎工作，并向读者推介办理书店会员卡。

3. 评选最佳收银员。

四、注意事项

1. 模拟过程中对扫描机和POS机的正确操作。

2. 提倡限时完成售货模拟，整个日常售货流程应在3分钟以内完成。

五、评价标准

“出版物售货模拟”实训项目评价见表7-4。

表7-4 “出版物售货模拟”实训项目评价

项目	分值	表现描述	得分	备注
售货服务内容完整、准确	40			包括对扫描机和POS机的正确操作
会员推介信息完整准确	30			
图书包扎迅速	10			
语言表达流畅	10			
时间掌控合理	10			
合　计	100			

任务 3

服务台作业

任务思考

你认为书店卖场需不需要设立专门的服务台和人员来为读者进行服务？为什么？

任务分析

出版物发行人员在完成出版物销售的过程中，除了为读者提供日常销售收银服务外，还需要完成一些其他相关的读者服务。如对读者的咨询进行解答，满足读者的查询需求以及出版物售出之后的退换货相关服务等。这些服务也是书店卖场满足读者需求，提升读者阅读和消费体验的重要组成部分。

资料导读

书店卖场服务台的功能创新

来自日本的内沼晋太郎在日本东京经营一家B&B的独立书店，他的书店是一家可以喝啤酒的书店，他也强调书店的有趣性。“我们想要打造的书店是一个新商业模式的小书店，我们这个书店就是卖啤酒，卖家具，然后办活动。在收银台旁边就有一个啤酒的服务台，我们从这里接啤酒就可以一边看书一边喝啤酒。同时我们每天晚上都会邀请作者来做演讲，每个月的活动大概有 40 场。并且凡是挂着标价的家具都可以售卖。”

“但我们并不是想经营一家小酒馆或家具店，更不是想经营一个活动中心。我们是一个很小的商店，所以我们想卖很精品的书，通过这样努力的话我们就能够满足人们想找到一本有意思的书的一个愿望，他们就会到我们的这个书店，然后来看书和喝啤酒。为了书店本身的生存，我们就会不拘泥于一定要卖书这个方式，我们采取相辅相成多种收入方式来经营。”内沼晋太郎表示。

——资料来源：2017 成都国际书店论坛.《书店人：如何打造一家书店》

相关知识

一、服务台服务项目

服务台是书店卖场的服务窗口，书店卖场服务台和商场、超市服务台职责相似，主要承担接待读者咨询查询、寄存读者私人物品、开具发票、退换货服务以及会员服务等。

(一)咨询服务

出版物发行员在日常销售工作中，常遇到来自不同读者的业务咨询。如：新出版物咨询、出版物定价咨询、出版物内容和有无备货等方面的咨询。因此，出版物发行员还要掌握与出版物咨询服务相关的理论知识与服务技能。

案例精析

国内首家无人售书书店重庆投用(节选)

重庆书城无人售书全自助平台上线，手机上选书支付、带书离店全程不超3分钟。

买书付款需要排长队，如果遇上刚开学，等候付款的时间甚至比孩子选书的时间还长，可能不少去过解放碑重庆书城的家长都受过这样的累。即日起，如此恼人的买书体验要有所改观了：昨天下午，记者从解放碑重庆书城获悉，书城旗下的电商平台阅淘网打造的读者全自助购书自提平台已正式投入使用。

记者现场体验发现，读者通过手机选书、下单支付，到最后凭二维码通过专门的绿色通道带书离店，耗时仅需两三分钟。“如果大家选书较多，觉得太重，也可以在手机上选择快递到家。”重庆书城的经理朱健安表示，重庆书城已成为目前国内首家实现无人售书功能的大型书城。

……

在朱健安的指引下，记者在重庆书城一楼大厅看到，紧靠以往人头攒动的收银台的就是读者全自助购书的自提平台。“读者在‘阅淘网’(微信公众号或app)注册后，就可以在里面搜索自己想要的图书。”朱健安说，这里的图书数据和重庆书城实体店的数据是完全同步的。

……

读者还有更细的要求，阅淘网的下单方式也能满足。“比如你选的书比较多，太重，不想自己提回家，你可以在下单时直接选快递到家。”朱健安提到，通常每天中午11点前主城区读者下的订单，当天就能收到书。“我们还留意到，有读者不想等，但自己又没有时间来店里选，那可以在下单时选择让我们店员根据订单配好书，放在服务台，读者在午休或是下班的间隙到店来带回家。”

朱健安说，截至目前，重庆书城每天售出的图书中通过阅淘网下单的量早已超过了实体店的销售量。而在网上销售的这部分中，选择快递的读者和到店自提的又各占一半。

据统计，一个全自助的自提平台效率差不多相当于10个传统收银台。

——资料来源：国内首家无人售书书店重庆投用．重庆晨报．2019年3月12日

［精析］

在新媒体技术发展迅猛，线上书店版图扩张快速的今日，实体书店卖场如何借势

技术创新，结合实体书店卖场的优势创新卖场服务？是当前各国实体书店的共同目标。重庆书城无人售卖的新模式既是对书店卖场服务的创新，亦为当下我们如何真正做好读者服务提供了新的思路。

(二)开具发票

一般而言，读者在书店卖场购买出版物后，需要到书店服务台开具发票。尽管当前大部分书店都能使用机打发票，但手写出版物消费发票仍是出版物发行人员需要掌握的基本技能。

发票的具体样式如下。

发　票　联

开票日期：　　　年　　月　　日

<table>
<tr><td>客户名称</td><td colspan="2"></td><td colspan="2">税务登记代码</td><td colspan="7"></td></tr>
<tr><td rowspan="2">品　　名</td><td rowspan="2">规格</td><td rowspan="2">单位</td><td rowspan="2">数量</td><td rowspan="2">单价</td><td colspan="6">金　额</td><td rowspan="2">备注</td></tr>
<tr><td>千</td><td>百</td><td>十</td><td>元</td><td>角</td><td>分</td></tr>
<tr><td></td><td></td><td></td><td></td><td></td><td></td><td></td><td></td><td></td><td></td><td></td><td></td></tr>
<tr><td></td><td></td><td></td><td></td><td></td><td></td><td></td><td></td><td></td><td></td><td></td><td></td></tr>
<tr><td></td><td></td><td></td><td></td><td></td><td></td><td></td><td></td><td></td><td></td><td></td><td></td></tr>
<tr><td></td><td></td><td></td><td></td><td></td><td></td><td></td><td></td><td></td><td></td><td></td><td></td></tr>
<tr><td>金额合计（大写）</td><td colspan="4">仟　佰　拾　元　角　分</td><td></td><td></td><td></td><td></td><td></td><td></td><td></td></tr>
<tr><td rowspan="2">销售单位</td><td rowspan="2" colspan="2">（加盖财务专用章或发票专用章）</td><td>开户银行</td><td></td><td colspan="2">结算方式</td><td colspan="5">银行□ 现金□</td></tr>
<tr><td>账　号</td><td></td><td colspan="2">电　话</td><td colspan="5"></td></tr>
</table>

开票地址：　　　　开票人：　　　　收款人：

图 7-6　发票

开具图书发票时，要注意以下几点。

(1)逐项填写发票项目，包括年、月、日、客户名称、品名、数量金额、开票人等，品名栏可直接填写“图书”。

(2)小写金额前加人民币符号“¥”，合计金额用大写汉字。大小写金额要一致，大写汉字不得随意简化。

(3)字迹清楚，易于辨认。

(4)发票开错不易涂改，需重新填制。开错的发票应由经理或组长签字证明，并加盖作废戳记，与发票存根一起保存。

(三)退换货服务

(1)读者办理退换货时，要求持原始签购单持卡人联、消费单据至购买出版物的出版物专区开具退换货凭单，依据退换货情况，由专区的导购人员签字，再凭退换货凭单至服务台办理登记手续，进行退换货。

(2)已开具发票的读者办理退换货，需携带已开立发票的原件共同办理。

(3)在办理退换货时，书店会员卡内的相应积分也将相应调整。

(4)办理退换货时，服务台工作人员需要仔细检查出版物的完整，包装无损。

二、服务台作业管理

(一)营业前

1. 积极的心态。营业前调节好自己的精神面貌，保持愉快的情绪和积极向上的心理状态。

2. 得体的着装。一般书店卖场都提供统一制度，员工到岗后应立即更衣，并检查着装仪容。

3. 参加早例会。要准时参加早例会，分派当日工作任务，并对前一天的工作进行信息反馈。

4. 清理环境。打扫服务台卫生。

(二)营业中

1. 微笑服务。服务台是书店卖场的服务窗口，要坚持微笑服务，达到顾客满意。

2. 细心热情。细心热情为读者解答，做好咨询查询服务；认真细致处理好读者的投诉和出版物退换服务；妥善做好读者的出版物包扎服务。

(三)营业后

1. 信息沟通。当天未处理完的工作事宜，应留言告知次日或次班当班的同事，提醒注意和协助处理。

2. 清扫卖场。将负责的部分打扫干净。

3. 晚例会。参加晚例会，对一天的工作进行总结，并提出改进建议。

实践训练

一、实训项目

开具图书销售发票

二、实训内容

分组完成一批图书销售发票的开具。

三、实训形式

1. 每人使用发票联，填写 10 本书的销售发票。

2. 每人从当当网或者亚马逊图书销售网站上，以当前售价为准，列出 10 本想购买阅读的图书，并开出图书销售发票 4 张，其中：任意图书组合开具 3 张图书销售发票，10 本书合计开具 1 张图书销售发票。

3. 评选最佳服务员。

四、注意事项

1. 字迹清楚、易于辨认。
2. 完成后可两人一组互相检查有无错漏。

五、评价标准

“开具图书销售发票”实训项目评价见表 7-5。

表 7-5　“开具图书销售发票”实训项目评价

项目	分值	表现描述	得分	备注
任意图书组合的销售发票内容填写完整、准确	60			一共 3 张，每张计 20 分。
10 本书合计的销售发票内容填写完整、准确	30			
时间掌控合理	10			
合　计	100			

项目八　促进出版物销售

【知识目标】

1. 了解出版物促销的含义及意义。

2. 熟悉书业企业常见的广告宣传类型。

3. 熟悉出版物促销方案设计的原则和步骤。

4. 掌握书业企业常用促销方式及策略。

【能力目标】

1. 能为书店卖场设计并实施出版物营销方案。

2. 能根据不同书店经营情况，对广告促销、人员推销、公共关系、营业推广等促销方式进行适当选择和综合配置。

任务 1

出版物促销方案实施

任务思考

某书店在发行一期刊时因附赠一本精美漫画信纸而受到众多读者的喜爱，有次信纸送完了，没收到信纸的读者与发行员发生了许多不愉快，信纸补发后，大多数读者置放一旁并未使用，但下次购买，读者仍要求附赠该类信纸。试分析，该卖场采取的促销策略。

任务分析

现代书业企业竞争已不再是单纯的数量、质量和服务的竞争，而是整个企业品牌形象的竞争，如何将自己与竞争对手区别开来，使读者建立消费偏好与品牌忠诚，是书店深度探索的课题。在激烈的市场竞争中，促销活动对于书店吸引读者关注、传递出版信息、刺激销售行为、提升企业形象将发挥日益重要的作用。

资料导入

泰兴新华书店暑期促销方案

一、活动时间和主题

活动时间：7 月 1 日至 8 月 31 日。活动主题：多彩暑假，快乐阅读。

二、具体活动安排

(一)“快乐阅读”流动供应

7 月 1～5 日，精选学生暑期阅读图书，在济川中学、实验初中及全市各高中学校摆摊设点，流动供应。

(二)“经典红色”节日展销

7 月 1～5 日，为庆祝建党 94 周年，济川、黄桥新华书店专柜展销“党史党建”等红色图书，以及《习近平谈治国理政》《“四个全面”党员干部学习读本》《习近平关于党风廉政建设和反腐败斗争论述摘编》《三严三实党员干部读本》等主旋律图书。

(三)开心出版社图书优供

1. 7 月 1～15 日，精选开心出版社图书在一楼专柜陈列，8 折优惠。

2. 7 月 16～31 日，选购开心出版社图书满 39 元凭小票送组合文具一套。

3. 活动部门：济川新华书店

(四)“我的暑假愿望——创意绘画”活动

7月15日～8月15日，济川新华书店在此期间，不定时召集来店小朋友举办绘画游戏，小朋友们可在画纸上尽情涂鸦，表达自己的内心愿望。活动结束后，将选择30张优秀作品在店堂展示。

(五)“你买我赠，购书有礼”活动

1. 7月10～20日(放假后)以及8月1—16日(开学前)，读者选购文教图书满50元，可获赠5元购书卷(满25元可使用)；

2. 8月1—15日，读者选购北京大学出版社指定图书现金满50元，可获赠10元“生活馆代金券”，满100元获赠20元券，以此类推；

3. 8月17—31日，读者选购任意工具类图书满25元，可获赠指定杂志一本(10元以内)。

4. 活动部门：济川新华书店

(六)“庆八一，献真情”活动

8月1～2日，济川新华书店精选军事理论、军事小说及中国革命、部队管理等方面书籍集中展示，军人凭军官证、士兵证选购享受8.5折优惠。

(七)“浓情七夕，以书传情”活动

8月20～23日，济川新华书店集中陈列言情类小说，7折优供。8月20日七夕当天，全场购书满77元，即赠送一个精美相框；满177元，即赠送一个玫瑰花朵竹炭包。

(八)“凤凰文化生活馆”回馈活动

1. 7月全月，读者在济川新华书店购买全场图书满60元，可凭图书小票，在“生活馆”购买指定商品享受八五折优惠。

2. 8月全月，“生活馆”每周推出一款特价商品限量特供：清风系列卷纸，原价38元，特价30.5元(八折)；康乐屋干发帽，原价30元，特价15元(五折)；卫新洗衣液，原价9.9元，特价5.9元(六折)；苏泊尔硬质炒锅，原价219元，现价186.2元(八五折)。

——资料来源：泰兴新华书店暑期活动集锦. 泰兴日报，2015年7月6日

相关知识

一、认识出版物促销

(一)促销和出版物促销

在现代市场营销理论中，促销有广义和狭义之分。广义的促销是指营销者通过人员和非人员的方式，向受众传递企业及产品信息，刺激消费者购买欲望，使其产生购买行为的营销活动。狭义的促销是指营销者运用降价折扣、礼品赠送、特卖展示、有奖销售等诱因，刺激消费者产生购买意愿，造成“偏爱”稳定销售的营销活动。促销的本质是双向沟通，即由信息提供者将信息传递给目标对象，赢得信任，说服受众对商

品的态度和购买行为。

出版物促销，是指书业企业通过各种有效的方式向目标读者传递出版物及服务信息，以唤起和强化读者对出版物产品的关注，激发其购买欲望、产生购买行为的市场营销活动。书业企业将最具说服力的出版物信息传递给目标读者，影响读者购买态度和行为，将潜在读者转化为现实读者，促进出版物销售。

(二)出版物促销的作用

1. 传递特色信息，指导读者选购

据开卷图书市场研究所的调查表明，新书出版后两三个月是销售高峰期，但书店受经营空间等限制，新书上架后若销量不佳，则会将其从黄金位置转移至普通区域。每年出版物品种和数量的不断增长和销售时间的集中，使出版物的销售生命周期过于短暂。加之读者的阅读需求具有较强的隐蔽性，因此，如果不能及时把有效的出版物信息传递给读者，则很难引起读者的注意，更难以完成提升社会效益和经济效益的使命。于是，宣传促销就成了传递出版发行信息和书店经营动态的快速通道，尤其是新书推介、图书评论、销售排行榜等宣传促销方式，成为指导读者选购图书的风向标。宣传促销具有双效作用，在向读者传递出版物信息时，书业企业还可以从读者需求情况了解出版物市场发展动态，有效地规避出版风险，提高出版质量。

据国家新闻出版广电总局 2015 年 7 月 15 日发布的《2014 年新闻出版产业分析报告》显示：2014 年，全国共出版图书 44.8 万种，同比增长 0.9%，其中，新版图书 25.6 万种。即 2014 年，我们每天出版图书约 1 227 种，其中每天新出版图书 700 余种，即每小时就有 29 本新书产生。出版物品种的快速增长，为人们提供了多层次、多样化的阅读需求，也给茫茫书海中的读者带来了阅读困惑。由此，引导读者选购就显得尤为重要，新书推介等促销方式就成了加速出版物销售的“助推器”。

2. 刺激销售，延长出版物生命

从营销学的角度来看，出版物产品生命周期包含了导入期、成长期、成熟期和衰退期四个阶段。

出版物导入期(介绍期)，指出版物新出版后投入市场的试销阶段，读者对其缺乏了解，市场销售份额小且增长速度缓慢。书业企业应大力开展广告宣传活动，疏通销售渠道，快速占领市场。

出版物成长期，指出版物经读者群的评价影响，逐渐被更多人熟悉、认可，其销售量迅速增长，流转加快。该时期，因出版物知名度提升和市场销售额的提高，跟风出版、盗版现象开始出现，书业企业应稳定出版物质量，加强品牌和信誉宣传，并保证充足的复本量，使其顺利进入成熟期。

出版物成熟期，指出版物经过一段畅销期流转，占据市场最大份额且趋向饱和，由于选题雷同或近似出版物的出现，市场竞争十分激烈，其销售量缓慢并递减。书业企业可通过深挖出版物内容资源、开发系列产品、拓展营销渠道、调整广告媒体、提供优质服务等方式进行市场渗透，扩大出版物的影响，争取更多读者。

出版物衰退期，指出版物产品销售日益缩减导致其销售空间萎缩、利润下滑，甚至被市场淘汰。书业企业可根据实际情况采取转移营销、集中营销、放弃营销等策略，努力在新的区域开发该出版物的需求、缩小经营范围在最有利的细分市场销售或是当机立断退出市场，转向新产品的开发(图 8-1)。

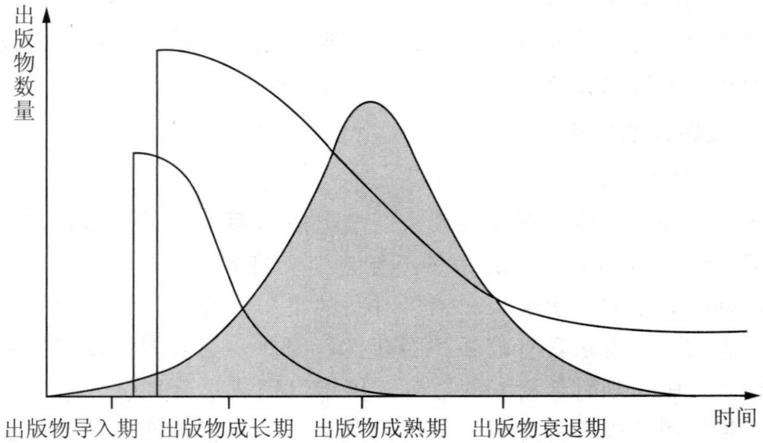

图 8-1　出版物生命周期曲线(图片来源：科印网)

上述四个阶段属于理论上的抽象模式，展现了出版物产品在市场发展规律中的正常发展现象，具体到每一本出版物，因其受主观因素和客观因素的影响，都有可能出现阶段的跳跃，甚至是周期的反复，不能按产品生命周期的正常规律变化，即有些出版物上市后始终处于销售低迷状态，从介绍期至衰退期的销售量无甚大变化，但也有些出版物进入衰退阶段后又转入成长阶段，销售额迅速增长。例如，《还珠格格》《神雕侠侣》《致我们终将逝去的青春》《小时代 3》《山楂树之恋》《狼图腾》《万物生长》《三体》《道士下山》等书都因改编影视剧播出引发其再次热销，由衰退期转入成长期。其中《致我们终将逝去的青春》因赵薇导演的电影而令该书多次加印出版，造成“洛阳纸贵”现象；《山楂树之恋》2010 年 4 月和 5 月期间在北京王府井书店、北京西单图书大厦、中关村书店等主要图书卖场的销量是 300～600 本，同年 9 月 10 日该电影上映，原著小说的销量急速飙升，8 月份销量高达 4296 本，9 月销量为 2961 本。

案例精析

抢占时间制高点　营销变“赢销”

2012 年 5 月 14 日 22:40，美食类纪录片《舌尖上的中国》在 CCTV1《魅力记录》栏目开播，凤凰联动总裁张小波看到节目果断拨通了《舌尖上的中国》总编导陈晓卿的电话，商榷该纪录片的图书出版事宜。6 月 19 日，光明日报社、中央电视台、凤凰出版传媒集团在国家会议中心举行《舌尖上的中国》图书首发仪式，央视《新闻联播》报道了该书出版的消息，出版方的订货电话一度成为热线，图书订单从 20 万册爆增至 80 万册，创造了短时间内在当当网销量突破 20 万册、连续登上各大书城畅销书排行榜的好成绩，并以高票评为 2012 年南国书香节“最受读者关注十大图书排行榜”和 2013 年度“世界最好的美食图书大奖”荣誉称号等。

《舌尖上的中国》纪录片和图书销售热潮迅速引起了海外出版界的高度关注。在第19届北京国际图书博览会上，光明日报出版社与分别与我国港台地区、韩国、美国等出版商签署了中文繁体字版和英文版《舌尖上的中国》的版权贸易协议，并推出《舌尖上的中国》的英文版图书，委托中国图书进出口(集团)总公司对外发行。该书又继而引起了各种美食综艺节目和衍生产品的开发热潮，金融、电信等单位纷争其礼品书的定制。

2016年1月，“舌尖上的中国”电影《舌尖上的新年》在各大影院上映，深受好评。随即，由中信出版社出版的同名图书《舌尖上的新年》开展新年限量版发行，刚上市就引发读者追捧，其销量在当当网和亚马逊中国网站的美食图书频道中均位列第一。

2016年五一期间，由《舌尖上的中国》原班人马创作的美食纪录片《寻味顺德》在央视推出，创造了三集平均收视率超同时段平时收视率180%、腾讯视频三天突破千万人次观看、一周突破两千万人次观看等好成绩。广东科技出版社随即推出的《舌尖上的中国·寻味顺德》丛书(3书+3碟DVD)在全国各大书城、当当网、亚马逊、京东网、广东科技出版社天猫店出售，并再次引发了抢购热潮，该丛书被广东省委宣传部列入“2016年原创精品工程”项目。

[精析]

光明日报出版社社长朱庆透露：《舌尖上的中国》一书出版仅用了10余天时间，取得该书出版授权后，5月31日拿到纪录片播出解说词，6月1日完成视频截图和插图挑选，6月3日完成书稿编撰和美文选编，6月7日完成排版设计，6月8日完成三审三校并送审样书，6月11日下厂付印，6月19日举行新书发布会。《舌尖上的中国》出版方以超常规的速度完成了图书编撰、排版设计、印制、发行等工作，及时、准确地把握住读者的兴致点和纪录片的播出节奏，缩短了纪录片与图书的距离。并以纪录片、电影、新闻、图书等联动关系发挥了现代媒体与传统媒介的双重效力，借高收视和高关注度抑制读者对其需求的衰减，延长了图书的阅读周期和耐读性，创造了畅销书与收视率的合作共赢。

3. 塑造品牌形象，提升书业企业价值

美国品牌管理大师罗诺兹和刚特曼指出，品牌形象是在市场竞争中，一种产品或服务的差异化在人们心理上形成一个联想性的集合。品牌是产品名称、质量、属性、技术、包装、服务、声誉等要素的综合体，是企业通过将其与消费者建立联系，引导社会公众对企业及品牌产生认知和评价，让企业在竞争中增加获胜的砝码。

品牌形象塑造是一项艰巨的任务，也是一项系统工程。书店在以实际行动传播先进文化、服务社会大众的同时，可尝试多元化发展，将书店打造成集阅读学习、数字体验、影视视听、展示交流、创意生活、购物休闲等多种业态于一体的复合式文化消费场所，增强读者和书店的粘连度，赢得读者的信赖，让消费者长时间忠诚于自己，成就自己的品牌帝国，提升书业企业价值。

案例精析

诚品书店——品牌文化地标

成立于1974年，以餐旅事业起家，代理进口欧美厨房设备的诚品集团于1989年涉足文化产业，在台北仁爱路圆环创办第一家诚品书店，初期以出售艺术人文书籍为主，随后陆续开设多家分店，营运范畴也由传统书店扩展至网络书店、画廊、展演、艺文空间和课程培训、文创商品，以及捷运站、医院、学校等，并延伸至商场开发经营和专业物流中心等行业。

2015年8月，大陆首家旗舰店落户于苏州工业园区金鸡湖东畔，是一个集结文化、表演、艺术、商业、观光以及人才培育，具有跨界综效性的创意平台。

诚品书店以丰富齐全的图书品种、舒适惬意的阅读空间、优雅精心的陈设布局、15°倾斜的书柜面板赢得了众多读者的认可。除阅读价值外，诚品在活动行销上也别具匠心，通过建立读者会员，经常邀请文化创意界与学术界人士举办出版、演讲、座谈以及戏剧表演、美术展览等文化活动提升人气，拉近书店与读者、读者与读者的距离。

诚品，示范了一个书店经营的多种可能，成为同行争相效仿的对象。如今，许多人去台湾只是为去诚品，诚品让书店不仅仅是购书地点，而是可以流连忘返的书香世界，一座品牌文化标志。

图 8-2　诚品书店(图片来源：百度网)

[精析]

诚，是一份诚恳的心意，一份执着的关怀；品，是一份专业的素养，一份严谨的选择，“诚品”，代表着诚品书局对美好社会的追求与实践。的确，诚品从大文化消费角度思考出发，利用书店独具的人文魅力吸引众多读者追求思想上层建筑，跳脱出“贩书之所”的局限。从当初的传统书店到现在的体验式拓展消费，诚品已将书店经营为多元化动态式文化事业。

随着人们对优质精神生活的追求，实体书店必须重新认识自身的功能和定位，以吸引读者注意力的经济模式多元发展，不妨借鉴诚品将咖啡、品茶、音乐、视听等延伸文化活动糅入书店，作为一种辅助手段开创书店与读者的对话，引领读者领略生活的各式美好，让书店经营者收获更多的利润。

（三）出版物促销策略

1. 推式促销策略

推式促销策略是指书业企业采用直接方式，运用人员推销手段，以中间发行商为主要促销对象，把出版物产品推入各分销渠道，最后再由零售商推给最终读者的营销方式（图 8-3）。

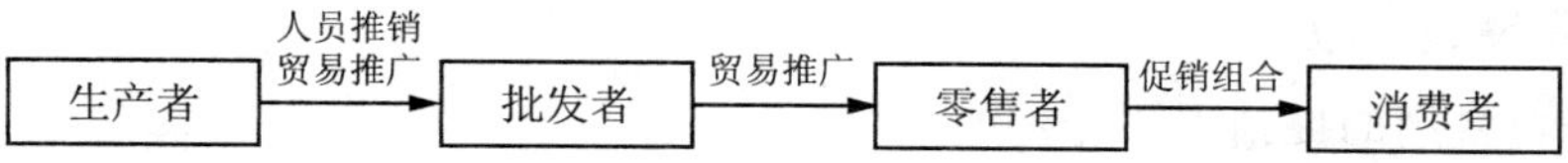

图 8-3　推式促销策略流程

推式促销常通过派出推销人员上门推销产品，提供各种售前、售中、售后等服务促销，具有风险小、推销时间短、资金回笼快等特点，较适用于价值高、读者市场集中、使用需示范说明的电子出版物。

图书生产者利用图书交易博览会、图书定货会、看货会等方式是出版商和发行商向个体书店、发行代理商等传递信息、引导市场的重要渠道。

案例精析

图书营销策划新举措——渠道下沉

2019 年 4 月 1 日，黑龙江省新华书店集团在哈尔滨举办 2019 春季图书订货会，来自全国百家优秀出版单位的供货商代表携 2 万余种精品图书参会，所有参会图书样品均为 2018 年 6 月以后出版发行的新书或畅销书。活动现场，黑龙江省内近 80 家新华连锁书店的一线发行人员在现场采用专业设备进行现场图书订货，创造了 3 天成交量近 2 000 万码洋的好成绩。

——资料来源：文熏．黑龙江出版集团 2019 年春季图书订货会：拉近社店合作关系，将图书选品工作做到精细化．百道网，2019 年 4 月 1 日

[精析]

图书订货会在出版行业内有着“出版风向标”的称号，是出版商、发行单位、读者间行业交流、贸易促进的一站式服务平台。黑龙江省新华书店举办的订货会让基层书店及时把握住读者需求特征及行业发展新趋势，共享出版营销知识和先进理念，真正践行“为出版服务，为读者服务”的理念。

2. 拉式促销策略

拉式促销是指书业企业采用间接方式，运用广告、公共关系、营业推广等非人员推销方式引发读者对出版物本身或其品牌的关注，使读者产生主动购买的营销方式（图 8-4）。

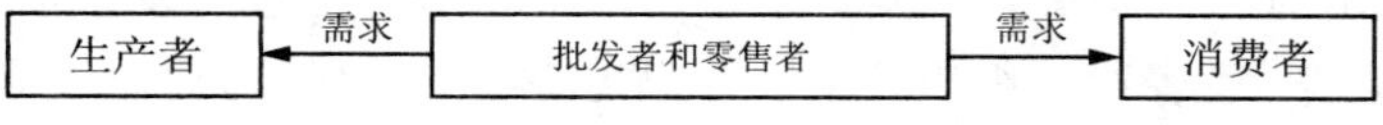

图 8-4　拉式促销策略流程图

拉式促销策略是出版物发行商预测到出版物旺盛的市场需求，为缩短沟通渠道，直接争取顾客所采用的促销策略，较适用于单位价值较低、流通渠道较长、市场需求量较大的出版物。拉式促销常用的方式有价格促销、展览促销、试销、代销、广告等。

在促销实战中，很多企业通常采取前拉后推、推拉结合的方式，快速启动商品销售，抢占市场资源。

二、选择促销方式

书业企业常用的促销方式有：

(一)借力式促销

借力促销，也称借势促销，是指书业企业借助外界优势资源或平台，将出版物产品、品牌和发行服务等嵌入消费者喜闻乐见、轻松娱乐的活动中，潜移默化地提高企业知名度，树立良好品牌形象，促成出版物产品销售的营销方式。

信息时代的消费者习惯于主动寻找感兴趣的信息，渴望表达，借势营销通过异业联盟、跨界营销，以转移身份、低姿态方式和消费者对话交流，在隐匿的营销活动中迅速抓住消费者的注意力，实现品牌推广和营销任务。常见的借力营销方式有人脉借力、合作借力、竞争借力、时事热点借力、节假日借力、依附式借力等。

例如，2012 年 12 月 11 日，瑞典文学院常任秘书恩隆德宣布莫言获得 2012 年诺贝尔文学奖，山东籍著名作家莫言成为首个获得诺贝尔文学奖的中国籍作家。消息一经传出，莫言的著作《蛙》《檀香刑》《红高粱》《生死疲劳》等迅速受到实体书店和网络书店的极度关注，王府井书店、西单北京图书大厦、诚品书店等线上线下书店纷纷以设立莫言著作专区专柜、补充货源、制作电子版本等方式，满足读者的购买需求。

(二)纪念式促销

纪念式促销是指书业企业借助历史事件、人物事件、庆典、节假日等开展出版物促销活动。

目前，我国节假日数量占到全年日期总数的三分之一，节日促销是众多商家利用的常规策略，但是要想在名目繁多的节假日促销中有所收获，需掌握节日营销节奏和频率，深挖传统节日以及与我们生活密切相关的纪念日文化内涵，凸显出版物产品和品牌文化信息，让纪念式促销值得纪念。

书店常利用的节假日有元旦、春节、元宵节、情人节、“3·15”消费者权益日、“4·23”世界读书日、“4·26”世界版权日、5 月第二个星期日母亲节、六一儿童节、6 月第三个星期日父亲节、7 月 1 日中国共产党诞生日、8 月 1 日中国人民解放军建军节、9 月 3 日中国抗日战争胜利纪念日、9 月 10 日教师节、九月九重阳节等。

例如，2014 年 4 月 23 日，广东省新华书店借“4·23”世界读书日举办“‘新’火相传，华彩叠彰——65 周年庆典”系列活动。活动通过向社会捐赠图书 1 158 万元，开展“我与新华书店情”征文、摄影、我爱记书名、图书造型、打包等发行员业务技能竞赛，举行“爱岗敬业新华人”表彰，组织全省图书优惠展销等内外部活动，展示了其全新品牌形象，使书店工作在社会各界中的认知和认可程度得到进一步提升。

(三)体验式促销

体验式营销是指利用看、听、用、参与等手段渲染文化生活体验，刺激和调动读者的理性因素(知识、智力、思考等)和感性因素(感官、情感、情绪等)，引发读者的思考、联想的一种营销模式。

体验是人们智力、体力、情绪、精神达到某一水平时其意识产生的感觉，当体验活动结束时，体验的价值还在延续，体验情感让人觉得真实，并留下深刻印象。因此，良好的体验可以赢得消费者的忠诚，并通过社交平台将品牌文化迅速传播扩散。

书业企业在实施体验式促销过程中要善于抓住时代的特点和读者的心理，精心营造良好阅读氛围，让书店卖场“亮”起来，使时间、空间和出版物完美结合，构成一种强烈的现场感召力，继而将活动主题体验化，让出版物“活”起来，增加读者阅读体验的真实感，再通过调动读者的阅读情绪，鼓励读者分享阅读体验，让书迷“动”起来，加强读者与书店、读者与读者的黏合度，延续阅读的体验和价值。

案例精析

全球最美味的书店——伦敦“烹饪书店”

20世纪80年代初期，伦敦食谱与美食文化类书籍非常少，而与之相关的专业书店更甚。1981年，护士海蒂创办了这家厨师书店，致力于从全球各个角落搜集美食文化书籍。至今，位于伦敦市中心的“烹饪书店”囊括了世界各地的食谱类和饮食文化类书籍8 500多本：有欧味美食书屋、非洲美食书屋、亚洲美食书屋等。在亚洲中国风情美食书屋还将中国菜系书籍进行了再细致分类，如川菜、湘菜、闽菜等菜系书籍(图8-5)。

如果你以为这就是他仅有的成功之处，那就错了。

书店以体验式和动态式的销售满足人们的口福。

自1994年开始，书店开辟出“检验厨房”和“示范厨房”。厨师每天变换主题，根据书架上的食谱和当季食物在“检验厨房”进行检验，顾客试吃后留下评价，1995年，书店将顾客的评价和厨师的做菜心得结集出版，声称近八成的食谱都经得起考验。书店向世界各地的读者寄售，“烹饪书店”的美名被图书带到了世界各地。“示范厨房”则每周邀请一位厨师现场教读者怎么做书上的菜，鼓励读者亲自试验——现场制作，并与大家一起分享美味。

图8-5　伦敦“烹饪书店”

(图片来源：博客大巴)

“检验厨房”不仅给书店和图书带来了生机和活力，还让厨师们走上了成功之路。“检验厨房”的多位厨师成了英国的知名大厨，如首任厨师Annie Bell成了美食作家，第二任厨师Clarissa

Dickson Wright 当上了美食节目主持人，常常把“烹饪书店”搬上电视荧屏。

[精析]

“烹饪书店”是一个体验式营销成功的典型案例。

“检验厨房”和“示范厨房”打破书籍被动式静态传播限制，利用实体环境渲染文化生活体验，让读者浏览美食书籍、学习烹饪技巧、参与美食体验、享受书籍内容带来的时尚创意生活。同时，“烹饪书店”通过去影响那些本身具有影响力的人物产生口碑传播，让其创造和传递品牌体验，促进书店品牌价值和读者忠诚度的最大化。

(四)附加值促销

附加值是指在产品原有价值基础上，通过智力、技术、工艺、流通、管理、服务等有效劳动新创造的价值，即附加在产品原有价值基础上的新价值。产品附加值通过创造并满足消费者更高层次的需求可使企业获得超额回报。

出版物的附加产品包括出版社品牌、作者品牌、别致的书名、精美的包装设计和随其发行的书签、文具、课件、光碟、海报等。

图书产品在发行过程中常人为地添加一些信息，以改变图书的价值，因其附着在图书上，而被称之为附着本。常见的附着本有藏书票(贴在书的首页或扉页上带有藏书者姓名的小版画)、钤印本(图书上钤有的私章或单位章)、戳记本(图书封面等处戳有版刻的伟人头像、书店代售章、活动纪念章等)、贴签本(出版者对图书的发行范围、使用事项等另贴标签加以说明)、证票本(指所夹带的购书票据，借阅证等)、字迹本(如赠书留言签字本)等。

书店是出版人坚守的文化阵地，流畅的线路、花样的图书陈列、柔和的照明、明亮的色彩、美妙的音乐等延伸体验和服务，都可以为书店创造更高的附加值，越来越多的书店将自身定位为一个集书籍、文化沙龙、美学展览、创意产品、音影餐饮、休闲健身等相融合的都市文化休闲体验中心，给读者创造更多的价值体验。

案例精析

“盛文·北方新生活”大连24小时书店

2019年3月29日，“盛文·北方新生活”大连24小时书店开业，将“盛文阅读、盛文生活、盛文文化”三大文化元素融合，全面启动“盛文知识服务体系”，向读者系统提供“荐、制、借、展、课”为内容的知识服务，致力打造一个以“文化的推荐者、社交的促成者、体验的服务者、活动的组织者”为核心精神符号的城市文化生活中心，为读者打造“城市中央的私人书房”。

“盛文·北方新生活”大连24小时书店是北方图书城全面转型升级后打造的最新文化服务平台，标志着书城跨越以“图书专营”为代表的第一代传统书店、以“图书＋多元经营”为代表的第二代、以“图书＋多元经营＋空间环境”为代表的第三代，构建以“图书＋文化多元＋空间＋知识服务”为内核的第四代书店的最新模式，提供满足读者“学习型社交、生活型社交、娱乐型社交”所需的文化产品和服务，对中国实体书店的新发展起到重要的引领和示范作用。

——资料来源："盛文·北方新生活"大连24小时书店盛大启幕！. 搜狐网，2019年3月29日

［精析］

2003年，日本茑屋书店(DaikanyamaT-Site)与星巴克合作，并把书店定位于"生活方式提案者"，"Book & Cafe"概念迅速火遍日本并蔓延至全球。而今，"书＋X"模式的复合型体验书店涵盖了文化生活、教育培训、社会交往、时尚体验、艺术创意、数字多媒体等多元功能，是人们新时代全新文化生活提案，承载着读者诗和远方的美好现实生活。

(五)奖励式促销

奖励促销是指书业企业通过给予折扣、满赠、换购、返券、抽奖、免费等优惠形式刺激和诱导读者参与购买出版物的促销行为。由奖励促销形成的激励机制能深化到消费者的心理，令其无法拒绝，对销售促进和品牌建设均可取得良好的推广效果。

设计促销活动奖品时，书店要综合考虑促销的商品对象、促销活动的主题、开展活动的地区和促销费用总预算等诸多因素，将品牌传播植入其中，并注意奖品与促销产品的关联性、依附性、实用性、价值性和发展性原则，让促销产品与奖品的使用有一定的关联性或互补性，提高产品的利用率，为后续的营销活动和销售拉动作好铺垫(图8-6)。

图8-6　奖励式促销

案例精析

金华市新华书店：差异化奖励促销售最大化

2016年4月23日是第21个世界读书日，金华市新华书店为市民们精心准备了众多购书福利。

邀请作家开设讲座：使市民对"世界读书日"的认知度越来越高，也培养了不少市

民购书阅读的好习惯。

开展限时折扣购书：4月23日8:30～12:00全场图书音像八折，12:01～19:00全场图书音像七五折，19:01～22:00全场图书音像七折。并在江南江北两个门店10:00合计限送价值20～40元不等500册世界名著等图书；12:00免费限送合计1 000份50元抵价券；14:00免费限送合计300张会员卡；16:00免费限送价值315元200套《天龙八部》漫画版。

抵价优惠券：从4月11日开始到4月22日，市民到江南江北两家门店购书，可以享受实付满100元赠送50元"世界读书日"抵价券。添加"金华新华书店"微信凭微信回复0423获优惠码，会员持会员卡在4月23日当日任何时段都可享受七折优惠；4月24日享受八折。另外，4月23日～24日，单张小票购书满100元，加书店微信即可参加微信幸运大转盘抽奖，有机会获得10～50元不等的购书券。

好书共享：4月23日～24日，书店在江南购书中心免费提供100册精心挑选符合各年龄段人阅读的新书，读者凭一本适合大众阅读的图书，可以从专架中任意换取一本带走，留下的图书供他人分享。

层层叠加的促销方式吸引了众多读者前来捧场，增加了购书的乐趣。金华市新华书店有限公司副总经理傅钟萍告诉记者，"世界读书日"当天，是市新华书店一整年下来人流量、销售量最大的一天。2014年，"世界读书日"当天，市新华书店书籍销售册数为19 000册；2015年，书籍销售册数为22 300册，超越杭州、温州等地成为浙江省新华书店销售量第一名。

——资料来源：邱琪."世界读书日"，新华书店限时打折！你，来吗？婺城新闻网，2016年4月22日

[精析]

在出版物产品同质化的今天，价格战成了书业企业竞争最常用、最见效的手段。金华市新华书店采用分内容、分阶段、分层次的方式实施差异化营销战略，以最实际的方式让利给读者，让读者在每个时段都能找到购买的理由。

(六)组合式营销

组合营销是指书业企业在综合考虑书业市场环境、自身经营能力、竞争对手状况等条件下，将传统营销模式(如产品、价格、服务、广告、公共关系、营业推广)和科技工具(如网络、手机、移动电视)等元素组成一个策略系统，实现品牌推广、销售任务的营销方式。营销组合是企业根据消费者需求和自身目标选择的最佳可控因素，是企业对付竞争对手强有力的手段。

无纸化时代，电子书、移动终端设备、网络电商低价优惠等正在影响着人们的购书和阅读习惯，令实体书店备受伤害，但实体书店并没有因此倒下，互联网快速、便捷、低成本的特点成了其借力推广营销寻求突围之路。通过与新媒体的融合创新，书店将科技工具相互配合开通官网及网店系统、微博线上推书、微信"微书城"、会员制Wi-Fi登录系统、室内精确定位系统等服务于读者的生活体验，多渠道实现与读者的无缝对接，多元化地增强读者阅读文化体验及购买方式。

例如，《学习的革命》在营销过程中就联合推动书店、学校、超市、站台发行，新

闻发布会、作者专访和演讲、主题展览，电视广告，电话直销，畅销书排行，开设网站论坛等20余种发行方式，曾创下一天25万册的销售记录。

三、设计出版物促销方案

促销是增加消费者每次购买数量，提高销售业绩，提升品牌知名度和忠诚度的有效手段。近年来，书店常以举办促销活动营造人文氛围、促进出版物销售、树立书店形象，但并不是每一项促销活动都能够取得预期效果，只有经过精心准备、合理策划的促销，才能取得理想的业绩。否则，还有可能引发消费者的厌倦或反感情绪。

(一)设计原则

1. 真实规范、切实可行

促销方案的制订应从书店的主客观条件出发，尊重员工和读者的意见，精心编制，方案内容应简洁明了、规范有序、易于操作、便于推广。为确保方案顺利推进，促销活动时间跨度不宜过长，否则活动容易虎头蛇尾，若遇大事件促销(如节日、庆典)可将大活动拆分成若干小活动，分时段分模块进行。

设计促销活动奖品时，应以小额度、大刺激、高机率等方式刺激读者的热情参与，在活动规则确定并公布以后，必须严格按照规则履行约定，不得以任何理由改变规则或不予兑现，否则，将极大地损害书店形象和利益。

例如，创立于1948年的日本出版社秋田书店是一家面向青少年读者出版、发行漫画为主的出版社(书店)。2013年，该社(店)在发行一本女性漫画中推出“选取5名读者赠送时尚百货以及家电奖品”的促销活动，事后有读者称该活动实际中奖人数少于标明获奖数量，且中奖名单多用虚假名字填写。之后，日本消费者厅以虚设奖品欺骗读者、违反《赠品标注法》为由，对秋田书店进行了严厉处罚。

2. 目标明确，针对性强

任何活动方案都不能“大概齐”，书店促销活动也是如此。促销活动方案应把握目标读者群体的特征，从读者的阅读需要、喜好、便利、消费能力等角度出发，制订针对性强的营销活动。

例如，为庆祝“六一”国际儿童节，北京市新华书店王府井连锁店在六一期间围绕树立社会主义荣辱观，面向少年儿童开展“爱祖国、爱科学——经典阅读快乐行”系列活动，通过设立儿童图书销售区，推荐北京青少年读书节必读书目，举行“读好书、知荣辱——国学讲堂”讲座和“快乐童创、画说国学”周末课堂，有奖销售，送书上门等活动引导少年儿童读者爱读书、读好书。活动还邀请《与老虎作邻居：动物园里的108个故事》作者刘志刚、许艳梅，《80℃》漫画家作者姚非拉，《玛塔》漫画家作者猪乐桃，《玩过小学》作者范姜国一、东子，《今夜私语时》节目主持人吴若梅等进店与小朋友们开展互动及“青少年心理答疑”，受到家长的好评和小朋友的喜爱。

3. 注重特色，创意新颖

种类齐全、数量繁多已不再是书业人努力追逐的目标，定位精准、主题鲜明、创新经营，用全新的文化综合体概念融合纸质书刊、数字体验、教育培训、休闲餐饮、社区文化服务等多重元素的书店成了读者流连忘返的精神家园，也成为各大书城获取资源，参与市场竞争的制胜法宝。

书店促销活动如果仅仅依靠模仿或雷同，则很难打动读者，创新成为书店发展的出路和源动力。如今的实体书店，除了传统的作家签售、读书交流活动之外，还有培训、音乐、美术、电影、话剧、茶道、烹饪、剪纸、彩泥、针织等手工创意活动，书店在借鉴过程中不能一味跟进，应别出心裁，注重细节和手法上的创新，以优雅文明的方式赋予时尚阅读新内涵，给人眼前一亮的全新感。

案例精析

“病毒式”营销：书不等人

2012 年，阿根廷独立出版商(也是书店)Eterna Cadencia 与布宜诺斯艾利斯的 DRAFTFCB 广告公司策划了一起“书不等人”(the book that can’t wait)的创意营销活动。他们利用新墨汁技术印刷出版了一位拉美新人作家的文集，书以密封包装发行，塑料密封的文集一旦打开，油墨接触阳光和空气后，字迹便逐渐淡化，并在 2～4 个月后完全消失。新颖奇特的创意令该书荣获 2012 年戛纳创意节金奖“奇书”，为 Eterna Cadencia 书店带来了更多关注，读者蜂拥至书店，几乎将其抢购一空，出版订单也纷至沓来。

关于病毒式创意式营销，其实早在 1992 年，美国科幻小说大师威廉·吉布森曾出版过一部号称“自我毁灭”的半自传体诗集《阿古利巴：死亡之书》。这部作品以一张 3.5 英寸软盘作为载体，300 行长诗以滚动方式呈现阅读，每一行诗都通过计算机程序设计加密，呈现几秒后便自动消失。至今，自毁消失的工作原理仍无人破解，为此，美国马里兰大学技术研究所为鼓励大家解开谜团，还专门举办破译该书密码程序比赛，而这一活动又引发了该书的再一次热销。

[精析]

当我国线上线下书店还纠结在打折、包邮、买赠等手段时，国外书店已经朝读者内心深处的痛点攻击，让读者寝食难安了。Eterna Cadencia 书店推出的奇特图书和创意广告以“病毒”式迅速传播，令其声名大噪，并不远万里地来到了中国。

别人看到恐惧，我们寻找真相。《阿古利巴：死亡之书》成功之处在于让读者以科幻家的身份破解谜团、寻求真相，像关注自己的东西一样去关注图书，并从中获得乐趣。而马里兰技术研究所推出的比赛更是以权威的方式将图书推广到科幻阅读高阶，鼓励更多读者成为该书专致、长期的读者，延长了图书的生命周期。

(二)工作流程

详实、周密的策划方案应考虑当前市场背景、目标群体特征、竞争对手优劣、活动最终任务、资源整合、时间和费用安排、预期问题及解决方案、总结展望等细节，并在方案实施过程中注意方案实施的连贯和整体、气氛渲染和烘托、媒体参与报道、货源组织协调、后勤安保等问题。出版物促销方案的制订主要包括以下五个步骤。

1. 评估自身资源，调研书业市场

时刻探测和关注书业市场变化，可知晓书店的竞争核心力。书店运用科学有效的方法，有目的有计划系统地收集和整理书业市场变化信息，为促销决策提供客观、正确的依据。

在促销方案制订前，书店应根据活动目的做好市场调研，评估自身资源和优势、市场宏观环境、竞争环境等，继而进行监测分析，从中选择较有潜力的一个或数个读者群，分析其阅读喜好、购买方式、消费能力等因素，确定与企业能力相匹配的目标市场，并根据读者的年龄、职业、性别、受教育程度、所处地域等情况细分为若干子市场。

2. 制订促销目标，选择促销策略

促销目标是本活动预期要达到的任务目标，是促销计划的核心内容，对营销策略的实现具有指导作用。营销目标定位包括计划期内营销利润和书店品牌形象增值等。

产品销售渠道的强弱直接影响营销策略的拟定和目标结果，出版物营销必须制订合理的营销策略，提供多元化选择空间，针对不同目标读者、不同类型出版物进行分类促销。书店可通过图书适配、邀请企业机构助力宣传、研发文具产品等形式让读者获得增值服务。如某书店考虑到中小学生写毛笔字墨迹乱溅的现象，策划出水洗布印刷字贴、毛笔等文具与书法类出版物搭配发行，受到读者的欢迎。

销售目标的设定必须立足于企业资源、竞争对手和市场实际等情况，确定促销时间和促销商品，明确促销主题和促销渠道等。为使营销利润额更精准直观，可用具体数字表示，如“此次7～9月促销系列活动历时3个月，总预算约为5万元，预计销售码洋800万元。”

3. 编制促销预算，建立预警机制

促销预算是反映企业在计划期内活动收支和资源配置的状况。促销经费既是支出，也是投资，包括销售预算、产品成本预算、促销人员预算、直接材料预算、制造费用预算、广告制作和宣传费用预算、销售及管理费用预算等。

编制促销预算的方法主要有营业额比例式和逐案累积式两种。营业额比例式是指出版物产品在交易中的总量金额所占比例，一般以年度营业目标为基础，再根据每项促销活动按比重分摊预算。逐案累积式是根据促销年度计划设定促销活动，再逐项累计需求经费。书店也可以邀请出版社、与出版物内容相关的机构部门参与促销活动，分担促销压力。

在促销活动开展前，书店应召集相关部门人员就活动方案进行交流探讨，掌握活动的实施细则，保证促销方案得到充分的贯彻执行，并在活动现场设置导购、客服、安保人员等为现实读者和潜在读者介绍活动信息、活动路线、出版物特点，收集读者资料信息，及时解答读者疑惑等，帮助读者积极参与促销活动，增进读者的购买信心。为保障人员生命及财产安全，确保促销活动安全有序地运行，书店还应制订预警危机处理机制，并配备相应救援器材、设备、车辆、安保力量等预防和遏制火灾、盗窃、踩踏等事故的发生。

4. 拟定促销方案，设计出版物信息

坚持“执行第一、创意第二”的原则，将符合目标主题的创意变成具体的执行方案，为书店按时完成营销计划、实现营销目标提供行动指南。活动方案内容应构思新颖、细致准确，包括实现营销的目标、执行计划部门、活动主题、活动时间、活动对象、活动方式等细节。

出版物信息设计是指通过文字、符号、图片、动画、声像等形式展现出版物最具说服力信息的过程，对出版物销售起加速推进作用。清晰的出版物广告应尽量避免使用表述不清晰的专业术语、含义不明确的符号、表意不准确的动画等，注意宣传的真实性、目标的针对性、表达的艺术性、内容的思想性和时效性、文字的准确性和规范性，让读者在短时间内加深对出版物的认知。

书店常借助海报、易拉宝、单张宣传页、码堆、媒体广告等方式推广宣传出版物信息。

5. 执行促销方案，评估促销收益

根据选定的方案将各职能部门进行任务分工，严格按活动进度与目标预算进行。在活动开展前还应做好预备操作，如业务部门要储备充足的货源，财务部门要做好折扣调整和资金预留等，宣传部门做好条幅标语悬挂和店堂设计等，媒介部门要做好媒体邀请和新闻采写等，保卫部门做好安全排查，后勤部门做好卖场布置和环境清洁等工作。

在方案实施过程中，要对活动过程进行全面监督和控制管理，收集活动参与者对此次活动的真实评价，对设定目标和现实效果进行汇总分析，为编制未来促销活动提供可资借鉴的经验与教训。评估项目具体包括对活动设定目标的达成、活动对促销的影响、活动的利润评估、品牌价值的建立等内容。

案例精析

永州新华图书城情人节促销活动方案

一、市场分析

(一)企业宏观环境及行业分析

情人节期间的主要消费群体是20～25岁的未婚青年，约占52%，其次是25～35岁的已婚夫妇，约占43%，而50岁以上的老年消费群体也占到了将近5%；消费者的购买行为主要是购买礼物(鲜花、巧克力等)，娱乐，餐饮。在对本市内其他几家图书销售商过去几年的情况进行了解后发现，都没有在“情人节”期间举办较大促销活动的历史，即使有也只是简单的商品促销，通过常见的打折、送礼等形式实现。更多的图书销售商及书店采取的只是自然销售，最多做一下店面布置而已。既然这样，如果我们现在反常态而为之，开创书店举办大型宣传促销活动的先例，从一个侧面来推动书店的销售增长，将是一个非常有开创性的举动。

(二)消费者分析

A类消费群体：20～25岁的未婚青年及20岁以下的学生，此类消费者都是情人节消费的主力人群。他们富有激情，崇尚浪漫、时尚，喜欢幻想，能快速接受新事物，是一个为了求新、求变永远也不会厌倦的时尚阶层。特点就是这一人群的消费能力不高，但是基数大，所以总体的消费量也就很大，是活动的主要参与人群，绝不能放弃。

B类消费群体：50岁以上的人群，此类人群虽然对新事物的接受程度不如年轻人，但由于每年情人节气氛的影响，在整个消费群体中已占有5%的比例，说明其时尚心态尚存，是一个易被“同化”的群体，如果其子女能够推波助澜，媒体广告刺激到位，则此类消费群可能成为一只“绩优股”，升值潜力很大，因为他们掌握着社会80%的财富资源，消费能力最高。但是因为本地的这一人群人文特征较传统，他们能够参与到情人节活动中来需要一个过程，所以不做重点考虑。

C类消费群：25～35岁的消费群体(35岁以上的人群为负担人群不做考虑)，此类群体有的是处于事业的起步期、上升期，而有的已经事业有成。由于性格、年龄、偏好、收入、环境、习惯、价值观等原因的影响，使得此类群体消费行为最成熟，消费习惯最复杂，最不利于市场推广，但他们是影响B类消费群的主力，而且同样拥有丰富的财富资源，消费能力非同一般，绝不能放弃。

(三)竞争对手

市内年轻人经常光顾的场所有迪吧、咖啡厅、游戏厅、电影院等，虽然他们每年情人节都搞活动，但不外乎幸运抽奖、降价优惠等形式，内容千篇一律，同样没有新意，而且受自身条件的限制，导致活动宣传乏力，不到位，效果不佳。

二、活动目标

目标一：对A类消费群体和C类消费群体做活动概念和形象的宣传，作为重点推广。

目标二：带动B类消费群体的积极参与。

三、活动主题

(1)活动主题1：“玫瑰心情”

(2)活动主题2：“红线系住你的心”

四、公关活动对象

所有的图书爱好消费者

五、公关活动时间地点

(1)活动地点：市新华图书城

(2)活动时间：××××年2月12日

六、活动项目流程设计

(一)活动主题：“玫瑰心情”

(1)2月12日当天在书城入口附近显著位置摆放一大型“双心结”。凡是在2月12日当天进书店的顾客都可以获得一个为爱情许愿和祝福的机会，那就是每人获得一支红玫瑰(代表“一生一世”)和一张标签(代表“一生承诺”)。顾客可以在标签上写出对自己、对他人爱情的愿望和祝福，然后系在玫瑰花上一同插在“双心结”上，以此来表达对完美爱情的祈盼和祝愿，参与的顾客就有机会参加心动礼品抽奖活动(全天不定时抽取10次，每次5位)，还有礼品赠送(定制巧克力)。“双心结”在书城展览一个星期，期间顾客可以拍照留念。

(2)2月12日当天进店的前21(代表“爱你”)对情侣可获得祝福礼品一份，并可以成为书城的“天使情侣”，他们的合影将悬挂在书城里的显眼位置，让他们的爱情和知识一起成长。

(3)持有2月10日至2月12日购书小票(仅限新华书城)的顾客还可以参加情人节当天下午5：00举办的抽奖活动(由顾客抽取，结果现场公布及网络公布，获奖者电话通知)，奖品为××××自助餐厅的餐券，价值为情人节的情侣套餐的价格。

(二)活动主题：红线系住你的心

(1)在书城入口附近显著位置摆放一个大展板，用玫瑰花装点四周。凡是2月12日进店的顾客都有一个给爱人承诺的机会。那就是进店时每人可获得一张心型卡片(红色代表年轻的爱情，适合25岁以下的年轻人；蓝色代表成熟的爱情，适合25～45岁的人；金色代表完美的爱情，适合45岁以上的人)，以及一根红丝线。把自己的"心"和最爱的人的"心"用红丝线系在一起，象征对美满爱情的祝愿和纪念。顾客可以把连在一起的"心"带走，也可以留在店里。对于留在店里的，书城制作一个玻璃展窗收藏展览，给参与的顾客一个纪念。

(2)2月12日当天进店的前52位顾客可以获得情人节礼物一份，开心的度过情人节。

(3)持有2月10日至2月12日购书小票(仅限本新华图书城)的顾客还可以参加2月12日下午5:00举行的抽奖活动(由顾客抽取，结果现场公布及网络公布，获奖者电话通知)，奖品为"樱花"超值双人艺术照一套。

七、媒介宣传

采取"平面报纸＋电台广播＋书城现场POP广告＋宣传单页"四种方式相结合的形式进行宣传。

(1)2月9日至2月12日在市发行量较大报纸刊登主题为《"玫瑰心情"我们大家的心情》平面广告，以及在市广播电台播放同主题的立体广告。(选择在这段时间刊登广告主要是为了避免其他商家的效仿而导致活动失败。)

(2)2月10日至2月12日在店内用宣传单页对活动展开宣传。2月11日及12日在店内用主题POP展开宣传《今天我们的心情"玫瑰心情"》的平面广告。

(3)2月9日在市发行量较大的报纸上刊登主题为《中国古老传说——牵红线》软文广告，2月10日至2月11刊登主题为《我要一辈子系住你》的平面广告，以及在几个主流广播电台播放同主题的立体广告。2月10日至2月12日在店内用宣传单页对活动展开宣传。2月12日在报纸上刊登主题为《我要一辈子系住你》的平面广告，2月11日及12日在店内用主题POP展开宣传。

八、进度安排物料准备

进度安排物料准备见表8-1。

表8-1 进度安排物料准备

时间	物料	购买地点	需要地点
1.1～1.10	预订《日报》2月9日至2月12日的第二版面、预订永州电台的2月9日至2月12日的播音时段		

续表

时间	物料	购买地点	需要地点
1.10～1.30	设计《“玫瑰心情”我们大家的心情》、《我要一辈子系住你》的平面广告、情人节宣传横幅		
1.25～1.30	“双心结”、红玫瑰500支	花店(预订，要求2月12日早晨7:30前拿货)	新华图书城入口处、新华图书城总台
2.1～2.4	撰写主题为《中国古老传说——牵红线》软文广告		
2.2～2.5	万喜登酒店二楼自助餐厅情人节情侣套餐券20份	万喜登酒店	新华图书城情人节公关促销活动筹备委员会
2.5～2.8		与报社和广播电台安排平面广告、软文广告的播放与出版	
2.2—2.10	心型卡片、玻璃橱窗	员工自己制作玻璃橱窗、心型卡片(红色250张、蓝色150张、金色100张)	新华图书城总台
2.10	情人节书签、红线2份、心形白色巧克力30块	文具店、精品店、百货超市	新华图书城总台、筹备委员会
2.5～2.11	樱花婚纱店双人艺术照的预订	樱花婚纱店	筹备委员会
2.6～2.11	悬挂情人节宣传横幅	广告公司定做	新华图书城入口处
2.11	一块1.5米×1.8米的大展板，四周围一圈绿玫瑰花	花店(提前二个星期在花店预订30支绿玫瑰，保证2月11日拿货，保证2月11日晚布置好大展板)	新华图书城入口处

九、费用预算

表8-2　公关营销活动预算表

项目	开支内容	费用(元)
市场调研费用	问卷设计、实地调查	5 000
广告设计与媒体租金	电台	20 000
	报纸	10 000
	户外	5 000
促销活动费用	促销活动	10 000
服务费用		5 000
机动费用		8 000
管理费用		5 000
其他开支	购买物品、奖品、奖券等	32 000
总计		100 000

十、效果评估

市新华图书城通过一个较大型的、新奇的、互动性的活动把人(消费群体)聚集到书店里，并充分考虑“促”和“销”的两个关键问题，通过了一些行之有效的销售方法激发消费群产生消费行为，最终达到增加销量的目的。同时还考虑到企业形象的提升和维护，从不同的面上都对企业的文化做了很好的反映。同时，把活动放在2月12日即星期天，离情人节还差一天，这样幸运顾客就有足够的时间考虑安排如何使用餐券。同样的，充分体现了企业人性化的关怀。

——资料来源：新华图书城情人节公关促销活动．道客巴巴，2014年3月6日

[精析]

该新华图书城促销方案以年龄为依据将市场细分为三类目标读者，并对其职业、收入、购买能力等方面进行了深入细致分析，利用读者需求的差异性和相似性制订不同活动主题，宣传对象和内容具有很强的针对性。活动项目流程、进度安排、物料准备、活动进度安排、费用预算等详尽具体，是一份集理论性、指导性、可操作性于一体的书店营销活动指南。

在情人节这天，浪漫的人们已接受了烛光晚餐，以精神产品凸显的图书常被人们遗忘。再加上西方情人节时间多数与我国教辅书销售旺季的寒假重叠。所以，如何在喧嚣的教辅书市场挖掘情人节的浪漫、激情、玫瑰、牵手等元素，在精神形式上强化爱情的感性，值得书店下大力气去做。

实践训练

一、实训项目

书店促销策划方案设计。

二、实训内容

选择某出版物卖场，考察其门店经营状况和特点，为其策划一起短期内的出版物产品或书业形象的营销活动，并为具体产品制订出详尽而严密的活动过程，内容包括促销目标、活动类型、策划程序、活动主题、活动时间、促销策略、经费预算、评估促销效果等。

三、实训形式

1. 以6～8人为小组单位深入现场调查，要求团队成员分工明确、共同参与。
2. 整理调查信息，推荐代表展示调研结果，互相交流。
3. 评选优秀方案策划小组和优秀策划方案。

四、注意事项

1. 促销方案设计应力求科学、务实、创新。
2. 认真调查卖场经营特色、布局设置、地理环境及竞争资源优劣。
3. 做好促销宣传经费预算。
4. 设计促销策划文案，利用 PPT 汇报展示实训成果。

五、评价标准

“书店促销策划方案制定”实训项目评价见表 8-3。

表 8-3　“书店促销策划方案制定”实训项目评价

项目	分值	表现描述	得分	备注
市场调研项目	20			包含卖场规模、经营品种、读者对象、服务项目、卖场设计、卖场管理、竞争对手等信息
促销策略方案	20			构思新颖、客观饱满，包含活动主题、时间、对象、策略、预算、绩效评估等内容
方案执行情况	20			科学务实、执行力强、安排紧凑
方案评估报告	20			包含市场调研报告、目标市场分析报告、过程总结、整体评价等内容
语言表述	10			简练准确、清晰流畅
PPT 汇报展示	10			层次分明、信息丰富，包含文字、图表、动画、音像、视频等信息
合　计	100			

任务 2

出版物促销组合运用

任务思考

利用周末或假期到某出版物卖场调研，考察门店的经营特点和经营状况，观察其促销活动形式，说说最打动你的促销方式有哪些？

任务分析

在同质化出版严重、电子书盛行、网络低价发行等情况下，实体书店如果仅以“坐店静候”的单一销售模式，已不能在竞争激烈的市场中做活做大做强做优。要想在商业中心占有一席之地，书店需要文化的深层次积淀，也需要吸引读者注意力的经营模式，于是，错位经营、组合营销、多元发展成为实体书店的生存之道，也成了未来书店竞争的标志。

资料导读

灾难面前，丽水新华书店勇担社会责任

2014 年 8 月 20 日，由于瓯江流域连日强降雨，引发了浙江丽水 50 年一遇的特大洪灾，造成严重人员伤亡和财产损失。其中丽水市新华书店仓库积水 1 米多深，库存待发的 2014 年秋季新学期 400 多种 30 多万册中小学教材被淹，仓库教材和门市部零售图书淹毁约 500 万码洋。为保证每个学生新学期有新教材，丽水市新华书店主动承担起社会责任，迅速将受损情况上报浙江省新闻出版广电局和有关部门，积极协调相关印刷厂，不计成本在 8 月 27 日印制完受损教材课本，书店又积极组织储运公司运力，加班加点抢运打包，抢在 9 月 1 日前将课本送达学校。

诚如福特汽车公司董事长比尔·福特所说，“一个好的企业可以向社会提供好的服务和好的产品，而一个伟大的企业不仅能够向社会提供好的服务和好的产品，还能够对社会尽到一个企业的公民责任。”“课前到书，人手一册”，是新华书店多年来坚持与承担的使命和责任。不论遇到多大困难和自然灾害，新华书店都确保每季教材的征订发行在规定时间内完成，长期积淀的专业服务和秉承责任服务社会的理念让新华书店赢得了良好的社会信誉。

相关知识

一、广告促销

广告即广而告知之意，是广告主支付一定费用，利用媒介向社会公众发布商品或劳务信息，扩大经济效益的传播活动。

广告促销是企业通过对商品开展宣传推广，在广告中突出购买商品获得的附加利益，能有效提高企业的知名度、美誉度和影响力的宣传活动。广告具有传递信息、激发需求、指导消费、开拓市场、陶冶情操等特点，成为商家成功获利的重要手段。

(一)广告形式

通过报刊、广播、电视、电影、路牌、橱窗、印刷口、霓虹灯等媒介，在中华人民共和国境内刊播、设置、张贴广告因其性质和作用不同，可将其分为不同类型：

根据传播媒介，广告可分为印刷类广告、电子类广告、实物广告。

根据传播地点，广告可分为销售现场广告和户外广告。

根据内容属性，广告可分为商业广告、文化广告、社会广告和政府公告。

根据广告的目的，广告可分为产品广告和公共关系广告。

根据广告的表现形式，广告可分为图片广告、文字广告、表演广告、说词广告和综合性广告。

根据广告阶段性，广告可分为倡导广告、竞争广告和提示广告等。

(二)出版业广告宣传类型

出版物广告宣传指借助大众传播媒介，向读者传递出版物内容、服务等相关信息，以促进销售的营销方式。常见的出版业宣传广告有：

1. 印刷类广告

印刷类广告是指运用印刷技术，将企业信息转移至纸张、布料等传统媒介，以平面形式表现并进行发布的广告形式，主要包括印刷品广告和印刷绘制广告。印刷品广告有图书广告、报纸广告、杂志广告、招贴广告、单页传单、产品目录、宣传册等；印刷绘制广告有墙壁广告、路牌广告、包装广告、挂历广告等。书店卖场常见的印刷类广告形式有易拉宝、海报、单页传单、条幅标语等(图 8-7)。

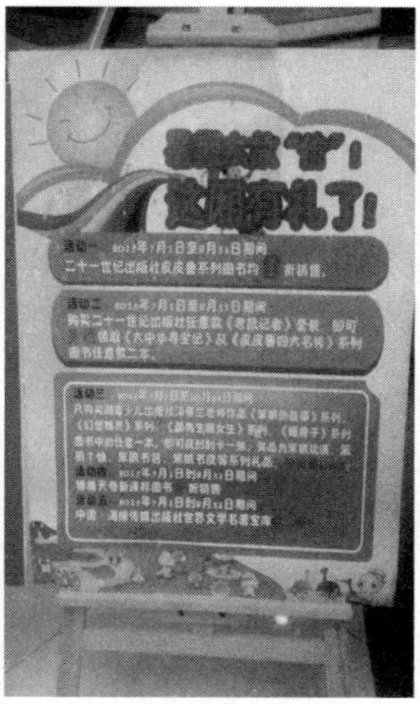

图 8-7　易拉宝宣传广告

印刷类广告因制作成本低廉、信息容量大、保存时限长、图文并茂、可重复利用、实现多次传播等优势而被普遍使用。书业企业多用于刊登新书预告、书目推介、节日庆典信息等。

2. POP 广告

POP(point of purchase advertising)又称销售现场广告，指设置在商场内部、卖场周围、商品陈列橱窗等地，引导消费和活跃卖场气氛的广告形式。按其制作和陈列形式可分为壁画式、悬挂式、货架式、立地式(展架)、橱窗式、室内外彩旗式、手绘式等 POP 广告。

POP 广告因其色彩强烈、形式不拘、形象直观等优势，多用于卖场告知新品、创造气氛、提升形象、取代售货员等，因而也被称之为“无声的售货员”和“最忠实的推销员”，成为现代开放式卖场的主要营销媒介。有统计表明，在陈列产品时同时配以标有商品名称和价格的 POP 广告，可以提高商品 125％的销售效果(图 8-8)。

图 8-8　全国新华书店业务技能大赛手绘 POP 制作项目决赛获奖作品

(图片来源：中国新华书店协会网)

在全国新华书店业务技能大赛中，手绘 POP 制作与中文数字录入、售书连续作业、图书造型、图书推介一起成为指定技术比赛项目，手绘 POP 制作让发行员从审美、创意角度展现出版物精髓，是发行员业务技能和综合素质的体现。

3. *户外广告*

户外广告，是指利用公共场所或自有建筑物、灯箱、展示牌等为载体，设置、悬挂、张贴企业及商品信息的广告形式，是继电视之后传递市场信息和建立品牌形象的第二个最佳媒体。主要有站台、海报、招贴、卫星、灯箱、霓虹灯、电视墙、交通工具、电子显示牌、热气球、飞艇等户外广告。

户外广告因主题醒目、视觉冲击力强、表现形式丰富、发布时段长、传真度高、制作费用低廉等特点，成为政府机构及企事业单位传播信息、提升形象的首选。此外，户外广告还承担了美化公共空间、塑造城市形象、引导社会核心价值的任务，成为美化城市，衡量城市文明发展的重要标志。

4. *多媒体广告*

多媒体广告是指借助多媒体电子技术，以视觉形象和听觉形象相结合的形式传播出版物及书业企业信息的广告形式，主要有广播广告、电视广告、网络广告、手机广告、电影广告、电子显示屏幕广告、霓虹灯广告等。

多媒体广告具有集成性交互式、表现形式生动活泼、检索方便、传播范围广、无时间地域限制等特点，给信息时代的人们带来了极富感官刺激的便捷阅读。

我国内地第一则图书视频广告为鲍鲸鲸的《失恋 33 天》。该书在 2010 年 1 月以“首部出自豆瓣网站的日记体直播小说”出版面世，为扩大宣传，出版商根据该图书内容制作了两则广告短片，在短短几个月，销量就猛超 11 万册，出版商三次加印仍供不应求。

案例精析

《学习的革命》：引发营销革命

1998 年 12 月 8 日，《学习的革命》一书广告在中央电视台、凤凰卫视等播出后，引发了不少人的阅读兴趣，这则在黄金时段——央视《焦点访谈》节目播出前的广告图书在短短几日就销售 40 余万册，随后又通过电视广告宣传和在全国近 40 个城市的展销，创下了一年销售 800 多万册的记录，被《书城》评为中国 20 年(1978～1998 年)影响最大的 20 本书之一。

[精析]

《学习的革命》是由新西兰著名播音员、资深记者、节目主持人戈登．德莱顿和荷兰教育学博士珍妮特．沃斯合著的教大家提高学习效率的书籍，被誉为“创造新教育，挑战旧教育的宣言书”，受到各界好评，被翻译成 11 种语言在不同国家和地区畅销。1997 年 8 月，上海三联书店翻译出版了该书，起初它并没有实现预期的销售“激情”。1998 年 6 月，科利华集团组建《学习的革命》研究中心，决定向全社会推广该书，12 月 8 日，科利华集团制作并投放了谢晋执导的《学习的革命》宣传片，广告中，谢晋导演以忠告的口吻对全国观众说：“读这本书，可以帮助我们改变孩子的一生”，这一则广告让大家醒悟：原来图书也可以进行电视广告宣传。

二、人员推销

人员推销是指书店选派发行员向读者宣传介绍出版物产品，以实现销售目的的活动方式，包括上门宣传推销、展示推销、服务推销等方式。

(一)上门宣传推销

上门宣传推销是由发行员携带出版物产品直接走访目标读者，了解其对出版物的需求，组织适销对路的出版物，拓展更大的店外市场。该推销方式具有针对性强、沟通直接、获取信息有效、受干扰少等优势，是一种积极主动的推销形式。但上门推销成本较高，对发行员的推销技巧、语言交际、职业道德等综合素质有较高的要求，一般适用于精装书、礼品书、工具书、高码洋等书籍销售。

例如，2013 年，合肥市新华书店开展“走出去全员营销”，通过选派发行员送书到工厂、农村、社区、学校等单位，赢得了较大店外市场。

(二)展示推销

展示推销是书店利用展销会、订货会、博览会等方式，向发行商或读者宣传、销售出版的营销活动。图书展销具有针对性强、卖场氛围活跃、信息传递快速、销售效果直观等特点，被书店和出版社普遍运用。书店可配合事件或纪念日在书店、学校、社区等举办专题展示推销(图 8-9)。

图 8-9 图书展示推销(图片来源：江西出版集团网)

2015 年是中国人民抗日战争暨世界反法西斯战争胜利 70 周年，全国各地新华书店紧紧围绕“铭记历史、缅怀先烈、珍爱和平、开创未来”主题，设立专柜、专架展示抗战题材出版物。其中，江西新华发行集团有限公司组织全省各级新华书店精选了一批内容丰富、原史实的经典书籍，集中开展纪念中国人民抗日战争暨世界反法西斯战争胜利 70 周年图书展，多角度介绍中国抗日战争的实际状况，帮助大家了解中国抗战在世界反法西斯战争中起的作用。在此次展销中，江西新华南昌红角洲“文化城”相关图书的销售超 20 万码洋。

职场指南

国外图书展销

1825 年，德国书商首次在莱比锡举办图书展销。此后，每年举行一次。

1949 年，德国出版商和书商协会在法兰克福举办图书博览会和图书展销会，逐步发展成国际性书展，不仅销售图书，还进行版权交易。

匈牙利图书周从 1929 年以来，每年 5 月底由政府当局和图书馆委员会、作家协会、全国妇女委员会等单位筹办，在首都布达佩斯和许多州的城市街道、广场设立书摊、书棚展销图书。西班牙每年举行若干次书籍博览会和展销会。

为纪念塞万提斯逝世，各大城市每年 4 月举办书展，所有图书降价 10%或 15%

出售。

每年一次的埃及开罗国际图书博览会是非洲最大的图书博览会，埃及人称“书展”为“书节”，一般降价15%～20%销售图书。

英国经常由出版社发起并资助，在书店举办各种专业书展销。英国书店每年在圣诞节后，举办为期2～4周的降价书展销，对折优待。

日本东京八重洲书店设有展销厅，经常展销各类专业书。

我国部分书市博览会见表8-4。

表8-4　我国部分书市博览会

书市博览会名称	活动宗旨	创办时间	举办时间	举办地点
全国图书交易博览会	原名“全国书市”，2007年在重庆市举办的第十七届正式更名为“全国图书交易博览会”。其活动内容包括出版物展销、信息交流、行业研讨和倡导全民阅读等	1980年	每年8～10月左右	全国各大城市（举办城市不固定）
上海书展图书交易会	原名“上海图书交易会”，2C04年更名为“上海书展图书交易会”，其活动宗旨是“立足上海、面向华东、服务全国”，为全国各出版社、书店、图书馆等单位提供看样订货、馆配现采、信息交流等	1985年	每年8月左右	上海
全国少年儿童图书交易会	原名“全国少儿图书订货会”，2007年更名为“全国少年儿童图书交易会”，其活动内容包括展示和推广全国优秀少儿读物、加强信息沟通、繁荣中国少儿出版事业等	1986年	每年9月左右	全国各大城市（举办城市不固定）
全国大学出版社图书订货会	其活动内容包括教材教辅、专业技术类图书和音像电子出版物的展销，为出版者提供学术交流、全国高等院校选取教材的平台	1989年3月	每年11月左右	全国各大城市（举办城市不固定）
长沙图书交易会	其活动内容包括为期刊社、新华书店及民营书业代表提供出版物展销、看样订货、区域性图书交易等。被业界称为继全国书市和北京图书订货会之后的“全国三大书市”之一，近几届逐渐发展成教辅类图书的风向标	1993年	每年3～4月左右	长沙
北京图书订货会	其活动内容包括出版物展示、订货、版权贸易和区域性代理、业务研讨等综合性出版文化信息交流	2002年	每年元旦后	武汉
华中图书交易会	其活动内容包括出版物展示、订货、版权贸易和区域性代理、业务研讨等综合性出版文化信息交流。	2002年	每年5月左右	武汉

续表

书市博览会名称	活动宗旨	创办时间	举办时间	举办地点
海峡两岸图书交易会	其以促进两岸图书出版业的交流与合作为主题，以扩大两岸文化交流、增强中华文化凝聚力为目的，进一步加深海峡两岸出版发行界的沟通、交往和贸易，共创商机、共谋发展、共图大业。通过海峡两岸出版发行界的共同努力，着力打造海峡两岸图书出版发行的强势品牌，努力促进和谐文化的积极构建和华文出版业的发展繁荣，为推动海峡两岸文化产业的合作、交流与发展作出积极贡献	2003 年	每年 9～10 月左右	厦门或台北

(三)服务推销

服务推销实质上就是服务竞争。近年来，许多书店通过开展培训、演讲、座谈等多元文化活动，为读者创造更多的服务与价值，拓展书店经营空间，刺激出版物销售。

诚品书店每年邀请专家学者进店举办演讲、座谈及戏剧表演、美术展览等文化活动 500 余场次，有效地营造浓厚文化氛围。2015 年 3 月 27 日，诚品信义店邀请日本昆布的料理职人“土居昆布”第四代接班人土居纯一(《土居老铺传承百年の昆布家常味》一书作者)为读者讲解昆布烹饪技巧，让读者领略昆布的原汁原味(图 8-10)。

图 8-10　诚品书店开展烹饪活动(图片来源：你好台湾网)

2013 年仅寒假期间，大连市新华书店举办讲座活动 17 场，推荐图书 22 种，吸引学生及家长进店 2.6 万人次，出版物销量达 44 352 册，销售码洋达 82.90 万元。

三、公共关系

公共关系是指通过赞助、捐赠等手段对社会公众进行宣传推广，树立书店形象、提高其美誉度、维护发行渠道的营销方式。19 世纪末，民众在报刊上发表严厉谴责企业丑行的文章或漫画，被认为是公共关系职业化的雏形。而今，公共关系多被企业用来传递信息、沟通交流、维护公众形象等。

书业企业常用的公共关系促销形式有下面几种。

(一)新闻和评论

新闻评论是指企业将重要决策、科研产品、革新项目等信息巧妙地糅入新闻中，直接发表意见，引发受众思考，加深受众对企业品牌形象的文体活动。新闻评论因其具有阅读率高、权威展示、推广迅速、二次传播等特点，成为众多书业企业营销推广的重要手段。

例如，2015 年 7 月 25 日，南京大众书局在门前广场开设无人看管的“诚实书店”，用 4 个大书架列满人文、社科、生活等多个种类 1500 多本图书，全部以 3 折销售。因为不设收银员和服务员，起初很多人担心图书的销售收入，但“诚实书店”运营第一天，书店发现不但没少钱，还多了一些(因为无法找零)。这一事件立即引起了新华日报、中国青年报、南方日报(广州)、扬子晚报、现代快报、人民网、光明网、环球网、凤凰网、新浪网等众多媒体关注，并引发了大众对书店人性化经营、读者诚信与素质的热议，表示日后将更加关注和支持实体书店的发展。

(二)主题文化活动

主题文化活动是指书业企业围绕某一特定主题而精心策划的大众文化活动。主题活动具有现场体验参与度高，群体扩展快，实时信息传播迅速，活动见效快等特点，是书店提升主体形象，扩大社会影响力的有效途径。书业企业常见的主题文化活动有店庆主题活动、节庆主题活动、文化沙龙、出版物展销等。

(三)公益活动营销

公益活动营销是指书业企业通过向社会机构提供服务、捐赠财物，或是借助节日事件宣传或倡导某种价值观念，赢取社会公众好感的营销方式。

书店作为一个文化场所，本身就肩负着传播先进文化、促进社会文明进步的光荣使命，每一次的公益活动也许不能对图书销售起直接推动作用，但它因效果亲切而易被受众接受，增强了读者对书店的信赖，并以春风化雨的形式搭建后期营销平台。公益营销，可以通过做好事而把事情做得更好。

现在越来越多的书业企业借助公益活动来树立企业形象，据统计，深圳书城每年的公益营销活动占全部活动比例的 20%，上海书城的公益营销活动则占所有活动的 30%～40%，湖北出版文化城购书中心和北方图书城更是分别高达 60%和 70%，其中北方图书城仅在 2003 年寒假期间，就成功举办了 100 余场公益活动①。

---

①　蓝有林．书店营销：公益活动树立企业形象．中国图书商报，2010

职场指南

成都市公布《成都市实体书店扶持奖励办法》

2014年12月17日，成都市政府公布了《成都市实体书店扶持奖励办法(试行)》，《办法(试行)》提出自2015年1月起，对成都市实体书店进行扶持奖励，凡成都市本地实体书店开办新店，依据开店规模，给予1～3万元一次性资金补助，成都市实体书店开展全民阅读公益活动，最高可获得20万元补助。《办法(试行)》扶持奖励对象为在成都市行政区域内注册登记，持有《出版物经营许可证》，从事图书、期刊等出版物发行为主营业务的实体书店。

四、营业推广

"现代营销学之父"菲利普·科特勒认为"公关为购买商品或享受服务提出了理由，而营业推广则提出了现在就买的理由。"

出版物营业推广指人员推销、广告和公共关系以外的，能刺激需求、扩大销售的各种促销活动。营业推广通过吸引、鼓励读者购买实现书店营销目标。

书店常用的营业推广方式有。

(一)折扣让利

通过打折、满赠、换购、返券、直接减价等优惠方式让利给读者的一种销售方式。书店一般借助节假日、出版社庆典、书店卖场开业等纪念日实行短期促销。折扣让利因操作简便，刺激强度大，是现代市场上使用最频繁的一种促销手段。

浙江金华新华书店在第20个世界读书日(2015年4月23日)推出的全民阅读限时抢购活动成功地运用了这一促销措施。活动期间，全场15万种图书、音像制品(除中小学课本、教辅、进口图书外)参与限时抢购活动，且打折幅度和时间段也有关系：第一段时间自上午9时至下午3时整，全场8折销售；第二段时间自下午3时01分至休业时间晚上10时全场75折销售，折后满300元再减10元，同时，指定区域特价销售同步进行，百余种"聚畅销"图书、音像品种低至五折销售，引发了市民读者的热抢。

在运用折扣促销时应注意：折扣、降价促销要有充足、合适的理由向读者、同行业交代，否则易给读者造成滞销书处理的印象。

(二)买赠促销

买赠促销指书店通过赠送与出版相关的文化商品，吸引新读者尝试购买，强化老读者的再次购买的短期促销方式。赠品一般为出版社向书店寄送的书签、年历卡、海报、手册、礼品等宣传用品，也有书店筹备的文化用品等。例如，南京大学出版社出版的儿童科幻小说《果核战记》系列，附赠解密卡、导读图备受儿童读者的喜爱；长春某书店推出"买一本《老梁故事汇》附赠饮料一听"的促销活动，让读者觉得很有新意。

图 8-11 《老梁故事汇》附赠饮料促销(图片来源：吉和网)

(三)竞赛有奖促销

竞赛有奖促销是培养新读者、巩固老读者的一种有效促销方式。书店通过有奖征文、有奖问答等手段激励读者参与购书和阅读。

书店常见的竞赛有奖促销类型有知识型竞赛、思维型竞赛、技能型竞赛、游戏互动等方式。知识型竞赛是指书店围绕出版社、书店、出版物等相关文化产品信息，通过竞赛培养读者对出版业、出版物、书店品牌的认知；思维型竞赛需要读者充分调动思维力、创造力、判断力等参与竞赛，包括读书竞赛、有奖征文、书名征集、广告语征集等；技能型竞赛是结合生产和工作需要开展的以突出操作技能和解决实际问题为重点的竞赛活动；游戏互动是通过把促销内容有机地渗入游戏活动本身，在不经意间起到促进销量、推广品牌的目的，因其融知识性、趣味性、参与性为一体，使读者乐于接受。

许多书店卖场在促销过程中，积极运用竞赛有奖促销，取得良好效果。例如：《华西都市报》开展的阅读文化周有奖知识问答活动采用知识型竞赛的形式，读者通过微信扫码答题，报社每天从扫码答题读者中随机抽取 3 名正确答题者给予一定奖励。北方图书城于 2015 年 7 月 11 日开展的“双十流香 · 阅读时光”20 周年店庆活动采用思维型竞赛的形式，活动以最美书店评选、服务理念用语征集、书城“老物件”“我与书城的故事”有奖征集、手拎兜图案设计有奖征集、视频征集、分享阅读心得、“画出你心中未来书城”绘画比赛、“公益献爱心”等系列活动，号召广大读者观注书店的成长与发展。“百年老店”中华书局于 2015 年 4 月 23 日举办的“读者开放日”活动采取游戏互动的形式，读者通过微博访谈及传统文化互动游戏等环节集齐四枚纪念章换取特制藏书票，书店还通过微信抽取 100 名“荣誉读者”，为其颁发“中华书局荣誉读者”证。

(四)微信营销

微信(We Chat)是腾讯公司在 2011 年 1 月 21 日推出的一款为智能终端提供即时通讯服务的应用程序。据腾讯公布的 2015 年业绩报告显示，截至到 2015 年第一季度，微信已经覆盖中国 90%以上的智能手机，每月活跃用户达 5.49 亿，用户覆盖 200 多个国家和地区、超过 20 种语言。微信已经成为人们的一种生活常态。

作为一种新媒介，微信以低廉的经营成本、灵活多样的传播方式、便利性强与接受率高的信息、点对点的精准化营销模式，成为书店聚集读者、促进销售的重要营销手段。书店通过微信平台发布出版物信息，推广营销活动、品牌文化等，实现即时查询、在线咨询、阅读分享、选购图书等功能，受到了读者的青睐。例如，2015 年 5 月 23 日，海呈书店与《三亚日报》新媒体携手与读者进行互动，现场读者通过扫描三亚日报官方微信或英语微信即可获取《左耳电影纪念珍藏版》书籍(图 8-12)。

图 8-12　书店利用微信开展促销活动(图片来源：新华网)

2014 年 7 月，南京新华书店开展微信营销系列活动：书店微信会员享受购书 92 折优惠，参加随时更新的图书买一送一活动；通过发送最喜爱的郭敬明书籍名称和理由至书店微信平台可有机会获赠郭敬明新书《下一站・那不勒斯》；通过微信发布吴晓波新书《历代经济变革得失》签售消息；书店会员中国银行江苏省分行等大客户通过微信申请门票等，销售现场非常火爆，半小时即销售 3 000 码洋图书。

除利用微信进行宣传营销外，书店还常借助微博、QQ、论坛、贴吧、豆瓣等新媒体，将出版物信息快捷、全面、低成本地呈现给读者。

(五)设立畅销书排行榜

畅销书，指在某时段内销进比与销售频率极高的图书。在国内出版业，对畅销书的界定一般指发行量在 10 万册以上的图书。畅销书作为反映某个时期大众阅读潮流与文化追求的风向标，其示范效应和社会影响力已逐渐深入读者心中，书业企业、媒体、互联网等机构纷纷发布各类图书销售榜单以引导读者选购。

1995 年，我国书店零售 POS 系统被广泛使用，POS 系统可以对图书市场零售数据进行跟踪监测，许多书店陆续推出单店畅销书榜。1998 年，北京开卷信息技术有限公司成立，开启了国内整体图书零售市场销售样本监测，并对全国性图书销售排行榜定期发布。而今，图书排行榜已成为促销手段，进入畅销榜前 10 的图书，都能够带动 10%—15%销量的提升。

图 8-13　畅销书排行榜

职场指南

畅销书的由来

关于畅销书排行榜的由来，早在 1895 年，美国《读书人》(月刊)按需求数量次序登载了 19 个城市书店中最畅销的六部书籍名称，这被认为是历史上第一份畅销书单。自 1903 年开始，《读书人》每期公布本月内最畅销的六本书，称为“畅销书六册”，“畅销书”一词首度出现。第一次世界大战后，“畅销书”一词逐渐普及到美国以外的各国出版界。

(六)建立读者俱乐部

读者俱乐部也称图书俱乐部，是以吸收会员，为读者提供读书和购书优惠条件的机构组织。读者俱乐部以为会员读者购书、藏书、读书、联谊提供多元化服务，又为书业企业争夺市场、争夺读者、增加效益而受到读者和书店的欢迎(图 8-14)。

图 8-14　读者俱乐部组织活动(图片来源：重庆图书馆网)

读者俱乐部在1900年前后始于瑞士，逐步在欧美等国发展起来。20世纪90年代末，我国新华书店开始建立读者俱乐部，作为书店延伸的产品和服务，得到大范围的普及。从20世纪90年代末至今，涌现出不少读者俱乐部营销的成功案例。例如，2000年，江苏省新华书店集团成立书缘读者俱乐部，至今拥有10余万会员读者。

为稳定有效会员资源，提升书店品牌，很多新华书店读者俱乐部通过设立差别会员享受积分和折扣，举办书展、读书讨论会、学术报告会、读者沙龙等方式鼓励读者读书购书。例如，2014年7月1日，号称“全国第二家女性书店”——成都东西里女性会员书店开业并组建闺蜜读书会，以缴纳会费的形式招募工作、生活在成都省内22—48岁的女性会员。东西里女性书店虽为书店却并不卖书，而是以免费借阅、私人定制出版物、代购图书或文化艺术品、举办国学美学等主题讲座、每月免费享用数次下午茶等方式为会员提供个性化、多元化服务，受到众多读者欢迎。

实践训练

一、实训项目

书店宣传促销组合运用。

二、实训内容

某书店准备对图书《好妈妈胜过好老师》开展宣传促销活动，请你选择广告宣传、人员推销、公共关系、营业推广两种以上(须含POP广告制作)策略制订宣传促销方案，并实施促销活动。

三、实训形式

1. 以6～8人为小组单位深入现场调查，要求团队成员分工明确、共同参与。
2. 整理调查信息，推荐代表展示调研结果，互相交流。
3. 评选优秀促销活动小组和优秀促销员。

四、注意事项

1. 促销组合设计应力求科学、务实、创新。
2. 了解广告宣传、人员推销、公共关系、营业推广策略特征。
3. 手绘促销平面广告，并合理安排广告发布时间和频率。
4. 确定卖场促销运行的起点和终点，并在两点间设计理想的动线。
5. 设计促销组合方案，利用PPT汇报展示实训成果。

五、评价标准

“书店宣传促销组合运用”实训项目评价见表8-5。

表 8-5　“书店宣传促销组合运用”实训项目评价

项目	分值	表现描述	得分	备注
促销目标读者和出版物	20			目标读者特征和出版物书名、作者、出版社、主要内容等精髓信息。
促销组合设计	20			设计构思新颖、客观细致，包含活动主题、时间、对象、策略、预算、评价等信息。
促销组合实施	20			方案实施流畅、执行力强，活动组合衔接紧密、安排紧凑。
手绘 POP 制作	20			表达形式新颖、色彩对比强烈、实物形像直观。
语言表述	10			简练准确、清晰流畅。
PPT 汇报展示	10			层次分明、信息丰富，包含文字、图表、动画、音像、视频等信息。
合　计	100			

项目九　客户关系管理

【知识目标】

1. 了解书店会员制的基本模式。
2. 掌握书店会员制营销的实施技巧。
3. 了解读者投诉意见的主要类型和处理方式。
4. 掌握书店卖场常见服务矛盾和纠纷的解决方法。

【能力目标】

1. 学会按照书店会员制营销的工作流程进行会员管理。
2. 能按照读者投诉意见的处理原则和程序处理读者投诉。

任务 1

会员管理

任务思考

在日常生活中，各种各样的会员卡、储值卡、打折卡、积分卡如雨后春笋般大量涌现。几乎每个人打开钱包，钱包的隔袋里都塞有一张甚至几张“卡”。拿出手机打开微信，公众号中也关联着许多“会员卡”。这些会员卡有何重要意义，其究竟能为企业创造何种价值？这一过程具体又是如何实现的？

任务分析

这些卡是会员管理模式的载体。事实证明，会员管理模式，是商家为了维系与客户的长期交易关系、稳定客户群体，而发展出的一种较为成功的关系营销模式。如能为会员提供更好的服务，就能形成自己稳定的客户群体，培养顾客的忠诚度，并借助会员的影响力，使各种促销活动达到最好成效，进而提升企业形象。这对于书店的发展和业绩的增长无疑是最大的帮助。

资料导读

青苑书店书友会

青苑书店书友会

青苑书店自 1992 年开业至今已有 27 年，一直努力成为南昌读书人的理想书房，他们不只在为卖书赚钱，更希望自己为社会培植一块精神土壤，传递墨香。20 多年来，青苑书店已发展成江西民营书业标杆书店，旗下有一家图书零售批发销售中心，为江西、福建地市区 200 多家民营书店提供专业选品配送和书店培训。拥有近五十名员工，有一个 2 000 多平方米的图书仓储物流基地和一家面积 312 名米的零售店。现常备会员超过 10 万人，累计会员超过 15 万人，读者使用会员卡在书店购买、预定各类图书可以享受大幅优惠，还可以免费参加书店的形式多样、内容丰富的书友会活动。

一、青苑书友会活动

在青苑，书友会正成为一道迷人的文化风景。

青苑举办了 200 多场公益性的书友会。从沉潜深思的实力派学者到坊间热捧的畅销书作家，从青春流溢的文坛新秀到耄耋之年的学界长者，从担当启蒙的公共知识分子到度人济世的方外高僧，从江右本土文化人到海外的大方之家……都曾在青苑二楼简朴而温馨的空间进行过主题讲演，与书友进行过热情交流。嘉宾年长者，如95岁的学者刘世南先生，青春年少者有哈佛学子邓楚函；大多来自大陆本土，也有不少从台港与海外远道而来者；涉及的论题，则更是林林总总，胜义纷呈；既有学理性、知识性、学院式的探讨，也表达了公共性、社会性、当下性的关怀。在南昌，毫不夸张地说，青苑书友会这些活动，比诸多大学高校还要丰富、出色得多。尤其值得说明的是，青苑将每期讲座的活动进行录制，进行现场直播，发布于网络，供更多的书友分享交流，建构起了一个巨大的文化学术交流空间。

青苑还举办了形式多样、琳琅满目的文化活动：联系当地媒体举行征文评比，联手高校社团进行摄影大赛、有奖知识问答等，与江西电台、江西教育电视台等媒体进行读书活动直播；联合本地影剧院共同组织赠送影券活动，参与剧院文化的推广；联合朗得维斯公益美声团、著名播音员，发起“朗 Live”朗读活动，把声音和阅读组合创新为声音图书馆；联手江西教育电视台和江西高校出版社，打造“爱心书屋”青苑漂流站，把更多爱心书籍送到孩子们手中；联合画苑、笔庄、民间刊物等机构，进行所有的文化资源共享；每年安排大学生勤工俭学岗位，在假期启动暑期实习生计划，为每一个爱书的学子提供一份体会书香的机会与专业指导；在每一年的世界读书日活动，努力创新，吸引大量读书人到书店参加阅读推广……

在虚拟空间，青苑建立起了供广大书友交流的QQ群、微信群，建立起专门的微信公众号、微博等，以好书推荐、好文共读、名家书单、文创活动等栏目发布信息，为广大读者推送优质阅读资源。青苑立体的新媒体，成为包括数万名书店会员在内的广大读书人交流阅读、共享书香的平台。

二、青苑书店会员制度

(一)入会条件

- 读者在青苑书店一次性购书码洋满100元或累计购书满200元即可获赠青苑书店9折银卡一张；
- 读者在青苑书店一次性购书码洋满1 500元或累计购书满2 000元可成为终生金卡会员，获赠85折金卡一张。
- 缴纳20元会员卡工本费可获得9折银卡一张。

(二)会员便利

- 会员可以获得更新、更多、更快的图书信息。
- 会员购书可参与积分，年底根据积分多少送青苑特制版精美礼品一份。
- 会员可以免费参加青苑书友会活动，还可提前预定作者签名书。
- 金卡会员每个季度可免费获取青苑内刊豫章杂志一本。
- 会员在店庆、节日等拥有更多的优惠活动。

(三)团体订书

- 制定你需要的书目表，供参考。
- 免费上门送书。
- 定期可获新书目录表一张。

相关知识

客户关系管理，是指通过管理客户信息资源，提供客户满意的产品和服务，与客户建立起长期、稳定、相互信任、互惠互利的密切关联的动态过程和经营策略。

21 世纪营销竞争至关重要的资源是客户资源。客户是企业生存的基础，拥有客户就意味着拥有市场，几乎所有的企业都在不遗余力地争取新客户，留住老客户。谁能把握住客户的服务需要，并与客户建立牢固的关系，维持客户的忠诚度，谁就能在这场竞争关系中获得优势，立于不败之地。为此，在现代信息技术的支持下，会员制营销便这样应运而生了。

一、认识会员制

(一)会员制是一种沟通媒介

会员制是一种人与人、人与组织或组织与组织之间进行沟通的媒介，它一般由某个组织发起并在该组织的管理运作下，吸引客户自愿加入，目的是定期与会员联系，为他们提供具有较高感知价值的利益包。并通过与会员建立富有感情的关系，不断激发并提高他们的忠诚度。

我们可以从以下要点更详细地理解会员制：

(1)人与人、人与组织或组织与组织之间，不但个人可以加入会员制，而且像家庭或者公司这样的团体也可以加入会员制。

(2)进行沟通的媒介。会员制可以有不同的组织方式以及不同形式的会员章程，其范围覆盖一般的沟通到各种各样的会员活动。

(3)由某个组织发起并运作。会员制是由某个组织而不是个人或消费者发起而成立的，而且会员的所有活动及管理工作都由发起的组织负责。

(4)吸引客户自愿加入。客户是完全自愿而不是被迫加入的。

(5)定期与会员直接接触。会员制组织要定期与会员沟通，但不是通过大众媒体(如电视广告等)进行，而是以个性化的沟通(如电话、短信、电子邮件、互联网等)来完成。

(6)提供较高感知价值的利益包。这是吸引客户加入并形成客户忠诚的主要因素，提供的利益必须要让客户感觉有价值。

(7)与会员建立富有感情的关系。单纯依靠打折、赠送等财务方式与客户建立的关系是短暂的，只有富有感情色彩的关系才是形成客户忠诚更持久、更强大的驱动力。

(8)激发和提高客户忠诚度。激发会员采取行动进一步购买产品、增加购买频率、为产品做更多宣传、积极与会员俱乐部沟通、提供有效信息等、并最终达到提高忠诚度的目标。

一般情况下，会员制组织是企业、机构及非营利组织维系其客户的结果，会员制组织的名称有“会员俱乐部”“客户俱乐部”“VIP 俱乐部”“××会”等，书店的会员制组织通常叫“读者俱乐部”或“书友会”。它通过提供一系列的利益来吸引客户自愿加入，这一系列的利益成为客户忠诚计划。而加入会员制组织的客户称为会员。会员制组织与会员之间的关系通过“会员卡”来体现，会员卡是会员进行消费时享受优惠政策或特殊待遇的“身份证”。

(二)书店会员制的基本类型

书店的通常做法是，顾客向俱乐部缴纳一定数额的会费或在书店累计消费到一定数额后，就成为该俱乐部的会员。会员在以后购买图书时可享受一定的价格优惠、折扣以及其他的活动参与权等。

这是现在书店普遍采用的一种促销形式，鼓励顾客多消费，消费得越多，获得的优惠就越多。

书店会员制一般有普通会员制、终身会员制、累计会员制、单位会员制和信用卡会员制 5 种类型。

1. 普通会员制。向所有的顾客开放。只要在书店一次性购买一定金额的图书就可以申请会员卡，不用定期向书店缴纳会费或年费。

2. 终身会员制。可长期享受书店一定幅度的价格优惠及其他的优惠措施。但在成为终身会员之前，书店要求顾客一次性缴纳一定数额的会费。

3. 累计会员制。会员享受的优惠政策随着积分的上升而增加。

4. 信用卡会员制。适用于大型书店，通过网络，将消费者的资料与信用卡联系起来。

5. 单位会员制。是指消费者以所在单位的身份加入书店的俱乐部，书店向入会单位收取一定数额的会费。

二、实施会员制营销

书店实施会员制营销的工作流程如图 9-1 所示。

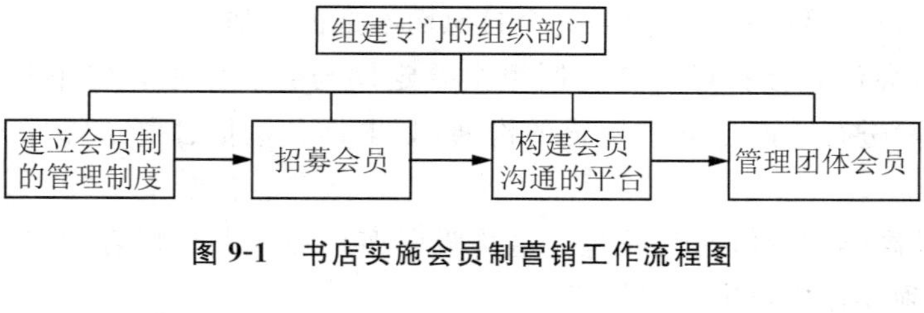

图 9-1　书店实施会员制营销工作流程图

(一)组建专门的组织部门

会员制营销的实施是一个复杂的系统工程，涉及几个不同利益的团体，如会员制的经营管理者、会员、外部合作者等，这些团体需要得到不同的信息、任务及沟通。为了保证书店会员制营销的平稳运行，必须建立专门的组织部门(如读者俱乐部管理中心)负责执行实施，并投入一定数量的人力、财力、技术和时间等方面的资源。

读者俱乐部管理中心还可以细分为信息、交流、促销、企划、服务等几个职能小组。这个管理中心要协调、组织并检查会员制营销方方面面的业务，它具有以下多项职责：

1．直接的会员服务

(1)负责发出或回复所有与会员接触的邮件、电子邮件、电话等。

(2)负责主动打电话或写信与潜在会员进行沟通。

(3)负责协调和解决会员在享受俱乐部服务中遇到的各类问题。

(4)负责会员个人资料的更新和管理工作，会员资料属于个人隐私资料，不可以遗失、外泄，除工作外未经允许不可以私自骚扰会员。

(5)负责受理会员各类服务投诉。

(6)负责会员礼品、宣传品和会刊等物品的定期发放工作。

(7)在使用呼叫中心的情况下，负责实行质量控制和监督。

2．对外宣传、交往与合作

(1)负责制订并落实俱乐部宣传及会员发展方案。

(2)负责俱乐部各类文件、信息、工作计划及总结等文字性材料的拟定管理和上报工作。

(3)当企业发起一个将经销商包括在内的忠诚计划时，负责与经销商沟通。

(4)负责维护会员数据库，并将分析结果送交企业的相关部门。

(5)负责整个忠诚计划的管理。

(二)建立会员制的管理制度

对于企业来说，制度就像发动机，只有这台发动机安全可靠，其管理的企业才能正常运转。书店要实行会员制，一定要建立相关的管理制度。

书店会员制的管理制度主要包括：入会资格审查制度、入会(及退会、除籍)公告制度、资源共享制度、保密制度、销售服务制度等，一般需要制订一套完善的会员章程。

会员章程是开展书店会员制营销的大纲，应该在章程中明确读者俱乐部宗旨、会员资格、会员组成、入会手续、会员权益、会员义务、会籍管理、组织机构、管理制度等事项。例如在《沈阳市新华书店会员章程》中，开篇明确其会员宗旨是：“为回馈广大读者的支持，保持与读者的密切沟通，建立了沈阳市新华书店会员俱乐部；会员俱乐部是旨在宣扬全民读书，倡导书香社会的组织，加入的会员请遵守俱乐部的规章制度，自觉维护俱乐部的形象与声誉。”然后在章程中规定了会员卡办理、会员卡使用须知、会员卡注意事项、会员卡折扣优惠、会员卡晋级、会员卡进阶、会员卡挂失补办等具体事项。

(三)招募会员

对于实行会员制营销的书店来说，会员是其重要的市场目标，也是书店营销策略的主要对象，招募会员是赢得市场的第一个步骤。招募会员的主要途径有：

(1)广告招募。通过电视广告、报纸、杂志、地铁、公交、互联网广告、书店内刊等媒体宣传进行招募。

(2)店内招募。在店内醒目的地方做POP会员招募的宣传，如X落地展架、收银台提示板，店员在销售时推介、在买单时提醒和推介。

(3)“转介绍”招募。向老会员宣传带新会员的好处，如增加积分累计、礼品奖励等，鼓励老会员带新会员。

(4)联盟招募。与其他商家、出版社联手推出会员招募活动，与知名品牌联合促销，特殊节日的会员招募(教师节、儿童节等)

案例精析

“借船出海”

新天堂电影俱乐部是一家以会员制为基础的电影俱乐部，他们在首次招幕会员时制订了这样方案：与新华书城合作，将其公司的宣传手册(附《入会指南》)夹在新华书城寄给读者俱乐部的会员杂志中，同时宣布加入新天堂俱乐部的会员一律赠送新天堂电影俱乐部放映的首场电影的电影票一张。

新天堂依托新华书城庞大的会员组织，预测30%的新华书城会员对新天堂产生兴趣，这样新天堂能获得相当数量的会员。

对首批入会的会员，新天堂给予以下优惠：赠送新天堂电影俱乐部放映的第一场电影的电影票一张，赠送精美礼品一份(印有新天堂Logo的书签一套)。

对于介绍新会员入会的老会员，新天堂给予如下奖励：赠送印有新天堂Logo的精美雨伞一把。

[精析]

新天堂电影俱乐部作为一家新成立的俱乐部，他们利用与新华书城共同采取联盟招募的方式，举办促销活动，使新华书城众多的会员认识了新天堂电影俱乐部的存在，达到了“借船出海”的目的。

(四)构建会员沟通的平台

实行会员制营销的主要目标之一是创造与会员沟通的机会，而且这种沟通必须是具有排他性的，也就是说，只有会员才能得到这种沟通。企业在制定沟通计划时需要考虑沟通的频率，合理的沟通频率能够有效促进客户和企业之间的情感联系及信任的建立。因此，书店会员制俱乐部与会员之间联系的次数不能过多，也不能过少，以每年与会员联系6～12次为宜。书店与会员的接触和沟通可以采用电话、传真、电子邮件、网络、会员杂志、卖场服务等多种渠道，并灵活运用以下四种形式进行沟通。

1. 面对面沟通

书店通过专业人员把会员邀请至店堂或其他指定活动地点进行面对面的交流，这种方式的沟通是最直接、有效而简便的，而且在面对面沟通谈话的过程中可以随时随地交流双方的感受，了解彼此的想法，可以充分讨论拟定的话题。

面对面沟通适用于以下几种情况。

(1)处理微妙的人际关系或发布复杂信息，面对面沟通是最合适的选择。

(2)对会员进行需求调研或满意度调查。

(3)征求会员对产品或服务的详细意见或建议。

(4)处理会员的重大不满或特殊事件。

2. 电话沟通

设立专门的会员热线电话，而且最好是24小时开通的免费电话，这是会员制俱乐部与会员沟通的重要工具之一。因为电话是当今人们生活中最常用的沟通方式，它使用方便、保密性好、迅速有效，可以让会员主动、自发地与企业联系。

会员热线的作用与任务主要有以下三个方面。

(1)了解。在电话沟通中了解会员的真实想法，掌握他们的需求，并做好笔录。在了解会员需求时应该重复客户的谈话内容梗概，让他感到自己受重视，同时赞同他的观点。

(2)回答。对会员在电话中提出的问题用最简捷的语言答复，使对方感觉客服是专门为他服务，即使不能马上明确回答，也要承诺在最短的时间内，给其满意的答复。

(3)询问。询问会员对服务有什么意见和建议，感谢他的支持。

3. 互联网沟通

互联网具有打破地域限制、费用低廉、时效性与互动性强等优点，可以为企业节省大量的沟通成本，同时更及时、迅速地为会员提供服务，这都是形成客户强有力忠诚度的因素。随着互联网的迅速普及和发展，企业网站、个性化电子邮件、微信、微博等已经成为企业与会员沟通的新媒介。

上海钟书阁利用微信营销，南京先锋书店利用微博宣传均取得了良好效果。图9-2是两个书店的微信、微博图片。

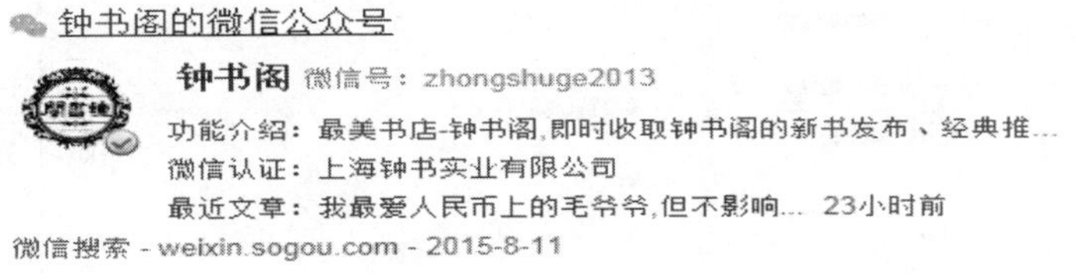

上海钟书阁的微信(图片来源：钟书阁的微信公众号)

图9-2　南京先锋书店的微博(图片来源：新浪微博)

企业网站作为企业的一个24小时展示的窗口，有宣传产品和服务的优势，让客户通过自由浏览加深了解，并吸引其中对企业产品感兴趣的新会员加入。同时，网站上可以专门为会员开辟出会员专区，只能凭会员用户名和密码才能进入(图9-3)。

图 9-3 北京图书大厦官网(图片来源：http://www.bjbb.com/)

电子邮件打破时间和空间的限制，让工作时间或工作地点不同的人们能够有效地沟通。但与会员沟通的邮件绝不是千篇一律，而是很有个性的。可以针对不同喜好的会员，制订不同形式和风格的个性化邮件。例如，选择精心制作的信纸，有会员的昵称、音乐，还有语音祝福等，这样的电子邮件与会员每天收到的邮件大有不同，让会员有种耳目一新的感觉。

图 9-4 北京图书大厦官网会员专区(图片来源：http://www.bjbb.com/)

4. 会议、活动沟通

书店通过定期或不定期组织各类不同形式的会员会议或活动，可以为俱乐部与会员之间、会员与会员之间搭建一个良好的沟通、交流平台，在不断壮大会员队伍、扩大企业影响力的同时，达到为会员服务的目的。

会员会议、活动的主要形式包括：聚会、餐会、晚会、主题沙龙、体育活动或竞赛、研讨会、培训活动等。

在举办相关活动之前，应积极与政府相关部门或行业媒体建立广泛的联系，并取得相关支持，妥善办理好开展活动所需要的手续。活动场所最好选择对会员便利且利于企业开展工作的地点，同时要准备好会议设施和布置好会场环境。不要忽略现场最为实效的宣传，给会员提供一个完全的体验机会。

案例精析

钟书阁会员活动

你的孩子学英语了吗？你的孩子学对英语了吗？

8 月 1 日晚钟书阁上海葡萄园美语中心

Tom 校长教你如何甄选学习体系

——避免儿童英语学习的误区及如何甄选学习体系父母讲座

时间：8 月 1 日晚　18:30～19:30

地点：钟书阁二楼主题馆

报名方式：

电话预约：(021)67661899

微信留言：姓名＋联系方式＋人数

进店预约：请到图书吧台预留登记

Tom 简介：美籍华人，曾任 eBay(易趣网)中国区高管，为了自己的女儿毅然踏上儿童英语教育之路。现为上海葡萄园美语中心校长，兼任中国葡萄籽英语中国区教学总监

讲座内容：如何避免市场陷阱：每位家长都应该知道的儿童学习语言的关键要素。作为一个六岁孩子的爸爸，美籍华人 TOM 老师也曾经怀着美好的愿望四处为女儿寻找合适的英语学习体系，可是作为母语是英语的他发现了很多问题和矛盾，就在他茫然的时候，仿佛神的指引下，他发现了隐藏在英语培训游戏中的种种陷阱，以及如何有效避免这些似是而非的误区的规则。

(1) 3～12 岁儿童学习英语和成年人的方法是一样的吗？

(2)儿童学习英语(外语)究竟要学习哪些东西才有效？

(3)儿童学习外语需要多长时间(多频繁)才有效？

(4)儿童到底要怎样学习英语(外语)？

上海葡萄园美语中心的 TOM 校长

诚邀曾经或正在为孩子学习外语困惑的家长读者们，一起分享他的发现。

你来不来!!!

——资料来源：钟书阁微信

[精析]

钟书阁的活动抓住了家长读者们的心，既为家长和教育专家搭建了一个交流的平台，也为自己和会员建立了一个沟通的渠道，在为会员提供服务的同时，为自己做了最为实效的宣传。

(五)管理团体会员

团体会员一般是大客户，根据社会学和企业管理学的“二八定律”，给公司带来80％利润的是 20％的客户。按照这个原则，如果能把这 20％的重点客户找出来，重点

把握这80%的利润，就能够稳定企业的经营业绩，甚至有质的飞跃。对于这些重点客户的管理内容主要包括以下几点。

1. 设法收集团体会员的详细资料

“知己知彼，百战不殆”。把这句话用到书店团体客户管理中来，同样适用。收集他们的详细资料，可以从中了解团体会员的各种需求，进而了解市场，找到成功的机会。这些团体会员的资料是非常宝贵的，做好长期的积累，有助于与客户建立长久的合作关系。

一般团体会员的资料，可以从以下几方面入手：团体会员的单位背景资料，与团体会员相关的项目资料，如最近的采购计划、项目的采购目的、采购时间表、采购预算等；团体会员中核心人物的个人资料。

2. 准确把握团体会员的需求

只有切实了解团体会员之所需，才能更好地站在客户的角度上来考虑问题，才能根据客户的具体特点和需求为其提供对应的解决方案。在应对团体会员需求时应注意：处理问题要有全局观念，精细分析团体会员需求，交流时注意分寸和沟通技巧，善于倾听团体会员的呼声并改进工作，尽量满足团体会员要求。

3. 建立团体会员忠诚度计划

团体会员对每一家企业而言都是立身之本，要与他们持续性地合作，就必须建立大客户忠诚度计划，以此来培养团体会员的忠诚度。建立团体会员忠诚度计划的要点是：

首先，要重视与大客户的关系。在建立详细准确的团体会员资料库的基础上，派遣专人与之沟通，广泛听取他们的意见和建议，及时回应他们的需求，让他们感受到被书店重视。

其次，要与团体会员建立广泛的联系。如果联系渠道单一，书店与团体会员接触面太窄，容易出现判断失误。而且这种联系是脆弱的，一旦发生变化，竞争者就会乘虚而入，使之前的努力付之东流。最理想的情况是书店与团体会员之间建立起多层次、全方位的联系，确保信息的真实可信，以及了解更准确的市场需求。我们可以通过会员活动中心、定期举行会员聚会、会员俱乐部活动等形式来加强这种联系。

最后，要培养团体会员的主人翁意识。要让团体会员意识到他们与书店是相互依赖的，他们也是书店的一分子。

总之，书店要与这些团体会员建立持续长久的合作关系，就要站在会员的角度来考虑他们的利益需求，让他们对书店的产品和服务持续满意，从而提升客户忠诚度。

任务 2

处理顾客投诉

任务思考

在为读者服务过程中，随着读者维权意识的普遍提高，当服务与读者的期望相背离时，当服务工作偶尔出现失误时，当读者权益受到侵犯时，都可能会引起读者的不满和抱怨，读者通常会采取投诉的方式进行维权。出版物发行员遇到这种情况该如何处理呢?

任务分析

“读者第一，服务至上”是书店的服务宗旨，在出版物交易中，出版物发行员与消费者有时难免会发生冲突。如果出现这种局面，出版物发行员一定要认识到消费者的投诉可能意味着企业在经营管理方面存在着不足。要让消费者倾诉内心的抱怨，而不能中途打断消费者的陈述，否则消费者只会更加冲动。无论消费者具体的消费需求能否满足，都应该使消费者感到出版物发行员在全心全意地为他服务。

资料导读

网友的投诉

有网友发表在“西祠胡同”的一篇文章称：10 月 19 日下午，我在其他书店购了 4 本书后去了银新书店，进去时书是拿在手上的，出来时书也是拿在手上的。出门时，门口“保安”一定要我出示发票，我当时就告诉他，书不是在此购的，当然没有银新书店的发票。随后，他就一定要我出示别家书店的发票，这就有些怪了，我自己的东西，他有权力验看吗? 当时，我就表示反对，告诉他，这是我的私人物品他无权验看，而且我出门时，防盗装置也没有报警呀! 这下，他的回答有些可笑了，他说：带出的书不响的多呢(这样的说法后来出现的“保安队长”、“值班经理”都有同样的表达。既然这样，这个装置到底是用来干什么的呢? 想不通。因为我不愿让他验看我的书，他就在大庭广众下说他怀疑我“偷书”，当时，我非常生气，坚决不同意出示别家书店的发票。他叫来了“保安队长”，我向这个“队长”说明了不同意其验看的理由，并且告诉他，他无权扣留我，也无权查看我的私人物品——书，结果这个人高马大的“队长”在银新书店门口众人围观之下强行从我这个弱女子手上抢夺走了我的书，当时就激起了众怒。这个“队长”验看后，向我道了个所谓的“歉”，说了句“对不起”。我不要他的道歉，因为我认为，他们所称的规定、他们的行为本身就是违法了，侵犯了一个公民的正当权益！

——资料来源：西祠胡同网站

相关知识

相关研究表明：争取一位新顾客的成本是保住一位老顾客的成本的5～6倍。因此，书店必须非常重视并积极处理好读者投诉。面对读者的投诉，我们应该从法律的视角认识读者的权利，并坚持以人为本的思想做好服务工作，最大限度地保障读者权益，实现公民的文化权利。妥善处理好读者的投诉，更有可能让他们成为忠诚客户。

一、处理书店卖场读者投诉

读者投诉是由于读者因为出版物质量问题、卖场服务态度等各方面的原因，向有关部门反映情况，检举问题，并要求得到相应的补偿的一种手段。在处理读者投诉时，我们首先要了解清楚读者投诉的类型和需求，不能按照自己的意图一厢情愿地处理问题。

(一)读者投诉的类型和需求

常见的读者投诉，按照引起的原因，可以分为以下几种类型。

1. 对商品的投诉

(1)针对图书、音像制品、电子出版物的价格进行投诉。

(2)针对图书、音像制品、电子出版物等商品的质量进行投诉。

(3)由于图书缺货引起的投诉。

2. 对出版物发行员服务的投诉

(1)出版物发行员态度不佳引起的投诉。

(2)书店收银作业不当引起的投诉。

(3)书店服务项目不足引起的投诉。

(4)书店现有服务作业不当引起的投诉。

(5)书店原有服务项目取消引起的投诉。

3. 对书店卖场安全和环境的投诉

(1)书店发生意外事件引起的投诉。

(2)书店卖场环境引起的投诉。

投诉的读者会有不同的需求，只有了解他们的需求，才可能解决他们的问题。投诉的读者可能要得到以下种种答复：得到尊重和认真对待；立即解决问题或采取行动；赔偿或补偿；惩罚过失方；消除问题不让它再次发生；听取他们的意见。

(二)读者投诉的处理原则

在书店中的任何人员，不论是基层服务人员、管理人员还是总部负责顾客服务的专职人员，在接到读者投诉意见时，处理原则都是一致的，都必须认真对待读者的投诉意见。为使读者投诉能得到及时、妥善处理，我们应遵循以下基本原则：

(1)倾听原则。平心静气、友善地请顾客说明事情的原委，聆听他们的不满和要求，不打断读者陈述。读者表达不满时，在言语和态度上往往带有一定的情绪，甚至可能有非理性的行为，接待人员应把投诉和抱怨看作是读者对书店的关心、爱护和信任，不计较读者言语的轻重，不计较读者态度的好坏，不因读者的抱怨而激怒，并表示完全相信读者所说的话，对他们给予充分的同情和理解。接待人员心中永远记住，顾客是上帝，不可在还没有听完时就为自己作辩解，更不能说埋怨责备和讽刺挖苦的话。

(2)迅速处理原则。在处理读者抱怨或投诉时，要“速战速决”，不拖延，不回避，立即进行处理并在约定的时间内给予答复，因为时间拖得越久越会激发投诉读者的怨气和愤怒，也会使他们的想法变得顽固而不易解决。双方在对问题本身达成一致时要立即道歉，努力恢复信任感。

(3)以诚相待原则。处理读者投诉的目的是为了获得读者的理解和再度信任，这就要求我们必须坚持以诚相待的原则。读者投诉有些是情绪上的冲击，有些则是要求金钱、物质方面的补偿。有时候也可能是借着投诉的名义来进行“敲诈”“勒索”，甚至无理取闹。但无论是什么情况，工作人员都应该真诚地向顾客道歉，并感谢顾客提出问题，这会让顾客觉得自己受到了尊重。只有给人以诚恳真挚的感受，才能迅速解决问题。

(4)换位思考的原则。读者投诉一旦产生，他们的心理自然会强烈地认为自己是对的，并会要求店家赔偿等值商品或者道歉。处理时一定要站在读者的立场来考虑问题，在读者将事情原委全部述说清楚后，应用同情的话语来回应对方，也就是站在读者的立场，为读者着想，扮演读者的支持者，让读者知道工作人员已经了解整个事情对其产生的影响，并对个别利益给予个性化处理。

(5)留档分析的原则。保留对每一起读者投诉处理的所有资料，做好详细的记录，包括投诉内容、处理过程、处理结果、客户满意程度等。通过记录事件并分析成因，吸取教训，总结经验，为以后更好地处理顾客投诉提供参考。

(三)处理读者投诉的工作程序

在服务过程中，出版物发行员应谨记：“一百减一等于零。”卖场即使能使 100 人满意，如果得罪了一名顾客，也会前功尽弃。所以我们要妥善处理每一位读者的投诉，并且在情感上使之觉得受到尊重。无论处理什么样的投诉，都必须要以读者的思维模式寻求解决问题的方法。处理读者投诉的基本程序如图 9-5 所示。

在处理过程中，应注意以下几点。

(1)接待。接到顾客抱怨、投诉时，首先感谢顾客的投诉，营造适宜的谈话氛围，耐心听取读者诉求，了解顾客投诉发生的原因，理解顾客情绪状态并表示道歉以平息不满。如果可能，尽量将读者迅速带离现场。

(2)受理。了解投诉的真实原因，努力降低其不合理的期望值，拟订解决方法，根据实际情况及投诉处理权限，思考由本人解决还是由他人解决。向读者陈述解决的方法并使顾客愉快地接受。对可及时解决的投诉进行记录，对不能在当时立即处理的投

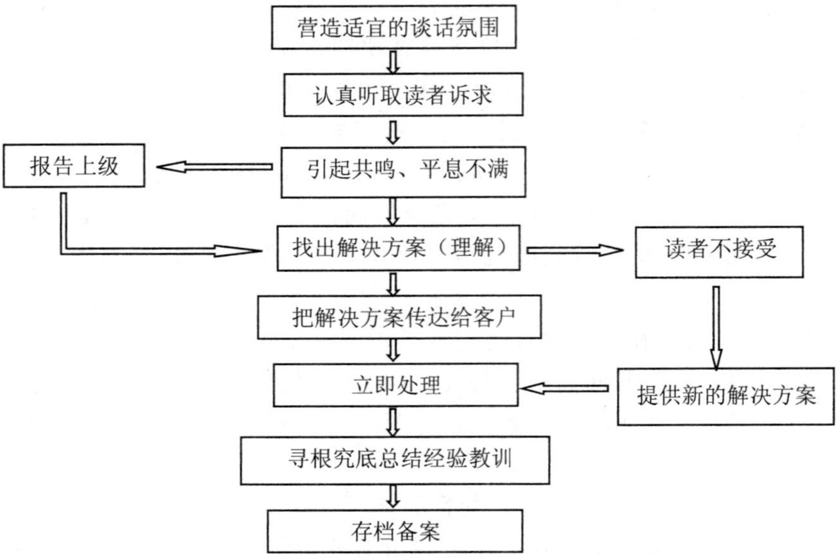

图 9-5 处理顾客投诉流程图

诉应上报店长并填写记录。

(3)跟踪。店长应对投诉处理结果及顾客满意程度进行跟踪，对当时未能及时解决的处理过程进行跟踪，并在规定答复期限内给当事人答复。卖场应每月汇总一次投诉记录，并对投诉进行分类汇总，上报商场管理部经理。

(4)总结。书店管理部门对投诉情况进行分析，对具有普遍性的投诉进行调查，查明原因后制订相应防范措施；不定期对员工的投诉处理技巧、处理能力方面进行培训；对抱怨、投诉事件及时上报，对有关责任人作相应处理。

二、解决书店卖场常见服务矛盾和纠纷

(一)出版物质量问题引起的矛盾和纠纷的解决

图书、音像制品、电子出版物等都可能由于出版物本身存在缺陷引发的矛盾，如：图书倒装、图书缺页、图书掉页、在运输过程中造成的图书污损、图书正文中夹杂错别字，音像制品存在着严重的图像不清楚、音质较差、配盘不能正常读出。这时，要严格遵守相关法律、法规(如《消费者权益保护法》《产品质量法》)，切实维护消费者的权益，只要是消费者上门提出退换，该调换的应调换，该退货的应退货，该补偿的应补偿，不能将矛盾扩大，更不能因为怕麻烦而迫使读者最终运用法律手段维权，从而严重损害企业形象。同时还要对消费者表示歉意，并在出版物进货中严把质量关。

(二)店堂服务引起的矛盾和纠纷的解决

1. 读者高兴而来与营业员态度冷谈的矛盾

解决这一矛盾，要求营业员上岗后精神集中，要以客为先，以服务为重，主动热情地做好接待工作。整理出版物上架应选择在班前或读者不多时进行，其他内部事务应在班前、班后进行，不允许扎堆聊天、低头看书和不理睬读者。

2. 读者多营业员少的矛盾

读者多营业忙时，营业员更要特别注意态度，要动作迅速、说话和气、不急不躁，要做到眼疾手快、嘴勤、腿勤，这样才能得到读者的理解和支持。

3. 因营业员遇到不顺心的事而与读者发生的矛盾

营业员个人心情不舒畅，往往在工作时流露出急躁厌烦的情绪，遇到这种情况，要严格要求自己，学会排解和转移，不能因此影响为消费者服务。门店经理、部门主管或柜组长要关心爱护同志，及时做好开导工作。

4. 因营业员业务不熟与读者问题多而引起的矛盾

业务不熟主要表现在对出版物陈列的位置、存缺、出版信息不熟，以及对出版物的内容不熟，这都是由于营业员钻研业务不够和工作责任心不强而造成的。应督促营业员增强责任心，尽快熟悉业务。

5. 读者挑挑拣拣与营业员怕麻烦引起的矛盾

购物要挑好的，是人之常情，也是消费者的权利。营业员应有百拿不厌、百挑不烦的服务精神，让消费者买到满意的出版物。

总之，如果是因为员工的服务态度或业务技能问题引发的矛盾和纠纷，管理者要果断处理，对员工进行教育并承担管理责任，向消费者赔礼道歉，合情合理地迅速解决纠纷。

(三)由管理工作引起的矛盾和纠纷的解决

1. 读者翻书与营业员怕丢书、怕污损的矛盾

无论是开架、闭架，都会遇到消费者要看营业员怕丢的矛盾。解决这个问题，首先营业员要端正服务态度，要理解挑选出版物是消费者的权利，不乱起疑心，同时也要思想集中，在主动服务的同时管好出版物，对已售出的出版物要有包装标记。

2. 读者长时间看书与营业员接待的矛盾

买与不买一个样，是服务质量好的标志，因此，要允许消费者只看不买和多看少买，在提醒消费者爱护出版物的同时，不能厌烦和讥讽。

3. 读者要求退换与营业员不愿退换的矛盾

退换出版物是对读者权益的保护，如属于出版物的质量问题，不论新旧程度，都应予以退换。在购买过程中，即使发票或计价单已开，读者提出退换的，也应给予退换。读者错购、重购的，只要出版物完好，购买时间未超过规定期限的，也必须给予退换。办理退换手续时不责怪、埋怨读者。不能退换的，应耐心、和蔼地讲清道理。

(四)读者不明情况引起的矛盾和纠纷的解决

消费者由于不明情况可能对服务提出意见、抱怨，甚至出现过激行为。当出现这类矛盾和纠纷时，首先要稳定消费者的情绪，不要与消费者争论或自认为有理而逞口舌之快，应以积极、诚恳、开放、友善的态度听取读者的意见，满足其需要被重视、被沟通的愿望，在沟通中向读者说明情况，获得理解。

(五)读者无理取闹引起的矛盾和纠纷的解决

读者由于种种因素(如滥用法律概念)有时会无理取闹。面对这样的纠纷，更需要

冷静处置。既要坚决维护企业的合法权益，也要继续保持良好的服务精神，对无理取闹者动之以情，晓之以理，争取妥善解决。一旦僵化，则要考虑运用法律手段保护企业的利益。

案例精析

“卡通书风波”

2012年7月6日，一位读者来到书店挑选图书。当时她带的小孩又哭又闹，一位员工看到后，就顺手在书堆拿了一本很薄的卡通书递给小孩，并说：“很好看的，送给你吧。”小孩拿到卡通书后就不再哭了，读者挑选好图书后就去收银台进行结算。读者出收银台时，防损员发现小孩手中的卡通书未买单，就对她进行提示，要求补单。读者很恼火：“是你们里面的员工把书送给我小孩的，怎么现在又要求买单?”防损员说：“我们的员工没有权利把商品送给您。”“哦，那你是说员工没送，是我偷了你们的东西?”读者认为防损员的语气态度不好，反过来要求防损员向他道歉。防损员认为自己的做法没有错，未当面道歉。这时，读者就亮出了她的警察证，对防损员说：“你说我小孩偷了你们的东西，你侮辱了我，侵犯了我的权利，你必须向我道歉。”防损员认为自己没有做错，依旧没有当众向读者道歉。读者就去前台进行投诉，并扬言要将此事投诉到报社。前台接待处马上请来了防损部主管，防损部主管给读者解释到：“这本卡通书很薄，可能让你误认为是广告宣传品，但它其实是我们书店的商品。不管当时情况是怎样的，我们的员工都没有权利赠送商品，他当时只顾帮您安慰小孩，没有跟您解释清楚，是我们工作的疏忽；之后，又让您在我们书店出现不愉快，是我们的服务没有做到位。我在此向您表示道歉，并欢迎您能再次光临我们书店。”读者听后表示她本来已经对这家书店失去信心，这样一来，她还是相信我们的。

[精析]

1. 作为卖场营业员，帮助读者安慰小孩，这种意识是对的，但是，应向读者讲明此卡通书是商品而不是赠品。更不要随便承诺，让读者产生误解。

2. 卖场收银员的防损意识有待加强，在读者买单时未发现小孩手中的卡通书，若每位收银员都这样的粗心大意，图书的流失量可想而知。

3. 防损员的防损意识较强，但与读者沟通时不注重方式，最终导致了读者投诉。

4. 在面对读者投诉时前台接待员能迅速处理，防损部主管也能“速战速决”，当面道歉，使投诉得到了妥善处理。要使企业在竞争中不处于劣势，书店卖场应加强全体从业人员的服务意识和技巧，将服务意识、成本意识、防损意识等贯穿到日常工作中去，从小事做起，从我做起，让每位读者“乘兴而来，满意而归”。

职场指南

投诉抱怨处理技巧：令顾客心情好的方法

先处理心情，再处理事情，令顾客转怒为喜。

卖场运营中，处理顾客抱怨是服务提供者的一项重要工作。平息顾客的不满，

使被激怒的顾客“转怒为喜”，是企业提高顾客忠诚度的重要手段。令顾客心情晴朗的技巧“clear”方法，也称顾客愤怒清空技巧。

理解和实践顾客愤怒清空技巧，能够帮助企业妥善处理最棘手的情况。令顾客心情好的方法包括以下步骤。

C：控制你的情绪(control)

L：倾听顾客诉说(listen)

E：建立与顾客共鸣的局面(establish)

A：对顾客的抱怨表示歉意(apologize)

R：提出应急和预见性的方案(resolve)

——资料来源：马瑜光. 复制连锁帝国——连锁企业持续赢利法则. 北京：东方出版社，2006

实践训练

一、实训项目

处理顾客投诉

二、实训内容

阅读以下案例后，提出处理意见。

案例：

拆开包装能否退换

国庆期间，市民朱女士带着4岁的儿子来到某书店购买一种适合幼儿学画的光碟。朱女士告诉记者，当时书店的导购向她介绍了几款适合自己儿子年龄层次的幼教光碟，最后朱女士选择了其中一款售价15元的光碟。朱女士说，当时她表示想试看一下碟子，但导购表示付费后才能试。朱女士付费后拿着碟子在书店现场试看，发现该光碟内容基本都以老师讲解为主，很多现场画面都是一晃而过，根本不适合只有4岁的儿子学习，朱女士提出退换。书店经理表示朱女士已经拆开了包装，而且光碟本身没有质量问题，按照规定不能进行退换。

“导购的介绍和光碟的外包装介绍给消费者造成了一定的误导。我只是想换一款可以适合自己儿子学习的光碟，该加钱就加钱。这个要求不过分呀！”朱女士努力和书店进行交涉，结果还是遭到了拒绝。最后，愤怒之下的朱女士当场摔了光碟以示抗议。

三、实训形式

以小组为单位，6～8人一组，组内交流，讨论出处理意见并认真填写表9-1《门店顾客投诉意见处理记录》。

以小组为单位分角色将整个事件处理过程进行情景表演。

评选优秀表演小组和优秀公关小组。

四、注意事项

1. 运用所学知识，快速、准确地处理顾客投诉。

2. 表演要以案例中描述的情境为基础。

门店顾客投诉意见处理记录见表 9-1。

表 9-1　门店顾客投诉意见处理记录

顾客姓名		受理日期	
地　址		发生日期	
联系电话		最后联系日期	
投诉项目		结束日期	
发生地点		投诉方式	
投诉事件经过：			
处理原则依据：			
事件处理经过：			
事件处理结果：			
处理人员：经　理：			
意见备注：			

五、评价标准

“处理顾客投诉”实训项目评价见表 9-2。

表 9-2　“处理顾客投诉”实训项目评价

项目	分值	表现描述	得分	备注
处理方案科学 顾客满意度高	40			
小组合作好	20			
表格填写准确	20			
语言表达流畅	10			
演员表演到位	10			
合　计	100			

项目十　安全管理

【知识目标】

1. 了解书店卖场损耗产生的原因和预防措施。

2. 理解卖场防损管理的有关内容。

3. 掌握卖场安全管理的基本内容。

【能力目标】

1. 能根据损耗发生的原因有针对性地采取措施，加强管理，堵塞漏洞，尽量使各类损耗降低到最低程度。

2. 能使用有关消防器材，能判断分析产生安全问题的原因并快速准确地提出解决办法，采取应急措施，

3. 能够根据卖场实际制订应急预案。

任务1

卖场防损

任务思考

卖场损耗存在发生的普遍性和预防的复杂性，令人头疼。损耗的高低与防范控制水平的高低是卖场能否获利的重要关键点之一。卖场损耗产生的原因主要有哪些？如何加强防损？

任务分析

据统计，全世界零售业每年的商品损耗高达1 600亿美元。在我国也高达250亿元人民币。卖场损耗一般指账面库存额与实际盘点库存额的差额，商品损耗可以分为有形与无形两方面，有形损耗包括我们可以看到的诸如产品破损、丢失、过期、质量问题等；无形损耗包括采购人员吃回扣、收银人员盗窃款物、外部人员盗窃、营运过程中陈列错误等导致的损失。商品损耗是门店赢利能力的一大克星，因而了解损耗的原因，并加以严格控制，是提高卖场经营绩效的一个非常重要的路径。

资料导读

沃尔玛面临“耗损”问题　2014年损耗率占销售1.4%

沃尔玛正面临“耗损”问题。

“耗损”是一个零售业的一个术语，美国零售业对其的定义是：不明原因的库存短缺金额。更好理解的说法是，商店因为偷窃问题(可能来自顾客和雇员)而造成的库存、现金的损失。

这周二早上，沃尔玛公布了二季度财报，“耗损”这个词被提到了一次又一次。在其最新发布的新闻稿中，提到三次，电话会议上则出现了13次。尽管沃尔玛的销售额其实相当不错，但高额的支出和耗损拖累了整个公司的利润。

沃尔玛的店员表示，他们已经不止一次看到顾客把肉藏在裤子口袋里试图偷偷运出去，或者把一辆装满电子产品的购物车偷偷停在已结账的队伍里。

沃尔玛的首席财务官Charles Holley说，他估计这个问题还会持续下去。尽管他们已经启动了培训项目，告诉店员如何辨别偷窃行为，而且现在许多门店已经开始安排员工抽查收据。

除此之外，沃尔玛对管理不善的库存也感到头疼。“当储藏室塞满了商品，你很难知道哪些快过期了，需要尽快放到货架上去。”Holley 表示，因为卖不掉而大量过期的食物也是问题之一。

“耗损”的问题有多大？根据 2014 年的数据，耗损率占了沃尔玛销售额的 1.4%，沃尔玛没有发布声明他们损失了多少，但预计这样下去，这个数字会达到约 70 亿美元。其中 38%来自外部行窃，35%的损失源自雇员内部偷窃，剩下的是因为卖不掉而造成的自然损耗。

据悉，他们正着手解决这一问题，但同时，沃尔玛面临的还有成本上升——50 万员工加薪计划、美元升值，每股盈利不如预期，公司第二季度的利润同比下滑了 11.4%，考虑到这诸多因素，沃尔玛下调了今年的盈利预期。

——资料来源：朱凯麟. 联商网，2015 年 8 月 26 日

相关知识

防损，就是防止商品损耗和预防风险。任何一个企业在经济活动中，都不可能不发生损耗，只是损耗在不同企业的表现内容和方式不同。损耗加重了企业负担，增加了经营成本，减少了利润，因此，防范各种损耗，越来越受到重视。卖场损耗是由盗窃、损坏和其他因素共同引起的，产生的原因主要有内部和外部两方面：

一、卖场损耗产生的原因

(一)内部原因

(1)员工偷窃。有多种表现形态，如内部勾结，监守自盗，偷取货款，或者利用上下班和值班时间偷取卖场商品等。

(2)管理粗放。出版物验收过程中对有无破损情况检查不细致，或对破损的出版物没有及时清退；出版物陈列摆放不注意造成损耗；账务不清，赊销、内部员工销售、流动销售等未完善手续，没有及时记账；商品管理疏漏，使出版物可能因潮湿、鼠虫等侵害造成损耗；未按时退换货，致使逾期不能够退换货；移库作业流程不当等。

(3)开架售书所造成的出版物污损等。

(二)外部原因

(1)偷窃。读者随身夹带、购物袋(皮包)夹带、随身携带微型消磁器具、污损、撕书页等不当行为，这已经成为卖场损耗的一大部分。

(2)物流配送。由于包扎不当造成商品部分毁损、包扎中短少、运送途中因天气、事故或人为等原因导致的毁损丢失等。

(3)意外损耗。入室盗窃、抢劫、失火或火灾等。

二、防损理念

防损理念是在实践中产生、完善并得以发展的，虽然从表面看，它不会给企业带来任何直接的利润，但它本质上会减少企业利润的损失。在人才、技术、创新等核心要素

为企业所认知的同时，风险的防范也逐渐受到企业的重视，其中包括损耗风险的预防。

(1)全员和全过程防损。防损是卖场全体人员的责任和义务，各个岗位的员工都要积极配合，遵守防损管理规定，主动参与监督和举报。要将各个环节可能出现的损耗进行有效监控，贯串于经营全过程。

(2)防损就是纯利润。商品损耗是卖场赢利的克星，不仅会损失出版物价值，还会加大经营成本。由于市场竞争激烈，连锁大卖场的经营利润只有1%左右，业内人士普遍认为，若能够将大卖场在2%以上的商品损耗率降低到1%，则其经营利润就可以增长100%，由此可见，有效防损，就是增加纯利润。

(3)强化管理。坚持依规依法，根据卖场工作实际，规范工作流程，制定卖场防损工作的相关制度并严格遵守执行。

(4)预防监督为先。防损工作重点在防，防患于未然，防范胜于救灾，说明预防的重要性，事前预防很重要，监督、检查卖场日常工作是否违反防损、安全工作制度与工作流程。

(5)人防与技防相结合。大卖场要设立防损部，小卖场可根据条件设立防损员，营业期间着便衣加强巡查监督。同时要借助科技手段，购置防盗报警系统、影像监控系统等，加大技防的力度。

三、防损控制要点

(一)加大技防设施投入

(1)小型卖场，一般可采用防盗镜等简易设施，同时管理商品陈列顺序和加强人员巡视。

(2)中型卖场，应安装防盗报警装置。

(3)大型卖场，一般会安装防盗报警装置和视屏监控系统。

(4)卖场的门、窗、通风口等部位，要强化防盗设施。

(5)加强对卖场钥匙的管理，实行专人专管。卖场大门钥匙应定期更换(一般一年一次)。

(二)加强防范偷盗行为

(1)定期对员工进行防盗教育和训练。

(2)加强卖场巡视，尤其留意死角和人多聚集处。

(3)防损员做好出口查验工作。

(4)禁止携带大型包袋进入，应提请其存入服务台或寄存柜。

(5)对贵重出版物或者其他商品应闭柜陈列销售。

(三)加强内部防盗措施

(1)针对员工监守自盗行为制定专门处罚办法，并公布于众，严格执行。

(2)员工上下班从规定的通道出入，并自觉接收安保人员的检查。

(3)禁止员工携带包袋进入营业区，应存放指定处。收银员在营业时身上严禁携带现金。

(4)员工在卖场购物应该保留发票或收银小票，以备检查。

案例精析

值夜班时的“黑手”

某县书店一个城东门店，为了门店安全，实行了值夜班制度，每天打烊之后安排一个员工进去值班。该制度坚持实行下来，一直平安无事。一日书店一位职工家属偶然在一个朋友店里闲聊时，听这个朋友反映说书店的一个职工经常带书卖给附近的人。家属回来和这位职工说起了这事，引起了职工警觉，于是第二天及时将情况向店领导报告了。书店领导非常重视，判定很可能存在员工监守自盗行为，立即安排分管副经理和有关人员进行了暗查，也问询了购买书的人，取得了一定证据，同时将嫌疑人(一个临时聘用工)到办公室进行询问，经过耐心的教育，该嫌疑人对监守自盗行为供认不讳。据该嫌疑人自己供述，他自己利用值晚班之机，将工具书、精装书等偷偷带出，然后伺机优惠兜售他人，谋取不当利益。书店立即对该门店进行盘点，由其赔付一定盘亏，然后将其解雇(开除)。

[精析]

该门店虽然实行了值夜班制度，但是只安排一人值班，给监守自盗创造了条件，说明制度还有很大漏洞。后面查寻得知该员工(已开除)会经常主动替人值夜班，这个反常举动在该门店的员工眼里没有引起警觉，反而认为其年轻会做人，对商品管理麻痹大意，必须查缺补漏，加强制度建设，尤其内控制度的建立健全。

(四)加强各工作环节的防损

(1)收货。商品进入卖场时应该认真验收，仔细核对无误，如有不对应该及时查询或者补退，有问题的商品一律拒收。

(2)收银。坚持唱收唱付，规范操作。50元面额以上的须经验钞机鉴别；收银机不得存放大量现金，超过5 000元应及时送存，注意安全。

(3)盘点。认真组织盘点工作，避免因货架记录不实或者漏盘、错盘而造成损耗。

(五)加强账务管理

(1)原则上员工不得借阅图书。特殊情况应该完善登记手续，及时返还，盘点前要全部返还到位。

(2)管好卖场欠条单据，妥善存放，及时催收欠款，并且责任到人。

(3)加强调拨移库的账务清理，定期与财务部门核对，做到账目清楚。

(六)加强防损制度建设

根据卖场工作实际，制定和完善防损有关岗位职责和相关规章制度，并加强培训和演练，不断提高防损水平。

案例精析

关于报警器误报而引发的顾客投诉处理

2001年某月的一天早晨，在某购物广场，顾客杨小姐购买完化妆品，在收银台付完款准备离开时，一边的警报器突然响起，闻声而来的防损员跑过来，马上从杨小姐手中夺过她的挎包进行搜查。这时许多正在购物的顾客也纷纷向这边张望，投来好奇的目光，后经防损员检查，原来是由于收银员失误，没有将一瓶化妆水消磁而引发报警器鸣响。由于当时围观的人很多，杨小姐羞愤交加，顾不上听防损员的解释，扔下已买单的商品气愤地夺路而逃，跑出了商场。

当天下午，商场就接到杨小姐哥哥(以下简称杨兄)打来的投诉电话，杨兄在电话里非常气愤，要求该商场对早晨的事件做出合理解释，并要求就此误会对其妹付20万元的精神损失赔偿费，原因是其妹在此事件中受到了常人难以想象的精神打击。(原来杨小姐是名退役军人，以前在部队服役期间在一次意外的事故中被火烧伤，至今脸部还因烧伤严重变形，留下了永久的疤痕，为此她很少出门。这次意外的事故给杨小姐的心灵造成了极大的创伤，今天购物的不愉快经历无疑是雪上加霜。)杨兄还对“商场强行对顾客搜包的行为”表示愤慨，声明该商场若不予以赔偿，他们会诉诸消协和相关法律部门。

商场顾客服务中心接到投诉电话后，马上召集相关人员进行开会分析。

这是一个比较特殊而棘手的顾客投诉事件，原因是：

(1)报警器鸣响的原因是由于该商场工作人员失误所致(未及时将商品消磁)，并非顾客本人原因。

(2)防损人员在例行公事时态度较粗暴(检查前未与顾客招呼，直接拿下其背包检查)。

(3)杨兄有非常强烈的法律保护意识(杨兄本人毕业于法律专业，现任一家知名公司的销售经理)。

如果答应顾客要求，该商场肯定损失惨重；如置之不理，顾客一旦诉诸消协等相关部门，会给商场的形象带来极大的负面影响。所以商场在处理时不仅要非常有耐心，而且要有丰富的临场应变能力和处理能力，否则不仅难以将顾客说服，而且会给以后的后续工作带来很多的麻烦。在经过交流与讨论后，负责人带了礼物去杨兄家登门造访表示道歉。开始杨小姐拒不接见，在前后20天的时间里一直如此，使谈判陷入僵局。但商场一直非常有耐心，没有因为杨小姐的冷漠态度而气馁，一直坚持每周登门拜访。经过6次登门拜访后，杨小姐及其家人终于被商场的执著与诚意所打动，终于愿意接受商场的谈判。交谈起初杨小姐一直还很生气，但商场负责人再三道歉，并对商场工作失误而给顾客造成的伤害致以深刻的检讨与自我批评。在经过多次的耐心交谈与沟通后，杨小姐及其家人也深深体会到商场解决问题的诚意，将索赔的金额由20万元降到5万元，又降到1万元，最后经过双方多次的协商，和商场再三的诚恳致歉，最终以商场支付1 000元的慰问金结束此事。

——资料来源：三亿文库

［精析］

卖场收银工作必须熟练与严谨，必须按照规范化标准化的工作流程操作，如果失误，可能会隐藏巨大的隐患与危机，本应该消磁的商品由于收银员失误没有消磁而引发报警器误报，随后卖场防损员简单粗暴的工作态度与处理方式(查寻顾客背包前没有与顾客提前沟通，且态度粗暴)更是激化事态发展，引发消费者愤而投诉，最后在投诉处理过程中，卖场的诚意和耐心最终得到该消费者的谅解。由此可见，规范化标准化的服务非常重要，卖场今后一定要强化这方面的培训与正确引导。顾客投诉处理中，除了相关的处理技巧与临场不惊的丰富经验外，诚意与耐心是攻克许多难题的“法宝”。

职场指南

法眼识偷书

我在长期的书店卖场防损工作中，练就了一双能识别小偷的“法眼”，现归纳如下：

(1)少数女性外面穿着宽大裙装，把裤脚带绳的裤子穿在里面，到书店偷书，她们一般把书装在小裤腿里，扎起裤脚来，外面有裙子掩盖，我们很难发现她偷书。

(2)夏季衣服单薄，敢穿衬衣、T恤偷书的小偷同样不少。记得1999年4月，一名身穿衬衣的小偷就偷了农林类7本书，全是铜版纸印刷，而且是大16开，每本单价48元。当时我是门值，我清楚地记得他进去的时候衬衣是扎在裤腰里的，但他出来时，衬衣却放在外面，而且走起路来轻脚轻手，我抓住他时，他的7本书全是扎在裤腰间。

(3)有些偷书者故意向我们询问书籍，想让我们对他放心，不防备他，这种情况造成偷书的可疑性很大。

(4)几个小偷到一个书店，其中一两个假装叫员工帮他们找书，另外几个马上借机下手，特别是营业员少的书店，碰到此类情况时，要格外提高警惕。

(5)有部分偷书者，把要偷的书以及做掩饰的书一起拿在手里，在书店转悠，他们很会找地方，要就是坐在不明显的位置上，或蹲在偏僻的角落，把要偷的书装起来，这种情况员工一般很难发现，反正他们手上还有其他书做掩饰。

(6)我们书城有规定，零售书籍严禁摘抄。如果我们提醒或警告过顾客不允许他抄书后，就一定要注意，也许会有撕书的可能性，甚至还会有偷书的可能。

(7)如果你所在的书店有顾客主动搬运底柜的库存图书，或把架上要偷的书籍往偏僻的地方放，或是架上有他要偷的图书复本少，担心被员工发现，他自己又从底柜拿同种图书添放到所要偷书的地方，这几种行为造成偷书的现象最为严重，也比较常见，要重点提防。

(8)有的偷书者打扮成老师和老板模样，提着公文包进书店偷书，他们偷书的速度很快，只需几秒钟就可以把要偷的书装到包里面，而且一偷就是四五本。

(9)逛书店的人太多，我们一般不会注意女同志或学生的行踪，有的偷书者起初并无偷书计划，但一旦发现某书店看管得比较松懈时，就怀着侥幸的心理下手偷书。

(10)同是一个小偷，早晚更换着装进书店偷书，有时戴眼镜、帽子等，男女相互掩饰着偷书的人也不少。

(11)也有边买书边偷书的顾客，他们偷的是贵重书籍，买的是便宜的书。

(12)门口是书城的最后一道关卡，无论什么时候，都应保持一种高度的警惕性。偷书者最会找下手的机会和空隙，想方设法溜出书店。比如我们吃饭、忙于打包、出门顾客较多的时候就一定得注意，这一偷书行为也是最常见的。

(13)如果门口发现有偷书的可疑人员，千万不要盲目说他偷书，最好用婉转的语气跟他们说“麻烦你验一下书”或是“刚才我见你买了书，请验一下书，我给你装袋”。这段时间我们要以最敏捷的速度判断和观察他的举动，要是偷了书，反应跟常人绝对不一样。

(14)我们无论什么时候发现偷书者，都应慎重对待，尽量不要相互传扬，以免打草惊蛇，招来不必要的麻烦。

(15)虽然在企业各书城安装了防盗仪，但是我们的员工千万不能抱有依赖性，防盗仪只对一部分没有经验的偷书者起作用。那些专业人员会千方百计把书偷出去，比如他们用微型磷铁进行消磁，或是装了书等门口比较忙的时候溜出去。

(16)有专门到书城偷钱的小偷，他们一般在门口观察顾客存包，有些顾客就不愿意把贵重钱物放到寄存处。随手装入口袋，正好让小偷看准了，等顾客专心看书时就下手。

总而言之，只要有责任心，亲身接触的次数多了，再回头分析每一次发生偷书的前后经过，互相比较，什么样的偷书者有什么样的可疑举动、神情，这对于我们以后的防损工作会大有帮助。

——资料来源：书店卖场要注意防损的几类书．濮阳市新华书店有限公司网

实践训练

一、实训项目

编制日常防控要点，制订卖场防损手册。

二、实训内容

选择本地一家书店卖场，认真了解分析损耗产生原因，查找防控要点，并制订卖场防损手册。

三、实训形式

1. 以小组为单位，4～6人一组，根据卖场的实际经营情况，找出日常防控要点，经过充分交流沟通制订防损手册。

2. 每个小组制订一个PPT介绍防损要点和防损手册。

3. 每组推荐一个交流代表。

4. 小组代表将小组调研结果在全班展示并进行交流，互相提问。

四、注意事项

防控要点和防损手册要具有全面性、针对性和实效性。

五、评价标准

“编制防控要点和防损手册”实训项目评价见表 10-1。

表 10-1 “编制防控要点和防损手册”实训项目评价表

项目	分值	表现描述	得分	备注
防控要点和防损手册内容完整	40			防控要点和手册内容应包括人防、技防、工作各环节防控、制度建设、财务监管等方面的内容
防控要点突出	30			
防控措施严密	10			
语言表达流畅	10			
PPT 演示文稿简洁美观	10			
合　计	100			

任务 2

安全管理

任务思考

在卖场的运营过程中，时时刻刻都存在各种各样的突发事件发生的可能，在日常工作中，卖场安全管理应如何把握管理重点以防范安全事故发生？卖场安全的突发事件一旦发生如何快速、正确而有效地处理？

任务分析

卖场作为一个公共商业场所，给消费者提供一个安全的购物环境至关重要，对于企业自身而言，安全的经营也是企业赢利的重要保证。对卖场的人员、设备、商品等管理，做好安全经营工作，制订应急预案，一旦发生突发事件，能够迅速按照预案进行正确处理，把损失和不良影响降至最低程度。

资料导读

杜邦十大安全理念

美国杜邦(DuPont)公司成立于1802年，现有员工7万人，年销售额达420亿美元，是当今全球最大的化学与能源集团，素有世界“化工帝国”之称，也是世界500强中岁数最大、资格最老的化工企业，其工厂遍布全球。但是，如此庞大的一个从事危险行业的企业却造就了令人惊叹的安全绩效——其安全记录优于其他工厂10倍，员工上班时比下班后安全10倍。

如此巨大的反差是怎么产生的呢？从该公司200多年安全管理中概括出的十大安全理念中可以找到答案：

(1)所有事故都是可以防止的；

(2)各级管理层对各自的安全直接负责；

(3)所有安全操作隐患都是可以控制的；

(4)安全是被雇佣的一个条件；

(5)员工必须接受严格的安全培训；

(6)各级主管必须进行安全检查；

(7)发现事故隐患必须及时消除；

(8)工作外的安全同工作内的安全同等重要；

(9)良好的安全是创造良好的业绩的保障。

(10)员工的直接参与是关键。

上述十大安全理念正是杜邦安全生产管理的精髓，每个进入杜邦的员工最先接受的都是安全培训，被要求严守这十大安全理念。杜邦公司的一些安全管理规定则充分体现了上述理念的要求，例如：无论是在公司内或公司外，还是在何时何地，任何行动都要以安全为第一原则；参加公司的任何一个会议，无论是内部员工会还是与政府首脑会谈，会议主持人的第一句话都是："开会前，我先向诸位介绍安全出口"；不论何种会议，会前都要进行安全经验分享，由主持人或请参加会议的成员说一个事故案例，简述事故经过、造成损失、分析事故原因、从中吸取哪些教训，使大家引以为戒；每天早晨每名员工都会得到安全短信提示……正是这种安全文化长期地、不间断地渗透，使得杜邦从公司高管到普通员工都非常重视安全，视安全为企业发展生存之道，"零事故""零伤害"真正成为了每个人追求的目标。

安全文化建设是保证安全的基础，有什么样的安全文化，就会有什么样的安全状态。浓厚的安全至上文化，就会影响人们自觉摈弃违章的念头和行为，把不安全的因素降到最低，这也就不难理解杜邦为什么能创造出前文所述的两个"10倍"的安全业绩。

安全工作不是一般性的生产问题，而是一个重大的经济问题，更是一个严肃的政治问题。员工的生命和企业的发展，都要依靠安全来保障。"我的安全我负责，他人安全我有责，企业安全我尽责"，体现了安全需要人人关注、人人参与。因此，不论是领导者、安全管理者、科研人员还是一线操作者，都要永远秉承"所有事故都是可以预防的"这一理念，时刻绷紧安全这根弦；要通过自觉接受安全教育培训，不断提高安全知识和技能；更要严格履行本人岗位安全职责，杜绝"三违"行为——在全体员工共同努力下，企业距离本质化安全的目标就会越来越近。

——资料来源：梁栎桦．由杜邦十大安全理念引起的思考．中国安全生产网

相关知识

一、消防安全管理

(一)明确责任

企业经理是本单位安全工作的第一责任人，负全面责任。店长为卖场消防安全责任人，并明确各级各岗位安全责任人，根据实际情况在员工中选定义务消防员。

(二)消防安全培训

(1)制定卖场火灾扑救和应急疏散预案，并定期进行演练(一般一年一次)。

(2)加强安全教育，定期组织培训，内容包括：防火知识、火灾扑救和逃生自救的基本技能，引导读者疏散的知识与技能。

(三)卖场安全标准

(1)布局合理，通道设计规范。主疏散通道宽度不少于2.4米，辅助疏散通道不少

于 1.5 米，并保持通道畅通。

(2)卖场有醒目的禁烟标识，按要求配制消防栓、灭火器、照明应急设备等设施，大卖场应设置火灾自动报警系统、自动喷淋系统和防烟排烟设施。灭火器材要依使用年限定期更换。

(3)书架不能遮挡消防栓、灭火器材和其他消防设施。

(4)安全出口、疏散通道设置符合规定的指示标志。

(5)卖场装修应该按照《建筑内部装修设计防火规范》的规定，使用不燃或阻燃材料。

(6)卖场内部电气线路和电气设备由专人规范操作，不超负荷运转，每年进行一次安全检测。

(四)发生火灾

(1)根据火情大小确定灭火方式，立即报告店长或拨打 119 报警。

(2)迅速组织员工按照应急预案处理，各成员的抢救工作，以自身安全为最优先考虑，抢救出的钱物和重要资料、设备要求专人保管，以防丢失。

(3)迅速疏散店内顾客，同时做好安慰、解释和帮助工作，防止和避免顾客疏散时拥挤发生伤害事故。

二、紧急情况处理

(一)遇突发停电应急措施

(1)当突然停电时办公区所有管理人员立即到达现场，看护好员工通道、收银前台，禁止人员进出，等待来电。

(2)待保安全部进入现场，听从指挥，维持现场秩序。

(3)现场保安员遇停电后必须立刻到达指定位置，配合电工将楼层照明切断，将停电后使用照明开关合上。

(4)收银台前保安员监守收银台前，封闭商场出口和收银通道，提示收银员看护通道，锁好钱箱，放好钱袋，向顾客做好解释工作。

(5)保安待来电后，测试各层出口，用对讲机询问各组是否有异常情况出现。

(二)营业中客流增多时

(1)当营业中，客流拥挤时，保安员、电工及时做好客流的疏散工作，当卖场客流拥挤、走动困难时，入口处客流拥堵，疏散困难时，请示上级是否暂时关闭入口。

(2)当人流增多时，保安员应及时做好秩序的维护，疏散人流，避免产生人员伤亡。

(3)按指定楼层和区域进行巡视。

(4)在特价商品销售前必须维持好秩序，避免人员拥挤和哄抢。

(5)保安员维护现场秩序，发现争吵、拥挤现象要及时劝解和阻止。

(6)保安员要注意促销队伍走向，不得影响其他通道的畅通。

(7)对于门前广场促销活动，要有专人负责，发生人员拥挤，保安员要及时赶到现场维持好秩序，避免堵塞出入口，并警惕和处理各种突发事件的发生。

(三)打架斗殴

当值保安员发现有打架斗殴或接到打架斗殴的报案时：

(1)应立即上前制止或迅速赶赴现场进行制止，防止事态扩大而造成不必要的损伤。对事态轻微的事件进行劝阻或调解。对事态严重或造成不良影响的打架斗殴事件，立即向 110 报警由公安机关处理。同时，保安员应立即用通信器材向主管报告具体位置、已伤的人数，参与打架斗殴的人数以及请求支援的范围。

(2)将现场围观的人员隔离或劝离现场，维护现场的道路交通秩序，保护好现场。

(四)偷窃

当值保安员发现有盗窃现象或接到盗窃报案时：

(1)立即用通信器材(对讲机或电话)向主管报告现场的具体位置，然后留在被盗窃现场，或迅速赶赴被盗窃现场，维护现场秩序，保护现场，使用警戒线隔离，禁止一切人员进出现场。

(2)保安员到达现场后立即了解被盗的具体地点、时间及情况。

(3)主管到达现场后立即了解案情及相关资料，根据案情需要作出布置：向被盗窃的当事人或知情人了解清楚犯罪嫌疑人的特征及其逃离方向后，视情况立即组织保安员抓捕犯罪嫌疑人；必要时立即向 110 报警请求支援。

(4)对未满 18 周岁的未成年人应及时通知其监护人来处理，与其签订处理书时须有监护人共同签字。

(五)抢劫

(1)保持冷静，一切以保证自身人身安全为最高准则。

(2)记住歹徒的容貌、穿着、身高、性别、年龄等特征。

(3)尽量拖延时间，尽可能把损失降至最低。

(4)其他人员寻找机会报警。

(5)歹徒离去后不要破坏现场，配合警方调查。

(六)顾客突发疾病或者意外伤害

(1)向店长或者主管及时报告。

(2)如果顾客神志清醒，应主动询问病(伤)情，并提供帮助。如果出现神志不清，应立即拨打 120，同时联系其家人。

(3)送去医院就医，应安排员工陪同。

(4)对顾客表示关心，了解其康复情况。

(七)盗窃

(1)保持镇定，迅速向上级报告。

(2)保护现场，迅速向当地公安机关报警，参加了财产保险的应及时通知保险公司。

(3)听从现场指挥，清点财物。

(4)将损失情况清点后汇总上报财务部、经理室，一式两份登记存档

(5)制订补救安全措施。

(八)媒体采访

(1)镇定自若，友好接待。态度要好，但不能代表公司承担有损于公司形象和利益的责任。

(2)确认记者身份，查看记者证，弄清楚记者单位。

(3)弄清采访目的、内容等。

(4)向上级领导报告。向记者说明自己没有权限，但乐于协助。

(5)如果领导同意，就尽力配合记者。

(6)如果领导不同意采访，就礼貌但坚决拒绝采访。

(7)注意事项：一是不向记者作出任何承诺；二是在没有得到上级指示或者帮助之前，不要推测或回答任何问题。

(九)面对政府工作人员

(1)彬彬有礼，配合工作。

(2)了解意图，及时请示。应用积极礼貌的方式询问："欢迎各位领导到我们门店。请问各位领导今天的主要工作是什么，以便我能更好地配合各位领导工作"。

(3)向上级领导报告整个事情并得到帮助。

(4)主动回应，使他们感到书店高度重视，积极配合。

(十)危机处理

现在人们生活在"网络"时代，在运营过程中，卖场随时可能发生各类突发事件，本来是"小事"，但是通过网络传播发酵，可能会变成企业的一场"危机"，如果处置失当，将使企业品牌形象和企业信誉受到极大伤害，甚至危及生存。当危机不可避免地发生后，所要做的就是如何减少损失，挽回形象。企业应该积极主动的态度去应对，争取化危为机。

(1)要有态度。要以负责任的、积极的态度去调查、了解、分析、判断，寻求事实真相和最佳的解决方案；

(2)要有行动。迅速反应，把握主动，积极沟通，有效管理信息的进出，及时回应，最大限度消除各种猜疑误解，防止谣言蔓延影响企业形象

(3)要有效果。做好善后工作，尽快挽回声誉。

案例精析

郑州市"12·18"新世界百货商场火灾

2016年12月18日14时45分，郑州市消防支队119指挥中心接到新世界百货商场火灾报警，迅速调派11个消防中队、40辆消防车、200名消防官兵到场处置。17时55分火灾被扑灭，过火面积1 500平米，直接财产损失800余万元，无人员伤亡。

新世界百货商场位于郑州市管城区紫荆山路与商城路交叉口的裕鸿国际A座，该

建筑地上 26 层、地下 2 层，高 98.95m，总建筑面积 52 000 平米。其中 1—4 层及裙楼为新世界百货商场，建筑面积 28 000 平米，5 层及以上部分为写字楼，地下 2 层为停车场。该商场 1 层、2 层主要经营服饰、珠宝、箱包等百货，3 层为餐饮，4 层为餐饮和 1 家电影院，各类消防设施齐全，每层划 2 个防火分区，为典型的城市综合体建筑。

［精析］

这起火灾由小孩玩火引起，而自动扶梯组件缺陷、消防设施不完善、单位自救不力报警晚等因素叠加，导致火势失控，迅速蔓延成灾。

书店卖场主营商品为纸质出版物，书架也多为木质材料，均为易燃物。如何防范火灾发生？必须引起从业者高度重视。在卖场装修的设计阶段就要充分考虑消防方面的要求，采用符合消防安全标准的装修材料，合理布局消防器材。经营单位必须落实消防主体责任，细化内部安全责任制，完善各个岗位消防安全职责和应急处置机制，加强内部消防安全教育，加强消防设施维护，加强日常防火安全巡查和定期检查。

职场指南

商场市场消防安全管理规定

第一条【消防安全责任】商场市场应当依法建立并落实逐级消防安全责任制，明确各级、各岗位消防安全责任人及工作职责。

商场市场的主要负责人为单位的消防安全责任人，对本单位消防安全工作全面负责，统筹安排本单位消防安全管理工作。

商场市场或其消防安全责任人应当根据需要确定消防安全管理人，负责组织实施日常消防安全管理工作，主要履行制订落实消防安全制度，组织开展防火巡查和检查、火灾隐患整改、消防安全宣传教育培训、灭火和应急疏散演练等职责。

商场市场与其他单位管理、使用同一建筑物的，应当明确各方的消防安全责任。商场市场应当与经营户明确各方的消防安全责任，指导、督促经营户落实消防安全措施。

第二条【管理人员及部门】商场市场应当确定专(兼)职消防管理人员；建筑面积 1 000 平方米以上的商场市场还应当设置或确定消防工作归口管理职能部门。

消防工作归口管理职能部门、专(兼)职消防管理人员在消防安全责任人或者消防安全管理人的领导下，具体实施消防安全管理工作。

第三条【防火巡查】商场市场应当每日组织开展防火巡查，并明确巡查人员、部位。营业期间的防火巡查应当至少每 2 小时一次。重点巡查以下内容：

(1)用火、用电、用气有无违章情况；

(2)安全出口、疏散通道是否畅通，安全疏散指示标志、应急照明是否完好；

(3)消防设施、器材和消防安全标志是否在位、完整；

(4)常闭式防火门是否处于关闭状态、防火卷帘下是否堆放物品影响使用；

(5)消防控制室、消防水泵房、发电机房、变配电室、营业厅、厨房、可燃物品仓库等消防安全重点部位人员是否在岗在位。

营业结束后应当检查是否遗留火种，是否切断非必要的电源、气源。

对巡查中发现的问题要当场处理，不能处理的要及时上报，落实整改和防范措施。

第四条【防火检查】商场市场消防安全责任人或消防安全管理人应当每月至少组织各部门负责人开展一次防火检查。重点检查以下内容：

(1)消防安全制度落实情况。

(2)防火巡查工作落实情况。

(3)火灾隐患整改和防范措施落实情况。

(4)经营户消防安全措施落实情况。

(5)员工、经营户掌握消防知识的情况。

(6)用火、用电、用气消防安全管理情况。

(7)消防安全重点部位的管理情况。

(8)电气线路、燃气管道定期检查情况。

(9)消防设施、器材完好有效情况。

(10)消防车通道、消防水源情况。

对发现的消防安全问题，应当及时督促整改。

第五条【消防控制室、设施维保检测及安全评估】商场市场应当依照规定对建筑消防设施、器材进行维护保养和检测。设有自动消防设施的，应当委托具有相应资质的消防技术服务机构进行维护保养、检测，单项检查每月至少1次，联动检查每季度至少1次，自动消防设施每年至少检测1次。

消防控制室应当实行24小时值班制度，每班不少于两人。值班人员应持证上岗，熟悉应急处置程序，能熟练操作消防设施。消防控制室内应保存竣工后的总平面布局图、建筑消防设施平面布置图、系统图及安全出口布置图等纸质或电子档案资料。

属于火灾高危单位的，应当委托具有相应资质的消防技术服务机构每年至少开展1次消防安全评估，并针对评估结果加强和改进消防安全工作。

第六条【消防安全标识化管理】商场市场应当规范设置消防安全标志、标识。

消防设施、器材应当设置规范、醒目的标识并用文字或图例标明操作使用方法；疏散走道与营业区之间应当设置明显的界线标识；在消防安全重点部位的显著位置和疏散通道、安全出口等处应当设置消防警示、提示标识；在主要消防设施设备上应当张贴维护保养、检测单位和维护保养、检测情况。

第七条【消防安全宣传教育】商场市场应当每半年至少对全体员工、经营户开展一次消防安全教育培训。员工新上岗、转岗和经营户入驻前应当经过岗前消防安全培训。所有员工、经营户应当懂得本场所、本岗位的火灾危险性和防火措施，会报火警、会扑救初起火灾，会疏散逃生自救。

商场市场内应当以图文、广播、电子广告屏等多种形式对顾客进行消防安全提示。

第八条【志愿消防队】商场市场应当依法建立志愿消防队，消防队员数量不应少于本单位从业人员数量的30%，并结合实际配备相应的消防装备和灭火器材，定期开展训练。

第九条【灭火应急疏散预案及演练】商场市场应当制订本单位灭火和应急疏散预案，

并每半年至少演练一次。

商场市场的每个经营或其他功能区域和消防安全重点部位应当分别制订针对性的预案。预案应当明确每班次、每岗位人员及其报警、疏散、扑救初起火灾的职责。

第十条【禁止性条款】严禁下列行为：

(1)使用未经消防行政许可或者不符合消防技术标准要求的建筑、场所。

(2)违法新建、改建、扩建(含室内外装修、建筑保温、用途变更)，违规采用易燃可燃夹芯材料板材。

(3)违规搭建雨棚、连廊等临时建(构)筑物。

(4)营业时间动火施工。

(5)占用、堵塞、封闭消防车通道、疏散走道、安全出口。

(6)外墙门窗、阳台处设置栅栏、架空管线、广告牌等影响逃生和灭火救援的障碍物。

(7)损坏、挪用或者擅自拆除、停用消防设施、器材，埋压、圈占、遮挡消火栓。

(8)生产或违规储存、经营和使用易燃易爆危险品。

(9)在火灾和爆炸危险的区域内吸烟、使用明火取暖和照明、燃放烟花爆竹。

(10)随意乱接电线，擅自增加用电设备。

(11)商场市场内敞开式的食品加工区使用明火，地下部分使用液化石油气。

(12)违规设置员工宿舍。

——资料来源：http://www.yaan.gov.cn，2015 年 8 月 18 日

实践训练

一、实训项目

制订突发事件的应急预案。

二、实训内容

选定本地一家书店卖场，考察卖场如何将安全管理落实到日常经营的各环节各方面，根据实际情况制订突发事件的应急预案。

三、实训形式

(1)以小组为单位，每组 4～6 人，跟班考察，了解该门店自开门营业到打烊之后的工作流程，掌握安全管理所涉及的各环节和各方面的情况，发现有无薄弱环节或者工作盲区？将所了解的情况汇总，进行讨论交流，根据综合意见制订突发事件应急预案。

(2)每组制订一个 PPT。

(3)每组推荐一个小组交流代表。

(4)各组代表进行解说并进行交流，相互提问。

四、注意事项

应急预案内容包括各种常见的、可以预见的各种突发事件的紧急处理工作流程，应注意规范性、实效性。

五、评价标准

“制订突发事件应急预案”实训项目评价见表10-2。

表10-2 “制订突发事件应急预案”实训项目评价表

项目	分值	表现描述	得分	备注
预案内容完整	40			针对各种比较常见突发事件(如火灾、停电、盗窃、斗殴、意外、危机、服务纠纷等)，进行紧急而妥善处置
重点突出，措施恰当，处置及时	30			
预案制订合理	10			
语言表达流畅	10			
PPT演示文稿简洁美观	10			
合　计	100			

项目十一　绩效评价

【知识目标】

1. 了解绩效管理的流程、绩效评价的要素，理解绩效管理和绩效评价的区别。

2. 理解平衡计分绩效评价体系，掌握财务层面、客户层面、内部流程层面、学习和成长层面绩效评价的评价方法。

【能力目标】

能够正确运用企业财务报表，以财务层面绩效评价为核心，结合顾客、内部流程、学习成长等层面的绩效评价，对企业进行综合绩效评价。

任务 1

认识绩效评价

任务思考

在企业员工管理中，企业对员工的绩效考核主要从工作业绩、工作能力和工作态度三个维度进行考核。在管理过程中，企业也需要对下级企业或企业自身的业绩进行考核和评估。这种对组织的考核与对人员的考核有何不同，应主要从哪些方面进行绩效考核？

任务分析

为实现企业战略管理，必须对企业进行绩效管理。企业进行绩效管理，应将员工绩效和组织绩效有机结合起来，同时关注员工绩效和组织绩效。在本书项目四中已对员工的绩效管理进行了详述，本项目将详细介绍如何进行组织的绩效管理。在组织绩效管理中，平衡计分卡是加强企业战略执行力的最有效的战略管理工具。

资料导读

平衡积分卡的发展历程

平衡计分卡是从财务、客户、内部运营、学习与成长四个角度，将组织的战略落实为可操作的衡量指标和目标值的一种新型绩效管理体系。设计平衡计分卡的目的就是要建立“实现战略制导”的绩效管理系统，从而保证企业战略得到有效的执行。因此，人们通常称平衡计分卡是加强企业战略执行力的最有效的战略管理工具。

平衡积分卡的发展历程主要经历了三个阶段：

平衡计分卡的萌芽时期(1987—1989 年)

AnalogDevice(简称：“ADI”)公司最早于 1987 年就进行了平衡计分卡实践尝试。

ADI 是一家半导体公司，主要生产模拟、数字及数模混合信号处理装置，其产品广泛应用于通信、计算机、工业自动化领域。同其他大多数公司一样，ADI 每 5 年进行一次战略方案调整，在制定新的战略方案的同时检讨原方案的执行情况。但是，如同管理者们经常遇到的战略问题一样，“制定战略方案”被当作一项“任务”完成后，形成的文件便被束之高阁，并不能在公司的日常生产经营工作中得以执行。

在 1987 年，ADI 公司又开始了公司战略方案的调整。与以前所不同的是，这次的战略方案制定，公司决策层意识到战略不仅要注重制定过程的本身，还要注意战略的实施。他们希望通过面对面与公司员工的交流与沟通，使他们充分理解并认同公司战略。同时公司高层还希望将战略紧密落实到日常管理中来推动战略的执行。此次 ADI 公司的战略文件在形式上发生了重大的变化，他们摒弃了以往那种长达几十甚至几百页的战略文件，将全部的战略文档资料精简到几页纸的长度。在制定战略的过程中，ADI 公司首先确定了公司的重要利益相关者为股东、员工、客户、供应商和社区，然后 ADI 公司在公司的使命、价值观与愿景下，根据上述利益相关者的“利益”分别设定了战略目标并明晰了 3 个重点的战略重点。

为了确保战略目标特别是 3 个战略重点目标的实现，ADI 推行了一个名为“质量提高”的子项目，简称 QIP(Quality Improvement Process)。在该项目进行的同时，ADI 公司继续将战略目标实现的关键成功要素转化为年度经营绩效计划，由此衍生出了世界上第一张平衡计分卡的雏形：ADI 公司第一张“平衡计分卡”在 ADI 公司实施全面质量管理的过程中，公司为了推行作业成本法(ABC)特地邀请了一部分管理学者参与，哈佛商学院的教授 Robert S. Kaplan 就是其中的一位，他本人是这样描述他是如何发现 ADI 公司计分卡过程的：“在参观和整理案例的过程中，也将一个公司高层用来评价公司整体绩效的计分卡加以文本化。这个计分卡除了传统的财务指标外，还包括客户服务指标(主要涉及供货时间、及时交货)、内部生产流程(产量、质量和成本)和新产品发展(革新)”

在帮助 ADI 公司推行 ABC 的过程中，Kaplan 发现了 ADI 的平衡计分卡，并认识到它的重要价值。尽管 Kaplan 与 Nolan-Norton 在后期又做了学术上的深化，并把它推广到全球的企业中，但是 ADI 公司对平衡计分卡的贡献仍是不能回避和忽视的。

平衡计分卡的理论研究时期(1990～1993 年)

在 Robert S. Kaplan 教授发现 ADI 公司的第一张平衡计分卡后面的日子里，他与复兴全球战略集团(Nolan-Norton)总裁 David P. Norton 开始了平衡计分卡的理论研究。

平衡计分卡的研究课题首先是从公司绩效考核开始的。1990 年美国的复兴全球战略集团 Nolan-Norton 专门设立了一个为期一年的新的公司绩效考核模式开发，Nolan-Norton 的执行总裁 David P. Norton 任该项目的项目经理，Robert S. Kaplan 担任学术顾问，参加此次项目开发的还有通用电气公司、杜邦、惠普等 12 家著名的公司。项目小组重点对 ADI 公司的记分卡进行了深入地研究并将其在公司绩效考核方面扩展、深化，并将研究出的成果命名为“平衡计分卡(Balanced Score Card)”。该小组的最终研究报告详细地阐述了平衡计分卡对公司绩效考核的重大贡献意义，并建立了平衡计分卡的四个考核维度：财务、顾客、内部运营与学习发展。

1992 年初，Kaplan 和 Norton 将平衡计分卡的研究结果在《哈佛商业评论》上进行了总结，这是他们所公开发表的第一篇关于平衡计分卡的论文。论文的名称为《平衡计分卡——驱动绩效指标》，在论文中 Kaplan 和 Norton 详细地阐述了 1990 年参加最初研究项目采用平衡计分卡进行公司绩效考核所获得的益处。该论文发表后 Kaplan 和 Norton 很快就受到了几家公司的的邀请，平衡计分卡开始得到企业界的关注。

平衡计分卡理论研究的第二个重要里程碑：1993 年 Kaplan 和 Norton 将平衡计分卡延伸到企业的战略管理之中。在最初的企业平衡计分卡实践中，Kaplan 和 Norton 发现平衡计分卡能够传递公司的战略。他们认为平衡计分卡不仅仅是公司绩效考核的工具，更为重要的是它还是一个公司战略管理的工具。Kaplan 和 Norton 为此发表了在《哈佛商业评论》的第二篇关于平衡计分卡的重要论文《在实践中运用平衡计分卡》，在这篇文章中他们明确指出企业应当根据企业战略实施的关键成功要素来选择绩效考核的指标。

平衡计分卡的推广应用时期(1994 至今)

1993 年 Kaplan 和 Norton 将平衡计分卡延伸到企业的战略管理系统之后，平衡计分卡开始广泛得到全球企业界的接受与认同，越来越多的企业在平衡计分卡的实践项目中受益，同时平衡计分卡还延伸到非盈利性的组织机构中。

以美国为例，有关统计数字显示，到 1997 年，美国财富 500 强企业已有 60%左右实施了绩效管理，而在银行、保险公司等所谓财务服务行业，这一比例则更高，这与美国企业在 20 世纪 90 年代整体的优秀表现不能说毫无关系。再看一看政府方面，BSC 在 20 世纪 90 年代初提出，到了 1993 年美国政府就通过了《政府绩效与结果法案》(The Government Performance and Result Act)。今天，美国联邦政府的几乎所有部门、各兵种及大部分州政府都已建立和实施了绩效管理。

平衡计分卡首先是在美国的众多企业得到实施，现已推广到全球很多国家的企业，今天实施过平衡计分卡项目的中国企业的高级经理们在一起沟通谈及战略与绩效管理时，他们都非常称赞平衡计分卡对其实践所做出的巨大贡献。在行业上，平衡计分卡几乎涉足到各个行业，全球各个行业的企业(甚至包括一些非盈利性机构)对平衡计分卡的需求每年也以成倍的速度增长。2003 年 Balanced Score Card Collaborative Pty Ltd 的调查统计显示：在全世界范围内有 73%的受访企业正在或计划在不久的将来实施平衡计分卡；有 21%的企业对平衡计分卡保持观望态度；只有 6%的企业不打算实施平衡计分卡。

平衡计分卡在美国乃至全球的企业得到广泛地认同，标志着平衡计分卡已经进入了推广与应用的时代！但是在平衡计分卡推广与应用的过程中，其理论的体系也在不断地丰富与完善。

1996 年，Kaplan 和 Norton 继续在《哈佛商业评论》上发表第三篇关于平衡计分卡的论文，他们一方面重申了平衡计分卡作为战略管理工具对于企业战略实践的重要性；另一方面从管理大师彼得·德鲁克《目标管理》中吸取精髓，在论文中解释了平衡计分卡作为战略与绩效管理工具的框架，该框架包括设定目标、编制行动计划、分配预算资金、绩效的指导与反馈及连接薪酬激励机制等内容。同年，他们还出版了第一本关于平衡计分卡的专著《平衡计分卡》，该著作更加详尽地阐述了平衡计分卡的上述两个方面。

2001 年随着平衡计分卡在全球的风靡，Kaplan 和 Norton 在总结众多企业实践成功经验的基础上，又出版了他们的第二部关于平衡计分卡的专著《战略中心组织》。在该著作中，Kaplan 和 Norton 指出企业可以通过平衡计分卡，依据公司的战略来建立企业内部的组织管理模式，要让企业的核心流程聚焦于企业的战略实践。该著作的出版又标志着平衡计分卡开始成为组织管理的重要工具。

——资料来源：百度百科(2015 年 9 月 1 日)

相关知识

一、认识绩效管理

绩效又称工作表现、业绩、成效，反映人们从事某一种活动所产生的成绩和结果。“绩效管理”概念的产生于20世纪70年代，学者对绩效管理的概念出现过许多不同的观点，主要有以下三种。

观点一：绩效管理是管理组织绩效的系统。

观点二：绩效管理是管理员工绩效的系统。

观点三：绩效管理是管理组织和员工绩效的综合系统。

通常认为，在进行绩效管理的过程中，组织绩效的提高有赖于员工绩效的持续改进，应将员工绩效和组织绩效有机绰合起来，不仅关注员工绩效，也应该关注组织绩效，二者是一个完整的系统。

绩效管理是一个完整的循环运用系统，分为五个步骤，即绩效计划、绩效沟通、绩效评价、绩效反馈以及结果运用。主要工作流程见表11-1：

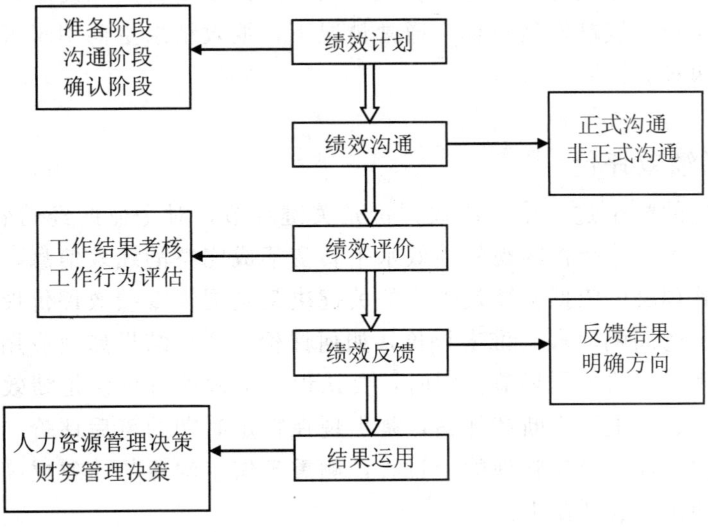

图11-1　绩效管理工作流程

(一)绩效计划

绩效计划是绩效管理过程的起点，是管理者与员工之间双向沟通的结果。其主要任务是依据企业的战略目标确定具体绩效目标，即将战略目标细分为具体目标，落实到各个具体岗位，形成契约的过程。经过准备阶段、沟通阶段、确认阶段等三个程序确定绩效计划的内容。

(二)绩效沟通

绩效计划制订完后，被评估者开始按照计划工作。管理者需要对被评估者进行监督和指导，以便发现问题及时解决。为此，管理者必须建立有效沟通，准确把握组织与员工的工作状况，推动绩效计划顺利实施。具体分为正式沟通和非正式沟通。

(三)绩效评价

绩效评价也称业绩评价，是指为确保完成企业使命，运用数理统计和运筹学的方法，按照企业战略目标设计相应的业绩指标体系，对照相应的评价标准，采用定量分析与定性分析相结合的方法，对企业一定经营期间的活动和结果做出客观、公正、准确的综合评判，从而做出正确的决策。

一般绩效评价在年末进行，是对组织或员工绩效目标实现程度的一种评估。主要是依据已确定的绩效评价目标及其衡量指标，促使组织或员工进行目的性更强的绩效改进，提升效能。

(四)绩效反馈

企业在进行绩效评价后，应将考核结果反馈给被评价对象，帮助组织和员工完成绩效目标过程中遇到的困难，明确改进方向。若评价后将评价结果束之高阁，原来的问题将依然存在，绩效管理就得不到提高。

(五)结果运用

绩效评价完成后必须对结果进行合理运用，以持续改善员工的个人绩效和组织绩效，最终实现企业的战略发展目标。通常情况下，绩效结果主要用于人力资源管理决策和财务管理决策。

二、初识绩效评价

在绩效管理的整个过程中，绩效评价是关键环节，对企业的经营管理至关重要。只有通过绩效评价，才能将客观的绩效水平转变形成完整的绩效信息，为改进组织和个人绩效提供管理决策依据。绩效管理的关键决策是围绕着绩效评价展开，包括评价什么内容，评价的间隔时段，谁来评价，如何评价，评价结果如何应用等，这些决策贯穿于绩效管理过程的不同环节。同时，要认识到绩效评价仅仅是绩效管理过程中的一个环节和手段、侧重于判断和评估，是出现在特定时期的事后评价。而绩效管理是一个完善的管理过程，伴随管理的全过程，侧重于信息沟通与绩效提高、事先的沟通与承诺。二者的主要区别在于：

表 11-1　绩效管理与绩效评价主要区别

序号	绩效管理	绩效评价
1	从战略角度对绩效进行管理	对绩效进行考核和评价
2	着眼组织绩效的长远发展	着眼组织或个人的绩效
3	是完善的管理过程	管理过程的环节和手段
4	侧重于信息沟通与绩效提高	侧重于判断和评估
5	伴随管理过程活动的全过程	出现在特定期间
6	侧重于事前的沟通与承诺，同时要进行事后的反馈与运用	事后评估

绩效评价的技术性非常强，需要专门人员进行系统设计，更需要在管理实践中把握。企业绩效评价体系的科学性、实用性和可操作性是实现对企业绩效客观、公正评价的前提。企业绩效评价体系是由一系列与绩效评价相关的评价制度、评价指标体系、评价方法、评价标准以及评价机构等形成的有机整体。有效的绩效评价体系在各企业中表现各不相同。但是，作为企业实现战略目标的通用工具，各企业有效的绩效评价体系具有同质性。其构成要素主要包括评价主体、评价客体、评价目标、评价指标、评价标准、评价方法和评估报告。

(一)评价主体

企业绩效评价主体为企业绩效评价的实施者，即谁要进行企业绩效评价。

(二)评价客体

企业绩效评价的客体是指绩效评价的对象，即对谁进行绩效评价。

(三)评价目标

目标是一切行动的指南，任何企业绩效评价体系的建立必须服从和服务于企业目标。

(四)评价指标

评价指标是根据企业战略目标设计的相应指标体系，是绩效评价的依据。该指标又分为财务业绩定量评价指标和管理业绩定性评价指标。财务指标是以财务状况表、综合收益表以及现金流量表为依据，设计并计算出的综合财务指标体系；管理业绩定性评价指标包括企业发展战略的确立与执行、经营决策、发展创新、风险控制、基础管理、人力资源、行业影响、社会贡献等方面的指标。

(五)评价标准

评价标准是绩效评价的参照物，也就是评价客体的业绩指标需要与什么相比较。如果没有比较，就无法判断优劣。企业通常使用的业绩标准包括历史标准、预算标准、外部标准等。

1. 历史标准

为了衡量业绩，企业往往会使用历史标准，即采用历史的业绩作为参照物。

例如，在市场上企业属于领先者，在明显缺乏外部比照对象的情况下，会采用此标准。其运用方式有三种，包括与上年实际比较、与历史同期实际比较、与历史最好水平比较。

2. 预算标准

预算控制的机制在于将实际业绩结果与预算目标进行比较，求出差异，并针对差异及时分析、修正目标或实施改进措施。就目前情况来看，我国大部分企业都会进行预算管理，但是工作仅仅停留在预算的编制阶段，耗费了很大的人力物力，而没有将预算管理与绩效评价挂钩，没有提高预算管理的水平。企业要提高预算管理水平，应将长期战略目标转换为阶段性的预算目标，拓宽绩效评价的覆盖面。

3. 外部标准

标杆法，就是将企业自身的产品、服务或流程与标杆对象的最佳实务和经验相比较以达到持续改进、提升业绩的目的。为了保证企业的可比性，通常会选择本行业的标准，包括行业均值标准或行业标杆标准，以及跨行业标杆标准等。

(六)评价方法

1. 财务业绩定量评价方法

财务业绩定量评价是以企业评价指标实际值对照企业所处行业(规模)标准值，按照既定的计分模型进行定量测算。其基本步骤包括：

(1)提取相关数据，予以调整，计算各项指标实际值。

(2)确定各项指标标准值。

(3)按照既定模型对各项指标评价计分。

(4)计算财务绩效评价分值，形成评价结果。

2. 管理业绩定性评价方法

管理业绩定性评价是运用综合分析判断法的原理，根据评价期间企业管理业绩状况等相关因素的实际情况，对照管理业绩定性评价参考标准，对企业管理业绩指标进行分析评议，确定评价分值。其基本步骤包括：

(1)收集整理相关资料。

(2)参照管理业绩定性评价标准，分析企业管理业绩状况。

(3)对各项指标评价计分。

(4)计算管理绩效评价分值，形成评价结果。

3. 计算综合绩效评价分值，形成综合评价结果

根据财务业绩定量评价结果和管理业绩定性评价结果，按照既定的权重和计分方法，计算出绩效评价总分，并考虑相关因素进行调整后，得出企业综合绩效评价分值。

综合评价结果是根据企业综合绩效评价分值及分析得出的评价结论，分为优、良、中、低和差五个等级。

(七)评价报告

绩效评价报告是企业评价系统的输出信息，也是评价系统的结论性文件。评价主体以绩效评价对象为单位，通过会计信息系统及其他信息系统，获取与评价对象有关的信息，经过加工整理后得出绩效评价对象的评价指标数值或状况，将该数值或状况与预先确定的评价标准进行对比，找出差异，分析产生差异的原因、责任及影响，得出评价对象业绩优劣的结论，形成绩效评价报告，并将评价结果反馈给评价主体和客体。

三、认识平衡计分卡

平衡计分卡，是哈佛大学教授罗伯特·卡普兰(Robert Kaplan)与复兴全球战略集团(Nolan-Norton)总裁戴维·诺顿(David P. Norton)共同提出来的基于平衡的绩效评价方法。该课题研究始于1990年美国的复兴全球战略集团Nolan-Norton所设立新的公司绩效考核模式开发项目，两人共同参与，建立了平衡计分卡的四个考核维度：财务、顾客、内部运营与学习发展。并于1992年初，在《哈佛商业评论》上公开发表了第一篇

关于平衡计分卡的论文。经过20多年的发展，平衡计分卡已经发展为集团战略管理的工具，在全球集团战略规划与执行管理方面发挥非常重要的作用。被《哈佛商业评论》隆重评选为“75年来最伟大的75种管理工具”和“80年来最具影响力的十大管理理念”。

平衡计分卡打破了传统的单一使用财务指标衡量业绩的标准，以企业战略为依据，把企业的战略与愿景转变成具体的目标和评价指标，实现了战略与绩效的有机结合。它提供一个综合的绩效评价框架(图11-2)，将企业的战略目标转化为一套条理分明的绩效评价体系，围绕企业愿景战略通过回答四个问题来关注企业的业绩：

(1)财务层面：我们怎样满足股东的要求？

(2)客户层面：客户如何看待我们的公司？

(3)内部流程层面：我们必须擅长什么？

(4)学习和成长层面：我们能否持续提高并创造价值？

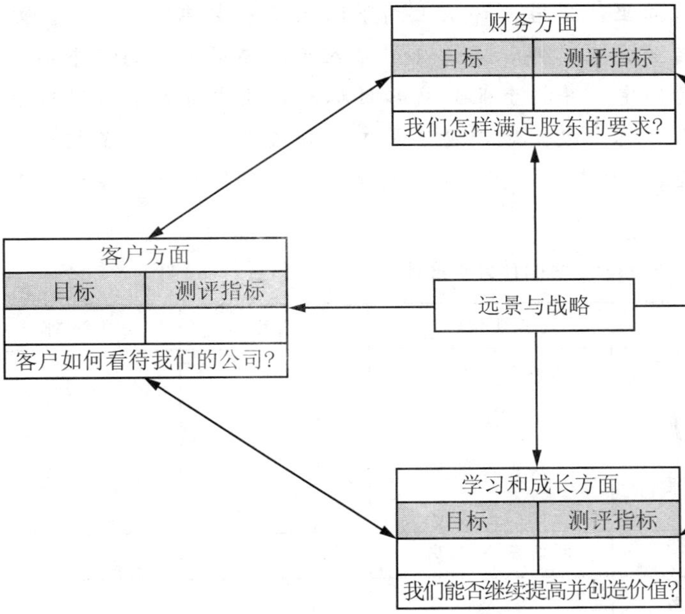

图11-2　平衡计分卡的基本框架

平衡计分卡关注了五个方面的平衡：

(1)财务指标和非财务指标的平衡。企业传统的绩效评价，考核的大多是财务指标，而对非财务指标(客户、内部流程、学习与创新)的考核很少。即使有的企业有对非财务指标的考核，也只是定性的说明，缺乏量化的考核，不够系统和全面。

(2)长期目标和短期目标的平衡。平衡计分卡是一套战略执行的管理系统，如果以系统的观点来看平衡计分卡的实施过程，则战略是输入，财务是输出。

(3)结果性指标与动因性指标之间的平衡。平衡计分卡以有效完成战略为动因，以可衡量的指标为目标管理的结果，寻求结果性指标与动因性指标之间的平衡。

(4)企业组织内部群体与外部群体的平衡。平衡计分卡中，股东与客户是外部群体，员工和内部业务流程是内部群体，平衡计分卡可以在战略管理过程中有效平衡这些群体间的利益。

(5)领先指标与滞后指标之间的平衡。财务、客户、内部流程、学习与成长这四个方面包含了领先指标和滞后指标。财务指标就是一个滞后指标，它反映公司的是以前时段发生的情况，不能告诉企业如何改善业绩和可持续发展。而后三项指标是领先指标，对它们的关注有利于企业长远发展。

案例精析

平衡计分卡的设计

华杰公司是国内一家大型图书批发企业，为提高管理水平，实现3年上市的愿景，该企业董事长指定人力资源部的绩效经理和企业总会计师负责实施，将绩效评价与员工奖金挂钩。结果在半年多的时间里，公司内部从上到下滋生了不少抱怨和质疑。无奈，董事长决定聘请咨询管理专家。第二年，咨询公司介入后，要求企业高、中层领导以及员工普遍参与战略目标的制定，并将企业的战略目标在企业内部各层级进行分解，最终转化为部门目标和个人目标，极大地调动了员工的积极性，并建立了相应的制度保障体系。同时，根据需要(每月或每季度)实施调整战略、目标和考核指标。表格设计见表11-2。

表11-2 平衡计分卡设计

维度	一级指标	二级指标	业绩目标	去年同期
财务层面	偿债能力情况	资产负债率 ……		
	盈利能力情况	销售利润率 ……		
	营运能力	流动资产周转率		
	……			
客户层面	市场份额	市场占有率		
	老客户保有和忠诚度	客户保有率		
	新客户增长	客户获得率		
	……			
内部业务流程层面	客户满意度			
	创新计划	技术开发数量		
	质量管理	次品率 ……		
	……			

续表

维度	一级指标	二级指标	业绩目标	去年同期
学习和成长层面	员工能力	员工生产率 ……		
	商品专业知识	员工培训次数 ……		
	企业文化培养	员工知识水平 ……		
	……			

备注：本表省略了为实现每个目标而采取的计划。

［精析］

该企业从失败走向成功，主要原因为：

(1)该企业在第一年实施绩效评价失败的主要原因是将业绩考核仅仅局限于人力资源管理和财务管理水平，强调业绩与员工奖金关联，导致将员工行为变成：你考什么，我做什么。部分无指标性质的工作则经常无人过问。在制定指标值时，还会导致员工拼命压低指标，引发员工质疑。

(2)在咨询公司的帮助下，不仅使平衡计分卡更加完善，而且建立了保障机制。确保企业及时考评战略执行情况，有效地实现了跨部门团队合作，促进流程的顺利进行；同时，企业在执行过程中全员参与，不但调动了员工的积极性，也达到绩效指标制定的积极性。

任务 2

财务层面绩效评价

任务思考

财务报表的使用者有哪些？各使用者站在不同角度如何思考财务层面的绩效评价？

任务分析

书店要维持生存，获得发展，必须以一定盈利为基础。因此，书店在关注社会效益的同时，还应关注经济效益。而经济效益实现的优劣，主要取决于财务目标的实现情况。因此，财务层面的绩效考核成为绩效评价的焦点。

资料导读

企业财务的资产负债表和利润表

一、资产负债表

资产负债表是反映企业某一特定日期(月末、年末)全部资产、负债和所有者权益情况的会计报表。其基本结构是“资产＝负债＋所有者权益”。左边反映企业所拥有的全部资源；右边反映这些资源的来源渠道，包括债权人的投入、所有者的投入，或者不同权利人对企业资源的要求权。

按规定，债权人对企业的全部资源有要求权，企业应以全部资产对债权人承担偿付责任。偿付完全负债之后，余下的才是所有者权益，即企业资产净额。利用资产负债表的资料，可以看出公司资产的分布状态、负债和所有者权益的构成情况，据此评价公司资金营运和财务结构是否正常、合理。分析公司的流动性或变现能力，了解长短期债务数量及偿债能力，评价公司承担风险的能力。

二、损益表

损益表，也叫利润表，它解释一个公司在一定的时期内(通常指一个会计区间，如季度，半年度，年度)收入有多少，开支有多少，收入减去开支，就是利润：利润＝收入－开支(开支，按照类型通常又分为成本和费用)

如果收入大于开支，那么利润为正，公司就是盈利的，反之，开支大于收入，利润为负，公司就是亏损的。

利润表的核心公式：利润＝收入－成本费用

——资料来源：《中国会计报》(2014 年 11 月 19)、会计网(2015 年 4 月 21 日)

相关知识

财务层面绩效评价方法是根据财务状况表(资产负债表)、综合收益表(利润表)以及现金流量表而设计并计算出的综合财务指标体系。主要包括偿债能力指标、营运能力指标、盈利能力指标、风险指标、市场指标和经营增长指标等。

一、偿债能力指标

偿债能力是指企业偿还到期债务(包含本金及利息)的能力，取决于可以在近期转变为现金的流动资产的多少。

(一)短期偿债能力分析

1. 流动比率

流动比率是流动资产与流动负债的比率，它表明企业每一元流动负债有多少流动资产作为偿还的保证，反映企业流动资产对流动负债的保障程度。其计算公式为：

$$流动比率=流动资产\div流动负债\times100\%$$

一般情况下，该指标越大，表明公司短期偿债能力强。通常，该指标在200%左右适宜，如果比例过低，企业的短期偿债风险较大。但也不能过高，过高则表明企业流动资产占用较多，会影响资金使用效率和企业的筹资成本，进而影响获利能力。

案例精析

[例11-1]　宏达图书发行集团董事长王冬华为了解2014年财务状况和经营成果，要求财务总监李强对2014年财务报表进行财务绩效评价，以下是该集团2014年财务报表(表11-3、表11-4)，作为财务总监李强该如何进行分析?

表11-3　资产负债表

填制单位：宏达图书发行集团　　　　2014年12月31日　　　　(单位：万元)

资产	年初数	年末数	负债和所有者权益(或股东权益)	年初数	年末数
流动资产：			流动负债：		
货币资金	250 000	300 000	短期借款	234 000	165 280
交易性金融资产	2 000	5 000	交易性金融负债		
应收票据	11 000	20 000	应付票据	30 000	20 000
应收账款	99 700	88 000	应付账款	91 000	80 000
应收利息	2 600	2 000	预收款项	67 000	64 000
应收股利	1 500	2 000	应付职工薪酬	26 000	28 000
其他应收款	10 000	4 000	应交税费	5 400	3 600

续表

资产	年初数	年末数	负债和所有者权益（或股东权益）	年初数	年末数
预付账款	285 000		应付利息	100	120
存货	235 000	325 000	应付股利	1 900	2 000
一年内到期的非流动资产		8 000	预提费用		
其他流动资产			预计负债：		
流动资产合计	896 800	754 000	其他应付款	24 300	22 000
长期投资：			一年内到期的非流动负债		
长期股权投资			其他流动负债		
长期债权投资			流动负债合计	479 700	385 000
长期投资合计			长期负债：		
固定资产：			长期借款	900	1 000
固定资产原价	150 000	150 000	应付债券		
减：累计折旧	20 000	25 000	长期应付款	3 000	2 000
固定资产净额	130 000	125 000	专项应付款		
减：固定资产减值准备			其他长期负债		
在建工程	26 000	37 000	长期负债合计	3 900	3 000
工程物资			递延税项：		
固定资产清理			递延所得税贷项		
固定资产合计	156 000	162 000	负债合计	483 600	388 000
无形资产及其他资产：					
无形资产	108 800	106 000	所有者权益（或股东权益）：		
长期待摊费用			实收资本（或股本）	320 000	272 000
其他长期资产			资本公积	150 000	109 700
无形资产及其他资产合计	108 800	106 000	盈余公积	8 000	6 000
			未分配利润	200 000	246 300
递延税项：					
递延税款借项			所有者权益合计	678 000	634 000
资产总计	1 161 600	1 022 000	负债及股东权益总计	1 161 600	1 022 000

表 11-4　利润表

填制单位：宏达图书发行集团　　2014 年 12 月 31 日　　单位：万元

项　　目	本月发生额	本年累计
一、营业收入	87 000	1 050 000
减：营业成本	72 000	900 000
营业税金及附加	300	3 200
销售费用	2 000	25 000
管理费用	6 000	75 000
财务费用	−50	−500
二、营业利润（亏损以"—"号填列）	6 750	47 300
加：营业外收入	1 000	11 000
减：营业外支出	700	8 000
三、利润总额（亏损以"—"号填列）	7 050	50 300
减：所得税费用	300	4 000
四、净利润（净亏损以"—"号填列）*	6750	46 300

［精析］

根据［例 11-1］资产负债表资料，宏达集团 2014 年末的流动比率为：

$$流动比率＝754\ 000÷385\ 000×100\%＝195.84\%$$

分析：该企业 2014 年末的流动比率接近一般公认标准，如果流动资产变现能力强，则短期偿债能力较强。

2. 速动比率

速动比率表示每 1 元流动负债有多少速动资产作为偿还的保证，进一步反映流动负债的保障程度。所谓速动资产，是指流动资产减去变现能力较差且不稳定的存货、待摊费用、待处理流动资产损失等后的余额。一般情况下，该指标越大，表明公司短期偿债能力越强，通常该指标在 100% 左右较好。其计算公式为：

$$速动比率＝速动资产÷流动负债×100\%$$

速动比率比流动比率更能体现企业偿还短期债务的能力。但是，在运用该指标分析公司短期偿债能力时，应结合应收帐款的规模、周转速度和其他应收款的规模，以及它们的变现能力进行综合分析。如果某公司的速动资产变现能力差，那么该公司较为真实的短期偿债能力要比该指标反映的情况更差。

［例 11-2］　根据［例 11-1］资产负债表资料，宏达集团 2014 年末的速动比率为：

$$速动比率＝(754\ 000—325\ 000)÷385\ 000×100\%＝111.43\%$$

分析：该企业速动比率高于一般公认标准，但并不能据此判断短期偿债能力，还需结合应收款项及其他应收款项的变现能力进行综合分析。

3. 现金比率

表示每 1 元流动负债有多少现金及现金等价物作为偿还的保证，反映公司可用现金及变现方式清偿流动负债的能力。

现金比率=(现金+现金等价物)÷流动负债×100%

该指标能充分体现企业经营活动所产生的现金净流量可以在多大程度上保证当期流动负债的偿还，最直观地反映出企业偿还流动负债的实际能力。该指标较大，表明企业能够保障按时偿还到期债务，但如果太大又表示企业流动资金利用不充分，收益能力不强。

[例 11-3] 根据[例 11-1]资产负债表资料，宏达集团 2011 年末的现金流动负债比率为：

现金流动负债比率=300 000÷385 000×100%=77.92%

分析：该企业现有的现金暂不能完全偿还流动负债，但是流动比率和速动比率均接近或者达到公认标准，如果应收款及其他应收款变现能力强，那么总体的短期偿债能力较强。

(二)长期偿债能力分析

1. 资产负债率

资产负债率是指负债总额与资产总额的比率，即每一元资产中所负担的债务数额。它反映在总资产中有多大比例是通过借债来筹资的，也可以衡量企业在清算时保护债权人利益的程度。一般认为，资产负债率的适宜水平是 40%～60%。其计算公式为：

资产负债率=负债总额÷资产总额×100%

对这一比率的分析，还要看站在谁的立场上。从债权人的立场看，债务比率偏低为好，企业贷款风险小，偿债有保证；从股东的立场看，在全部资本利润率高于借款利息率时，负债比率越大越好，因为股东所得到的利润就会加随之增大。

[例 11-4] 根据[例 11-1]资产负债表资料，宏达集团 2014 年末的资产负债率为：

资产负债率=388 000÷1 022 000×100%=37.96%

分析：该企业资产负债率不高，说明企业长期偿债能力较强，这样有助于增强债权人对企业出借资金的信心。

2. 固定比率

固定比率是指固定资产与股东权益的比率。其计算公式为：

固定比率=固定资产÷股东权益×100%

该比率越低，说明企业财务结构越健全。当比率小于 100%时，说明书店自有资金雄厚，全部固定资产由自有资金来保证还有余。当比率大于 100%时，则表明企业资本不足或者是是固定资产过度膨胀，从而影响企业未来的偿债能力。

[例 11-5] 根据[例 11-1]资产负债表资料，宏达集团 2014 年末的固定比率为：

固定比率=162 000÷634 000×100%=25.55%

分析：该企业自有资金雄厚，全部固定资产由自有资金来保证还有余，结构合理。

3. 自有资本率

自有资本率是指股东权益与资产总额的比率。它表示企业自有资本占总资产的比例。自有资本比率因行业不同而异，但最低不宜低于 30%。自有资本比例越高，则企业体制越健全。

其计算公式为：

自有资本率＝股东权益÷资产总额×100％

［例 11-6］ 根据［例 11-1］资产负债表资料，宏达集团 2014 年末的自有资本率为：

自有资本率＝634 000÷1 022 000×100％＝62.04％

分析：自有资本率高于 30％，表示企业的举债数额合理，偿债能力越强，债权人的风险小。

除上述介绍的基本指标外，还有资本周转率、清算价值比率、利息支付倍数等，这些指标分别从不同的角度反映一定期间企业清偿债务的能力以及负债经营的财务风险程度。

二、盈利能力指标

衡量盈利能力的指标主要包括销售净利率、成本费用利润率、盈余现金保障倍数、总资产报酬率、净资产收益率和资本收益率六项。实际工作中，上市公司经常采用每股收益、每股股利、市盈率、每股净资产等指标评价其获利能力。

（一）销售净利率

销售利润率是指书店净利润和销售收入的比率。它反映的是书店卖场的实际获利能力。其计算公式为：

销售利润率＝净利润÷销售收入×100％

［例 11-7］ 根据［例 11-1］利润表资料，宏达集团 2014 年末销售净利率为：

销售利润率＝46 300÷1 050 000×100％＝4.41％

（二）成本费用利润率

成本费用利润率是企业一定时期利润总额与成本费用总额的比率。其计算公式为：

成本费用利润率＝利润总额÷成本费用总额×100％

成本费用总额＝营业成本＋营业税金及附加＋销售费用＋管理费用＋财务费用

该指标比率越高，表明企业为取得利润而付出的成本费用越小，盈利能力越强。反之，则相反。

［例 11-8］ 根据［例 11-1］利润表资料，宏达集团 2014 年末成本费用利润率为：

成本费用利润率＝46 300÷(900 000＋3 200＋25 000＋75 000－500)×100％＝4.62％

（三）总资产报酬率

总资产报酬率是指税后净利润与总资产的比率。它反映的是总资产的获利能力。其计算公式为：

总资产报酬率＝税后净利润÷总资产×100％

（四）市盈率

市盈率常常用来评估股价水平是否合理的指标之一，该指标是指上市公司普通股每股市价相当于每股收益的倍数，反映投资者对上市公司每股净利润愿意支付的价格，可以用来估计股票的投资报酬和风险。其计算公式为：

市盈率=普通股每股市价÷普通股每股收益

一般来说，市盈率高，说明投资者对该公司的发展前景看好，愿意出较高的价格购买该公司股票。但是，某种股票的市盈率过高，其价格与价值的背离程度就越高，也意味着这种股票具有较高的投资风险。

三、营运能力指标

营运能力是指企业的经营运行能力，即企业运用各项资产赚取利润的能力。

(一)流动资产周转情况分析

1. 应收账款周转率

应收账款周转率是反映应收账款周转速度的指标，它是一定时期内赊销收入净额与应收账款平均余额的比率。

应收账款周转率(次)=赊销收入净额÷应收账款平均余额

应收账款平均余额=(期初应收账款+期末应收账款)÷2

应收账款周转天数=360÷应收账款周转率(次)

在一定时期内应收账款周转的次数越多，表明应收账款回收速度越快，应收账款的周转次数越多，则周转天数越短；周转次数越少，则周转天数越长。书店设置的周转天数标准值一般为 100 天。低于 100 天，则表明资金被外单位占用的时间短，有利于减少或避免发生坏账损失的可能性，提高管理工作的效率。

[例 11-9] 根据[例 11-1]]资料，假设宏达集团销售收入均为赊销收入，且无销售退回、折让、折扣现象。计算当年年末应收账款周转次数、应收账款周转天数。

应收账款周转次数=1 050 000÷[(99 700+88 000)/2]=11.19

应收账款周转天数=360÷11.19=32.17 天

分析：低于 100 天。表明资金被外单位占用的时间短，管理工作的效率高。

2. 存货周转率

存货周转率又名库存周转率，是一定时期内企业销货成本与存货平均余额间的比率。书店的存货主要为库存商品、材料采购、材料成本差异等合计金额。该指标主要考核出版物质量和资金运行情况，不仅可以用来衡量企业经营各环节中存货运营效率，而且还被用来评价企业的经营业绩，反映企业的绩效。

存货周转率(次)=销售(营业)成本÷平均存货成本

平均存货库存成本=(期初存货+期末存货)÷2

存货周转天数=计算期天数÷存货周转率(次)

在一般情况下，存货周转率越高越好。在存货平均水平一定的条件下，存货周转率越高，表明企业的销货成本数额增多，出版物销售额增长，企业的销售能力加强。不同类别的出版物周转率应达到不同的标准，如：一般科技类图书周转次数略低，在 1～2 之间即可，少儿类图书周转次数应达到 4～5 次，其他类图书不低于 2 为宜。就一个综合性书店卖场而言，达到 3～4 次较理想。反之，则销售能力不强。

存货周转率可以衡量书店经营过程中各有关方面运用和管理存货的工作水平。出版物既不能储存过少，造成销售紧张；又不能储存过多形成呆滞、积压。只有结构合理，才能保证销售任务正常，顺利地进行。另外，该指标还可以反映存货质量合格的状况，只有质量合格，才能有效地流动，从而达到提高存货周转率的目的。存货是流动资产中最重要的组成部分，往往达到流动资产总额的一半以上。因此，存货的质量和流动性对企业的流动比率具有举足轻重的影响并进而影响企业的短期偿债能力。存货周转率的这些重要作用，使其成为综合评价企业营运能力的一项重要的财务比率。

[例 11-10] 根据[例 11-1]资料，宏达集团 2014 年末计算存货周转相关指标。

存货周转次数＝900 000÷[(235 000＋325 000)÷2]＝3.21

存货周转天数＝360÷3.21＝112.15

3. 流动资产周转率

该指标反映了企业流动资产周转速度。它是流动资产的平均占用额与流动资产在一定时期所完成的周转额之间的比率。

流动资产周转率(次)＝主营业务收入净额÷平均流动资产总额

主营业务收入净额是指企业当期销售产品、商品、提供劳务等主要经营活动取得的收入扣除折扣与折让后的数额。

平均流动资产总额＝(流动资产年初数＋流动资产年末数)÷2

该指标应用较为普遍。表明以相同的流动资产完成的周转额越多，流动资产利用的效果越好。经营期间任何一个环节上的工作改善，都会反映到周转天数的缩短上来。按天数表示的流动资产周转率能更直接地反映生产经营状况的改善。

(二)固定资产周转情况分析

固定资产周转率是指企业年销售收入净额与固定资产平均净值的比率。表示在一个会计年度内，固定资产周转的次数，或表示每 1 元固定资产支持的销售收入，从而衡量固定资产利用效率的一项指标。

固定资产周转率(次)＝销售收入÷固定资产平均净值

固定资产平均净值＝(期初净值＋期末净值)÷2

固定资产周转天数＝360÷固定资产周转率(次)

固定资产周转率主要用于分析对厂房、设备等固定资产的利用效率。固定资产周转率高，表明企业固定资产利用充分、投资得当，固定资产结构合理；反之，则表明固定资产使用效率低，企业的营运能力差。

(三)总资产周转情况的分析

总资产周转率是企业销售收入净额与资产总额的比率。该指标可用来分析企业全部资产的使用效率。如果总资产周转率较低，则说明企业利用全部资产进行经营的效率较差，最终会影响企业的获得能力。反之，企业资产周转越快，流动性越高，资产的营运能力越强。

总资产周转率(次)＝营业收入净额/平均资产总额

平均资产总额＝(期初净值＋期末净值)÷2

总资产周转天数＝360÷总资产周转率(次)

四、经济增长指标

经济增长指标包括总资产增长率、营业利润增长率、销售收入增长率等。

(一)销售收入增长率

销售收入增长率是指卖场在一定期间，销售收入同上期相比的变化程度。它反映的是卖场的营业发展水平。其计算公式是：

销售增长率=(本期销售收入－上期销售收入)÷上期销售收入×100%

一般来说，销售收入增长率越高，代表卖场销售收入增加，市场占有率扩大，未来成长也越乐观。

[例 11-11] 根据[例 11-1]资料，假定宏达集团 2013 年销售收入为 1 000 000 元，计算销售增长率相关指标。

销售增长率=(1 050 000－1 000 000)÷1 000 000×100%=5%

(二)营业利润增长率

营业利润增长率又称销售利润增长率，是指门店本期营业利润与上期营业利润相比的变化情况。它反映的是门店获利能力的变化水平。其计算公式为：

营业利润增长率(销售利润增长率)=本年营业利润增长额/上年营业利润总额×100%

本年营业利润增长额=本年营业利润总额－上年营业利润总额

营业利润增长率至少应大于零，最好高于营业额增长率，因为这表明门店本期的获利水平比上期好。

五、风险指标

包括衡量商业风险的经营杠杆和衡量财务风险的财务杠杆以及利息保障倍数等。

(一)经营杠杆

经营杠杆是指根据成本性态，在一定产销量范围内，产销量的增加一般不会影响固定成本总额，但会使单位产品固定成本降低，从而提高单位产品利润，并使利润增长率大于产销量增长率。

1. 盈亏临界点(保本点销售额)

盈亏平衡点是指书店的销售收入是多少时，其盈亏才能达到平衡。其计算公式为：

盈亏平衡点销售收入=固定费用率÷(毛利率－变动费用率)

由公式可见，毛利率越高，营业费用越低，则盈亏平衡点越低。一般情况下，盈亏平衡点越低，表示该书店盈利就越高。

[例 11-12] 学泰书店 2014 年固定成本费用占销售额的 65%，随销售增长而增长的其他平均变动成本(运费、仓储费等)占销售收入的 5%，每月固定成本是 20 万元(工资、水电等)，该书店的盈亏平衡点销售收入是多少？

盈亏平衡点销售收入=20÷(1－65%－5%)=66 万元

分析：该书店当月盈亏平衡点销售收入为 66 万元，表示如该店销售收入大于 66

万元，企业将产生盈利，反之则亏损。

2. 经营杠杆系数

经营杠杆系数(即“经营杠杆率”)是息税前利润变动率相当于产销量(或销售收入)变动率的倍数，是对经营杠杆进行的量化管理。在管理会计和企业财务管理中常常根据计划期产销量变动率来预测计划期的经营利润。其中息税前利润通俗地说就是不扣除利息也不扣除所得税的利润，也就是在不考虑利息的情况下，在交所得税前的利润。

经营杠杆系数＝息税前利润变动率÷产销业务量变动率(销售收入)

企业经营风险的大小常常使用经营杠杆来衡量，经营杠杆系数体现了利润变动和销量变动之间的变化关系；固定成本不变，销售额越大，经营杠杆系数越大，经营杠杆作用和经营风险越大；反之，则相反。当销售额达到盈亏临界点时，经营杠杆系数趋近于无穷大。企业一般可通过增加销售额，降低单位变动成本和固定成本等措施来降低经营杠杆和经营风险。

(二)财务杠杆

财务风险是指企业因使用负债资金而产生的在未来收益不确定情况下由主权资本承担的附加风险。财务杠杆是债务对投资者收益的影响，由于债务利息和优先股的股利都是固定不变的。当息税前利润增大时，每 1 元盈余所负担的固定财务费用就会相对减少，这能给普通股股东带来更多的盈余。财务杠杆影响的是企业的息税后利润而不是息税前利润。财务杠杆系数的计算公式为：

财务杠杆系数＝普通股每股收益变动率÷息税前利润变动率

如果财务杠杆系数越大，则表明财务风险越大，反之，财务风险就越小。财务风险存在的实质是由于负债经营从而使得负债所负担的那一部分经营风险转嫁给了权益资本。

任务 3

其他层面绩效评价

任务思考

一个优秀的企业除了获取最大化利润以外，还需要从哪些方面获得长足的进步才能保证其持续、稳定地发展？

任务分析

从长远角度来看，企业必须不断满足顾客需求、强化内部管理，培养不断学习、不断创新的员工，才能实现企业的战略目标，满足企业发展的需要。

资料导读

平衡计分卡案例分析——以建设银行为例(节选)

一、建设银行背景介绍(略)

二、建设银行战略地图

战略地图是以平衡计分卡的四个层面目标(财务层面、客户层面、内部流程层面、学习与成长层面)为核心，通过分析这四个层面目标的相互关系而绘制的企业战略因果关系图。其核心内容包括：企业通过运用人力资本、信息资本和组织资本等无形资产(学习与成长)，才能创新和建立战略优势和效率(内部流程)，进而使公司把特定价值带给市场(客户)，从而实现股东价值(财务)。

1. 财务层面：最终目标是“将扣除信用成本后的净利润提高到最大值”，其核心要素为强调投资银行的费用收入；拓展世界其他地区业务，拥有全球关系；将信用成本降至最低；以整体企业为基础，大幅度降低成本。

2. 客户层面：主要包括可靠的贷款能力、广泛的全球网络以及高标准的服务质量等。

3. 内部流程与风险控制角度：重视关系管理者与产品管理者的协同合作；根据利润率与风险偏好，做好市场细分；明确风险偏好，使之与生产战略加以整合。

4. 学习成长层面：主要包括继任人选规划；人力资源培训；工作环境等。

三、建设银行平衡计分卡

在平衡计分卡的考核指标体系中，除财务指标占比35%外，客户、内部经营流程、风险控制、学习与成长等指标占比65%，其中：客户指标为25%，主要考核指标包括：客户忠诚度、客户流失、专业性、新客户开发、投诉处理等；内部流程及风险指标占25%，从客户分流、业务运作、售后服务、风险指标等方面进行考核；学习成长指标占15%，其考核指标包括员工指标、组织管理能力、信息管理等。

四、实施平衡计分卡的效果

1. 实施平衡计分卡绩效管理体系后，内部员工现在能完全领会部门与银行整体的战略部署，员工士气高涨，自觉参加社会培训班，个人素质得到了迅速提高。

2. 客户满意度得到提高，无论是从理财硬件环境上，还是业务处理速度上、反馈意见上，都能够做到及时、准确、满意。

3. 客户资源市场占有率大幅度提高，优质客户在激烈的市场竞争中不减反增，个性化服务新产品，如生肖储蓄卡、速汇通、龙卡贷记卡等，也有不错的成绩。

——资料来源：道客巴巴

相关知识

在平衡计分卡绩效评价中，除了从财务层面进行绩效评价外，还从客户内部流程、学习和成长三个维度进行考核和评估。

一、客户层面绩效评价

顾客是上帝，强调“顾客造就企业”，以顾客为核心的思想在企业业绩的考核中应该着重体现，其指标主要有客户满意程度、客户保持程度、新客户的获得、客户获利能力和市场份额等。

(一)市场份额

市场份额指一个企业的销售量(或销售额)在市场同类产品中所占的比重。市场份额通过企业产品在市场上所占份额表现了企业对市场的控制能力。市场份额可以通过销售收入、销售量和顾客数量等指标来衡量。

市场份额＝本卖场某出版物销售量(额)÷该种商品市场总销售量(额)×100%

(二)客户保有率

维持和增加市场份额的一种重要方法是留住现有客户。顾客忠诚度是指顾客出于对企业或品牌的偏好而经常性重复购买的程度。真正的顾客忠诚度是一种行为，而顾客满意度只是一种态度。根据统计，当卖场挽留顾客的比率增加5%时，获利便可提升25%到100%。由此可见，保有忠诚度的顾客对书店经营者来说，是相当重要的任务。

客户保有率＝(书店期末客户量－书店本期新增客户量)÷企业期初客户量×100%

书店期末客户量＝书店期初客户量＋本期新增客户量－本期流失客户量

(三)客户获得率

增加市场份额，除了维持现有客户外，还可以开发新客户。客户获得率，亦称新客户获得率，是指企业在成功获取新客户数量占期初客户数量的比率。它反映了企业挖掘潜在市场、扩大市场占有率的能力，同时也从侧面反映了企业在公众心目中的声誉。

客户获得率＝书店本期新增客户量÷书店期初客户量×100％

(四)客户满意度

客户满意度是一个人通过对一个产品的可感知的效果(或结果)与他的期望值相比较后，所形成的愉悦或失望的感觉状态。客户满意度只能衡量顾客的态度，而不是实际购买行为。实际工作中，通常使用客户满意度问卷调查或客户反馈卡的方式进行统计分析。还可以通过处理投诉数量、神秘购物者(选派专人扮演顾客，体验购物过程)以及与流失顾客对话等方式来衡量。

二、内部业务流程层面绩效评价

为吸引和留住目标市场上的客户，满足股东对财务回报的要求，管理者需关注的是与实现客户目标和财务目标密切相关的运营过程。在这一层面上，管理者要确认组织擅长的关键的内部流程，并为此设立衡量指标。平衡积分卡的创造者 Kaplan 和 Norton 确定了三个首要的内部业务过程，分别是创新过程、经营过程和售后服务过程。

(一)创新过程的绩效评价

创新过程的绩效评价指标体系应由新产品、新工艺研究开发费用的投入及使用效率，新产品、新工艺的创新能力，以及开发时间等有关内容构成。创新过程的绩效评价主要包括三个指标：一是技术创新投入指标。如研发人员数量及其年增长率、研发费用率及其增长率、新产品研发费用率、成本降低研发费用率等；二是技术创新效率指标。如新产品开发时间、创新项目成功率等；三是技术创新获利能力指标。如新产品产销率、新产品成本费用利润率、新产品投资回报率、新产品销售率、产品质量提高效率、盈亏平衡时间等。

(二)经营过程的绩效评价

卖场经营时，店长最难掌控的是销售变化的不可测，总认为是没有规律性，销售忽高忽低。出现这种情况主要是因为对交易次数和客单价形成原因不明。通过计算交易次数和客单价能够有效控制影响销售变化原因，达到卖场良性发展的目的。

1. 交易次数

交易次数指卖场销售的笔数。主要用来评价卖场对于顾客吸引力变化的指标，交易次数的变化能直接反映卖场聚客能力的变化情况。

2. 来客数及客单价

来客数是指某段时间内进入卖场购物的顾客人流量；客单价是指卖场的每月销售额与本月交易次数之比，是评价卖场客户消费能力高低的重要标志之一，其计算公式是：

客单价＝月销售额÷交易次数

例如，某卖场当月销售额为 180 000 元，交易次数为 3 000 人，则客单价为 60 元。交易次数、客单价主要用于促销管理和日常经营指标的跟进过程中。指标越高，说明经营呈良性发展；指标越低，则要从店容店貌、店堂环境卫生、色彩和整体布局、商品储备、补货能力、专业知识的熟练程度、促销活动方案设计、店员服务态度等方面分析原因，找到影响因素并采取措施控制销售不良变化。

3. 储备率

储备率=(收货量-销售量)÷收货量×100%

一般情况下，书店的储备率在15%以下属于正常。

4. 坪效

坪效是指卖场的销售额与营业面积之比，它表示每平方米营业面积实现的销售额。其计算公式为：

坪效(每平方米销售额)=销售额÷卖场营业面积

(三)售后服务过程的绩效评价

售后服务方面的指标，如：售出出版物的退换率、产品的保修期限、售出产品故障排除及时率等。

三、学习和成长层面绩效评价

学习和成长层面的绩效评价强调对企业未来发展的重要性。为了实现卖场的长远目标，必须着力投资自身的软件建设。包括：店员能力、信息系统能力、员工激励、授权与目标绑定等。

(一)员工能力

在衡量员工能力方面，其绩效评价指标主要有以下几个方面。

1. 员工的经历和学历

评价员工的知识水平可以从店员的学历层次、从业时间等方面考核。

2. 员工的教育和培训

如员工培训费用、培训次数等。

3. 员工的稳定性

衡量员工稳定性主要通过员工流失率指标来考核。

员工流失率=补充人数÷[(期初员工人数+期末员工人数)÷2]

4. 员工的贡献力

如员工的劳动生产效率、所提建议的数量等。

劳动生产率是指书店卖场的年销售收入与年平均职工人数之比，反映书店卖场的劳动生产效率。计算公式为：

劳动生产率=年销售额÷年平均职工人数

年平均职工人数=(年初职工人数+年末职工人数)÷2

由公式可见，如果卖场的员工人数越少，销售额越高，则劳动生产率也越高。

5. 员工的满意度

该指标是指员工对生理、安全、尊重、社会交往等五个方面的满意程度，可以通过问卷定期进行调查。

(二)信息系统能力

现代信息技术的发展和应用对企业业务覆盖能力、区域链接能力、人力资源能力等方面都产生了巨大的影响，评价信息系统能力可以从卖场信息化水平、新信息的反映速度、在线服务质量、利用新信息的有效性等方面考核。

(三)激励、授权和目标绑定

为了确保个人目标和公司目标的一致性以及防止个人假公济私的行为，需要对员工实施激励机制、授权机制，并将员工目标与公司目标绑定，从而增强员工的团队意识、调动员工的积极性。其绩效评价指标包括新思路、新方法采纳的数量、个人目标与企业目标绑定比例、已实现个人绩效目标的比例等。

案例精析

平衡计分卡在万科的应用

万科集团 1988 年进入房地产行业，经过 30 的发展，成为国内领先的房地产公司，目前主要经营业务包括房地产开发和物业服务。为了避免企业一味追求短期利润而忽视企业长远发展，该集团从 2001 年引进平衡计分卡的概念，2003 年已经能够深入灵活运用平衡计分卡(表 11-5)理论，其核心内容包括：企业通过运用人力资本、信息资本和组织资本等无形资产(学习与成长)才能创新和建立战略优势和效率(内部流程)，进而使公司把特定价值带给市场(客户)，从而实现股东价值(财务)。

表 11-5　万科平衡计分卡

内容	指标	各指标所占比重
财务层面	净利润增长率	17.5%
	土地储备周转期	7.5%
客户层面	客户忠诚度	20%
	市场占有增长率	5%
内部流程层面	项目经营计划关键点完成率	10%
	专业工作满意度	15%
	员工综合满意度	7%
学习和成长层面	人力投入产出	11%
	骨干人员价值流失率	7%

——资料来源：一览文库，2012 年 8 月 1 日

[精析]

万科集团将企业本身的价值与平衡计分卡理论相互契合，并依据平衡计分卡四个维度制定企业战略目标。

一、财务层面

财务报表是反映公司财务状况和经营成果的报表，万科用净利润、集团资源回报率来考核各子公司，能正确反映公司实现价值的增值部分；同时，通过土地储备周转期指标能体现企业运营能力，周转期越短，该资产带来利润的能力就越强。

二、客户层面

客户层面考核的指标达到 24%，充分体现了万科公司“客户永远是我们的伙伴”这一价值观。有资料统计：客户忠诚度提升 5%，公司利润提升 25%～28%。客户忠诚度和市场占有率这两项指标相辅相成，既衡量客户对企业的满意度，又能及时掌握市场占有情况。

三、内部流程层面

为支持财务层面和客户层面，万科集团建立了与股东和客户密切相关的运营过程。塑造了产品和服务的特殊属性。集团严格考核项目关键节点的按时达成率，并以公司内部问卷调查的形式调查专业工作满意度和员工综合满意度，进而提高产品质量。

四、学习与成长层面

人力投入产出是指单位人力成本带来的净利润，可以衡量组织部门效率；骨干人员价值流失率则从另一角度，反映骨干人员离职造成的人员培养损失。通过这两项指标可以体现全员参与团队精神管理的理念。

实践训练

一、实训项目

运用平衡计分卡

二、实训内容

阅读以下资料，假如你是思睿图书发行股份有限公司董事长张明，将如何根据各职能部门反映的情况从财务层面、顾客层面、业务流程层面、学习和成长层面等四个方面进行绩效评价，并制定新的考核指标和方法，以帮助企业实现战略愿景？

资料：

近年来，随着行业竞争的加剧、互联网销售的多样化，思睿图书发行股份有限公司连续 3 年出现亏损。为此，集团董事会根据市场重新制定战略，计划未来五年内，每年实现销售额增长 10%，利润增长 5%，并构建积极向上的企业文化。为实现企业愿景，董事长张明计划推行平衡积分卡管理模式，紧急召集各职能部门了解情况。以下是各部门发言：

1. 人力资源部郑某：自成立以来，我单位除批发总部外，共建下属单位 16 个，现有职工 2 000 人，其中在职人员与退休人员的比例为 4∶6，专业技术人员占在职人员的 40%以上。集团对下属实行经营者负责制，主要从经营收入、利润总额等方面进行考核。每年年初根据上年经营状况制定下一年考核指标额度。

2. 总会计师李某：近几年来，从资产负债表(表 11-6)反映的情况来看，资产已达3.7亿，但是据统计将有2 000万的应收账款极有可能无法收回，同时8 800万图书存货有部分出现滞销现象，由于不能及时销货，部分图书已发生霉变，需要进一步清查。负债比例也在连年增长，需要进一步分析偿债能力；从利润表(表 11-7)来看，已经连续几年出现亏损情况，管理成本和销售成本偏大，需要制定新的内部控制制度以降低成本。

表 11-6　资产负债表

填制单位：思睿图书发行股份有限公司　2014 年 12 月 31 日　　单位：万元

资产	年初数	年末数	负债和所有者权益（或股东权益）	年初数	年末数
流动资产：			流动负债：		
货币资金	9 000	8 700	短期借款	10 000	11 000
交易性金融资产			交易性金融负债	1 000	1 000
应收票据	200	220	应付票据		
应收账款	4 000	6 500	应付账款	9 800	10 000
应收利息			预收款项	2 000	1 600
应收股利	80		应付职工薪酬	500	600
其他应收款	100	85	应交税费	1 800	1 500
预付账款	5 000		应付利息	260	300
存货	6 000	8 800	应付股利		
一年内到期的非流动资产			预提费用		
其他流动资产			预计负债：		
流动资产合计	24 380	24 305	其他应付款	200	300
长期投资：			一年内到期的非流动负债		
长期股权投资	800	650	其他流动负债		
长期债权投资			流动负债合计	25 560	26 300
长期投资合计	800	650	长期负债：		
固定资产：			长期借款	2 850	3 500
固定资产原价	15 000	15 000	应付债券		
减：累计折旧	6 000	7 500	长期应付款	3 600	3 800
固定资产净额	9 000	7 500	专项应付款		
减：固定资产减值准备			其他长期负债		

续表

资产	年初数	年末数	负债和所有者权益（或股东权益）	年初数	年末数
在建工程	2 000	3 700	长期负债合计	6 450	7 300
工程物资			递延税项：		
固定资产清理			递延所得税贷项		
固定资产合计	11 000	11 200	负债合计	32 010	33 600
无形资产及其他资产：					
无形资产	1 000	1 000	所有者权益(或股东权益)：		
长期待摊费用			实收资本(或股本)	3 200	2 800
其他长期资产			资本公积	2 000	1 420
无形资产及其他资产合计	1 000	1 000	盈余公积	1 140	900
			未分配利润	−1 170	−1 565
递延税项：					
递延税款借项			所有者权益合计	5 170	3 555
资产总计	37 180	37 155	负债及股东权益总计	37 180	37 155

表 11-7　利润表

填制单位：思睿图书发行股份有限公司　2014 年 12 月 31 日　　　　（单位：万元）

项　目	上年累计	本年累计
一、营业收入	70 000	68 000
减：营业成本	56 000	55 000
营业税金及附加	200	170
销售费用	6 500	5 800
管理费用	7 650	7 500
财务费用	−50	−45
二、营业利润(亏损以“—”号填列)	−300	−425
加：营业外收入	80	850
减：营业外支出	90	820
三、利润总额(亏损以“—”号填列)	−310	−395
减：所得税费用		
四、净利润(净亏损以“—”号填列)*	−310	−395

3. 销售部门王某：目前企业门店较多，不能及时汇总各部门销售信息，上下级之间信息沟通也不畅，导致总部与门店、门店与客户有脱节现象，市场方向把握不准。另外，销售宣传形式比较传统，销售成本大，效率低。

三、实训形式

1. 以小组为单位，整理相关资料，互相交流，运用恰当的方法计算评价指标，撰写绩效评价报告。

2. 小组代表将绩效评价报告在全班展示并进行交流，综合分析。

四、注意事项

绩效评价过程中应围绕企业发展战略进行评价，并根据绩效评价结果进行合理运用，解决企业存在的问题。

五、评价标准

“运用平衡计分卡”实训项目评价见表 11-8。

表 11-8 “运用平衡计分卡”实训项目评价表

项目	分值	表现描述	得分	备注
评价内容完整	40			内容包括财务层面、客户层面、业务流程层面、学习和成长层面等四个方面
指标计算准确	20			
反馈意见合理	20			
语言表达流畅	10			
PPT 演示文稿简洁美观	10			
合计	100			

主要参考文献

[1] 杨格平. 书店卖场营运与管理实务[M]. 重庆：重庆大学出版社，2012.

[2] 新闻出版总署职业技能鉴定指导中心. 出版物发行员职业资格培训教材(基础知识、初级、中级、高级)[M]. 北京：中国书籍出版社，2007.

[3] 王元平. 出版物发行实训教程[M]. 北京：化学工业出版社，2009.

[4] 陆影. 连锁门店营运与管理实务[M]. 大连：东北财经大学出版社，2009.

[5] 如何成为优秀店长[M]. 北京：中国经济出版社，2011.

[6] 徐冲. 做书店[M]. 桂林：广西师范大学出版社，2011.

[7] 郑士德. 图书发行学概论[M]. 北京：高等教育出版社，1995.

[8] 刘拥军. 现代图书营销学[M]. 江苏：苏州大学出版社，2003.

[9] 要力石. 实用图书策划学[M]. 北京：中国书籍出版社，2007.

[10] 后东升. 书店成功经营的235个诀窍[M]. 北京：中华工商联合出版社，2007.

[11] 方卿，姚永春. 图书营销学教程[M]. 湖南：湖南大学出版社，2008.

[12] 陈桃珍. 图书编辑实务[M]. 北京：中国出版集团，世界出版公司，2012.

[13] 张伟. 如何打理大小书店[M]. 北京：中国经济出版社，2005.

[14] 肖建中. 会员制营销[M]. 北京：北京大学出版社，2006.

[15] 王庆主. 新华书店连锁经营管理[M]. 成都：四川人民出版社，2002.

[16] 方一舟. 跟金牌销售学客户开发[M]. 北京：中国铁道出版社，2015.

[17] 陈杏头. 门店运营与管理实务[M]. 北京：中国人民大学出版社，2013.

[18] 朱长丰. 人力资源管理技能训练教程[M]. 北京：中国人民大学出版社，2014.

[19] 吴强、阚雅玲、丁雯. 现代人力资源管理(第二版)[M]. 北京：中国人民大学出版社，2014.

[21] 张开选. 基于生命周期理论的现代图书事业发展研究[J]. 图书馆理论与实践，2012(12).

[22] 汤松梅. 读者阅读需求类型初探[J]. 长春大学学报. 2007(5).

[23] 财政部会计资格评价中心. 高级会计实务[M]. 北京：经济科学出版社，2013.